4차 산업혁명시대 학교, 미래를 꿈꾸다

학교에게 미래를

4차 산업혁명시대 학교, 미래를 꿈꾸다

학교에게 미래를

김정수 | 이순옥 | 정호영 | 권순태 | 이다예 | 이예림 | 서유리 | 유찬민

4차 산업혁명시대 학교, 미래를 꿈꾸다

학교에게 미래를

김정수 | 이순옥 | 정호영 | 권순태 | 이다예 | 이예림 | 서유리 | 유찬민

학교의 미래를 말하다

김정수

現 자유교육연합 상임대표
現 (사)좋은학교운동연합 상임대표
現 국가전략포럼 운영위원
現 개헌국민주권회의 공동대표
現 대구한선목요포럼 이사
現 평창동계올림픽 범국민서포터즈 공동대표
現 한국미래포럼 운영이사

前 청송, 예천, 군위, 포항, 구미 지역 교사
前 구미고등학교 교감 명예퇴직(28년 재직)
前 국립 한경대 객원교수
前 한국지역난방공사 사외이사
前 한국가스안전공사 사외이사
前 범시민사회단체연합 상임공동대표
前 국회개헌특위 자문위원
前 교육부 도서관활성화 심의위원
前 바른교육전국연합 공동대표
前 복지보퓰리즘추방국민운동본부 사무총장

제 1장
자유주의(自由主義) 교육

자유주의 교육 시대의 도래

사람들을 만나 명함을 내밀면 '자유주의 교육'이 무언가를 묻는다, 나는 "아이들이 하고 싶은 공부를 마음껏 하게 하는 교육"이라고 답한다. '주의(主義)'라면 어렵게 생각하는 분들에게 나름대로 쉽게 설명하려고 한 고육책(苦肉策)이지만 대부분의 사람들은 고개를 끄덕여 준다.

자유주의 교육은 개인이 '구속 없는 상태'에서 자신의 개성을 자유롭고 활발하게 신장(伸張)시키는 교육이다. 루소(J.J. Rousseau, 1712-1778)는 '에밀(Emile)'에서 "아동은 성인의 축소형이 아니다. 아동은 아동으로서의 독자적 세계와 인격이 있다." 라고 하면서 기성사회가 아동을 억압·구속하지 않는 자연의 과정(아동의 발달 과정)에 따른 교육을 해야 한다는 자연주의 교육을 주장하였다. 이는 아동을 대하는 성인의 자세를 말한 것으로 아동을 성인의 시각에서 바라보는 것은 옳지 않다는 것이다.

학부모나 교육자는 가끔 아동이 자신의 수준을 지니고 있다고 착각하는 경우가 많다. 어린아이가 울면 왜 우는지를 알고 달래야 함에도 공포감을 주거나 폭력을 행사해서 울음을 그치게 하는 경우가 있다. 공포감을 느끼지 못하는 아이를 두고 마치 공포감을 느낄 수 있는 발달 과정에 있는 듯 착각한 것이다. 가끔 어린이집의 보육교사들이 저지르는 우매한 행위이다. 학생을 상담할 때도 학생의 환경과 지적수준을 이해하지 못하면 의미 없는 상담이 되는 것 또한 이와 같다.

루소의 자연주의 교육설을 바탕으로 자유교육사상이 형성되었다. '주입(注入)하고 구속(拘束)하는 교육'에서 벗어나 아동의 인격과 개성을 존중하는 교육사상이다. 엘렌 케이(Ellen. Key, 1849 ~ 1926)는 타인의 권리를 침해하지 않는 범위 안에서 개인의 자유로운 자기활동을 통한 교육을 주장하고 주입식 교수방법은 가장 순종적이고 무기력한 아동을 가장 모범적인 아동으로 간주하게 하는 것이라 하였다. 엘렌 케이는 그 당시 '미래학교'의 방향을 제시하였는데 미래의 학교는 무학급·무교과서·무시험·무증서(無證書)·무훈계의 완전한 자유교육 체제를 통해 아동이 자유롭게 활동할 수 있는 곳이라고 주장하였다. 한 세기가 지난 지금도 엘렌 케이의 완전한 자유교육 체제는 이루어지지 못했지만 미래의 학교로 전환되어야 한다는 요구는 갈수록 거세지고 있다. 아마 더 먼 미래에는 엘렌 케이가 생각하는 '미래의 학교'가 완벽히 구현될 날이 올 것이다.

　자유주의 교육은 미래 교육이다. 자유주의 교육은 21세기 지식기반사회를 대비하는 교육이며 미래학교는 다가올 4차산업혁명 시대를 준비하는 학교이다. 자유주의 교육은 수월성(秀越性, excellence)을 강조하는 교육이다. 수월성 교육을 단순히 '영재교육'이라고 생각하는 사람들도 있겠지만 개인의 특성과 능력에 따른 맞춤식 교육을 통해 개인의 능력을 극대화시켜주는 교육을 총칭한다. 교육은 국가의 대계(大計)다. 미래를 바라보는 교육만이 국가와 국민과 사회를 살릴 수 있다. 이제 개개인의 능력을 최

대한 신장시킬 수 있는 자유주의 교육을 도입해야 할 시점이 본
격적으로 도래하였다.

'4차산업혁명시대'의 교육

'4차산업혁명'은 지난 2016년 '다보스포럼(World Economic
Forum)'에서 제기된 사이버물리 기술을 기반으로 물리적 공간,
및 생물학적 공간의 경계가 희석되는 기술융합의 시대를 말한
다. 모든 기술에 인공지능이 결합되어 자동화, 로봇화가 심화되
고 인간의 일자리를 로봇이 대신하는 시대가 온다는 우려도 있
으나 신기술을 활용한 새로운 직종과 산업의 출현은 불가피하고
새로운 고용 창출은 계속될 것이라 전망된다.

한국에서도 빅데이터, 클라우드 컴퓨팅, IoT 사물인터넷, 인
공지능(AI) 등과 관련된 4차산업혁명 시대의 직업군들은 급속히
늘어나고 있다. 전문가들은 현재 직업의 47%가 20년 안에 사라
질 가능성이 높고 10년 후 일자리의 60%는 아직 탄생하지도 않
았다고 한다. 이렇듯 세상은 예측이 불가하게 변화하고 있는데
아직도 교육은 변화에 대응하지 못하고 시대에 역행하는 하향평
준화 정책을 고수하고 있다. 자유주의 교육운동에 매진한 지 10
여 년의 세월이 흐른 지금 한국의 교육 또한 많은 변화가 이루어
졌다. 평준화의 틀은 유지되고 있지만 완화되어 있고 다양화, 특
성화, 전문화 된 형태의 고교가 늘어나고 있다. 그러나 이제 시작
에 불과한 수준이라 더욱 박차를 가해 확산시켜야 교육이 국가

경쟁력을 감당할 수 있게 된다.

내가 처음 자유주의교육운동을 시작할 당시에는 열심히 설명을 해도 무반응을 보이는 분이 많았지만 지금은 많은 사람들이 자유주의교육을 이해한다. 왜냐하면 사회가 다변화되고 세상이 글로벌화 되어 모든 것이 사방팔방으로 열리고 산업의 체계도 급속도로 변화하고 있는 '4차 산업혁명시대'임을 누구나 실감하기 때문이다. 교육은 백년지계(百年之計)라 변화의 속도가 느릴 수 있다는 변명은 수구적(守舊的) 생각이다. 21세기는 백년지계를 고집하는 정책이나 사업은 존재하지 않는다. 백년 후를 정확히 내다보고 교육정책을 입안한다는 것은 신(神)이나 가능한 일이다. 급격한 변화를 요구하는 시대를 대비하려면 정책의 개선 또한 과감히 이루어져야 한다.

지역이나 학교의 사정에 맞는 자율교육과정을 통해 학생이 선호하는 교과목을 배우고 학점제를 운용하여 졸업학점을 이수하면 조기에 졸업할 수도 있게 해야 한다. 더 나아가 학생이 원하면 언제든 어느 곳이든 어떤 방식으로라도 학점을 이수할 수 있게 하는 제도가 도입되어 엘렌 케이의 말대로 무학급, 무학교의 미래학교가 실현될 지도 모른다. 직업의 다양화를 대비해 맞춤형 진로지도 프로그램을 개발하고 고교과정에 자유학년제를 도입해서 자신의 적성에 맞는 진로를 탐색하게 해야 한다. 또 국제적으로 공인된 교육과정을 도입하여 학생들이 세계로 나가 마음껏 자신의 꿈을 펼칠 수 있는 한국의 교육으로 변화시켜야 한다. 이것이 '4차산업혁명시대'의 교육이다.

'자유주의교육운동'에 참여하다.

내가 한국교원노동조합 경북본부장으로 재임했던 2004년은 전교조가 마음만 먹으면 학교업무를 마비시킬 수 있을 정도의 강성 교원노조로 맹위를 떨치던 때였다. 1999년 김대중 정부시절 합법화 된 교원노조의 힘이 얼마나 막강했던지 학교장이 단위 학교 지회장에게 말대꾸조차 못할 지경이었고, 심지어 전교조의 압력에 교장이 자살까지 하는 불행한 일이 일어나기도 했던 때였다.

2004년, 교원노조가 탄생한 이후 처음으로 교육부와 중앙교원노조, 교육청과 지역 노조지부 간 단체교섭이 진행되었다. 나는 한교조 경북본부장으로 전교조지부장과 함께 경북교육감을 상대하는 단체교섭에 참여했다. 노조지부장은 교육감과 동등한 서열이었고, 지부의 실장들은 교육청 국장급과 서열이 같았다. 과장급이 배석을 하고 장학사가 심부름을 하는, 교원노조가 대단한 위상을 자랑하던 단체교섭이었다. 교육감이 단체교섭 도중 급하게 나갈 일이 생겨 양해를 구하면 전교조 실장들이 호통을 치며 나가지 못하게 하던 시절이었다.

당시의 교원노조법은 복수노조가 의무화 되어 있어 전교조와 한교조가 단일 교섭안을 만들어 단체교섭에 임하지 않으면 단체교섭을 할 수 없었다. 전교조 경북지부는 7,000명 정도가 되었고 한교조 경북본부는 출범 초기라 150명 정도가 되었다. 나는 전교조가 제출한 교섭안을 보고 실행 불가능한 교섭 사항이나 무리하고 일방적인 교섭 사항을 삭제하거나 수정하여 단체교섭을 마무리를 했다. 이 과정에서 전교조가 거세게 항의 했지만 나는 지금도 교섭안의 타결을 위해 타결될 수 있는 합리적이고 객관적인 교섭안을 만들어야 하기에 고집을 꺾지 않았다. 단일안 마련이라는 교원노조법이 있는 한 막강한 전교조도 나를 이기지 못했다. 만일 내가 전교조의 편을 조금이라도 들었으면 단체교섭은 성사되지 못했을 것이다.

한교조는 전교조의 '참교육'에 대응하는 '푸른 교육'이라는 슬로건을 채택하였으나 교육학적 사상면에서 설명할 논리가 부족하였다. 나는 한교조의 막연한 슬로건이나 교육학적 토대가 부족한 불명확한 교육 정책의 제시로는 단체가 성장 발전하지 못한다고 판단하고 영남지역 본부장들을 규합하여 당시 사회적 이슈가 되었던 '뉴라이트 운동'을 주목했다. '뉴라이트 운동'을 주도했던 '자유주의연대'의 신지호 교수를 찾아가게 되었다. 그는 '뉴라이트 사상'으로 무장된 교육운동 단체의 결성을 제안하였고 이미 자유주의교육운동연합 결성을 구상하고 있던 조전혁 교수와 이명희 교수를 만나 자유주의교육운동연합에 참여하였다.

지금 생각해보면 '뉴라이트 운동'은 초기에 참여한 모 목사님이 정치적인 대중운동으로 확산시키는 바람에 운동의 진정성이 퇴색해 버렸지만 '뉴라이트는 운동'은 '뉴레프트 운동'이 생겨야 성공할 수 있었던 운동이었다. '뉴레프트 운동'이 움직일 기미를 보이다가 사라져 버려 아쉬움이 크다. 만일 '뉴레프트 운동'이 확산되었다면 지금처럼 "좌다 우다 보수다 진보다." 하는 극명한 대치는 완화 되었을 것이다. 왜냐하면 서로가 합리적, 객관적으로 공유하는 부분이 많았을 것이기 때문이다.

2005년 7월 1일 서울 중구 명지빌딩에서 자유주의교육운동연합을 창립하였다. 발기인 총회에서 네 명의 공동대표 중 내가 교사 대표로 선임되었고 교육 원로들께서는 상임고문으로 추대됐다. 교육의 총체적 위기가 '교육의 국가독점과 배급'에 원인이 있다고 규정하고 자유주의 교육이 21세기 글로벌 지식기반사회의 비전이라고 주장하며 당면 목표로 자유주의교육운동의 국민 운동화, 타율과 통제의 교육운영시스템에 대한 개혁, 국민기초학

	자유주의 교육연합	전교조
교육이념	자유주의	평등주의
고교평준화	폐지	유지
대입3불 정책 (기여입학제·본고사·고교등급제 금지)	폐지	유지
학교 선택권 보장	찬성	제한적 허용
교육정보 지역사회 공개	찬성	반대
학력신장 위한 국가수준 학업성취도 평가	찬성	반대
교원평가제 도입	찬성	반대
사학 정책	자율성 보장	공익서 우선
교육개방	찬성	반대

+ 자유주의 교육연합 - 전교조 입장

력보장제, 다양화·특성화·전문화된 교육 확대 등의 목표를 제시하였다.

'자교연'은 창립선언문을 통해 "21세기 글로벌 지식기반사회에서는 자유주의 교육이 희망"이라고 전제한 뒤 "평등주의적 교육정책의 무분별한 시행이 교육의 위기상황을 심화시키고 학교 교육을 황폐화시키고 가정경제를 파탄으로 몰고가 국가경쟁력을 떨어뜨리고 있다. 교육 위기의 근본 원인은 교육의 국가 독점과 배급에 따른 자유주의 교육의 질식"이라고 지적하고, 그 대안으로 교육 소비자의 요구에 교육기관이 봉사하고 책임지는 '자유주의적 교육운영 체제'를 구축할 것을 제안하였다. 이를 위해 교육평준화체제 재검토, 3불 정책 폐지 또는 수정, 교육정보 공개, 교원 평가시스템 구축을 위한 운동을 펼쳐 나가기로 했다.

초대 상임대표를 조전혁 교수가 맡고 자유주의 교육을 토대로 한 세부 정책들을 마련하여 실현하고자 함에 있어 정부의 평준화 정책과 전교조의 평균교육, 보편교육, 참교육과는 확실히 반대되는 결과가 될 수밖에 없었고 모든 언론에서 "반전교조 교육운동 단체의 창립"으로 보도하여 자교연은 "자의반, 타의반"으로 반전교조 단체가 되고 말았지만 자유주의교육운동연합은 2005년부터 미래교육의 불을 지피고 한결같이 자유주의교육을 전파해 보겠다는 일념하나로 현재도 굳건히 활동하고 있는 단체임을 전하고 싶다.

'자유교원조합'을 만들다.

내가 교원노동조합에 선뜻 몸을 담게 된 이유는 단순했다. 초임시절 전교조의 전신인 '평교사협의회'가 결성될 때 학교단위의 지회장을 맡아 교단의 민주화라는 큰 과제를 풀어보려고 노력한 경험이 교원노조로 연결된 것 같다. '평교협'이 정치 세력화되어 '전국교직원노동조합'으로 변신하는 바람에 지회장을 그만두었다. 당시에는 교장의 권위가 무소불위여서 교장의 횡포에 시달리는 선생님들이 너무 많았다. 여선생에 대한 성추행은 다반사였고 승진을 두고서는 무슨 짓이든 강요되던 시기였다. 특히 초등교사는 교육대학 선후배 사이로 연결되어 상명하복을 거역할 수 없는 구조적 상하관계가 있기에 교장의 권위를 내세우는 '갑질'로부터 선생님들을 어떻게 편하게 해 줄까를 고심해 본 적이 있었다.

간혹 나 자신을 돌아보면 군림하는 자들을 싫어하고 약자의 편에 서고 싶어 하는 유전자가 있는 것 같다. 그래서 신약 성경의 예수님 행적을 즐겨 읽는다. 고교 시절, 수업 분위기 조성을 위해 약간 모자라는 같은 반 아이를 수업시간마다 불러내 두들겨 패던 공업선생님에게 항의하다 학생과에 불려가 사정을 해명하고 방면된 적도 있고, 건달들에 시달리는 여성을 내 여자친구라고 하며 완강히 버텨 구해준 적도 있다. 이런 유전자 때문에 노조나 시민운동을 하는 것 아닌가 생각도 해본다.

'한교조' 경북본부장 시절에 영남지역의 본부장들과 함께 '자유주의교육운동연합'에 참여하게 된 후 나의 제안으로 '자유교원조합'을 결성하게 되었다. 내가 '자유교원조합'의 설립을 제안한 이유는 경북교육청의 단체교섭 상황을 생각하여 교원단체는 교원단체들끼리 서로 협의하게 하는 것이 교육계가 골머리를 앓던 전교조 대응의 대안일 수도 있다는 생각에서였다. 다시 말하면 국가교육 차원에서 대응을 할 만큼 전교조의 세력이 강성했기 때문에 '민노총'과 '한노총'의 양 세력이 서로 경쟁하며 노동현안을 해결해 나가듯 교원노조 또한 정책의 선명성을 가진 노조 대 노조의 구도를 만들어 교육 발전의 대안을 모색해 보는 것이 합리적이라는 취지였다.

창립을 준비하는 과정에서 '서울교총'의 대의원 및 간부교사들이 대거 참여하였는데 나는 이들을 적극 설득하여 교원노조 구성을 제안했었다. 힘든 설득이었지만 그들의 참여를 이끌어 내었다. 설득의 과정에서 가장 쟁점이 된 것은 "교사가 노동자인가?" 하는 문제였는데, '교원노조법'을 설명하고 교사의 권익을 보호해야 한다는 등의 설명은 지나가는 이야기처럼 듣지 않았지만 노동자의 개념을 시대의 흐름에 맞게 이해해야 한다고 설명하여 동의를 구하였다.

"교사가 노동자라고 하면 교사 스스로가 존경받는 선생님이기를 포기한 것이다."라고 하지만 교사는 노동자다. "스승의 그림자는 밟아서 안 된다"는 시대는 지난 지 오래다. 교사는 존경받아야 하는 하나의 직업이다. 육체노동만이 노동인 시대는 100

여 년 전의 이야기다. 육체노동보다 정신노동이 더욱 힘든 현대
사회에서 현장교사 또한 힘든 정신노동을 하는 직업이 아닌가?

　어떠한 직업이든 종사자들은 노조를 결성하여 부당한 대우를
개선해야 한다. 이는 직업 종사자들의 권리인 것이다. "초일류기
업인 삼성에는 노조가 없어도 사원들의 권익이 보장되지 않은
가?"라고 반문하는 사람들이 많다. 삼성은 특수한 케이스다. 삼
성은 최고의 보수로 사원들의 입을 막아내기 때문에 돈이면 다
되는 세상을 여실히 보여주고 있다. '삼성맨'이라는 자긍심도 최
고의 보수에서 나온다. 이들이 과연 성장하는 중소기업의 미래
를 보고 낮은 보수를 받으며 '삼성맨'처럼 일할 수 있을까? 돈이
면 다 된다는 생각, 이것이 자본주의의 민낯이다.

　'자유교원조합' 창립이라는 빅 이슈는 조·중·동을 비롯한 메
이저 언론들을 흥분시켰다. '자유주의교육운동연합'은 메이저 언
론의 한 면을 통으로 꽉 채우는 인터뷰를 하며 전교조와 대항할
3~4만의 교사 조직을 결성하겠다고 호언하였다. 2008년 18대 총
선에서 '자유주의교육운동연합'은 3명의 국회의원을 배출하는
크나큰 성과를 얻게 되었다. 그러나 '자유교원조합'은 초대위원
장 선거를 정치판 같이 치름으로 인해 창립과 동시에 내홍에 빠
지게 된다.

　당시 나는 교원노조의 구조를 잘 알고 있어 중앙위원장은 공
립교사이어야 하며 서울소재 학교에 근무해야 한다고 생각했
다. 왜냐하면 사립교사는 별 탈이 없으면 한 학교에서 교직을 마

쳐야 하기에 조직 확대를 하더라도 한정된 영역만을 확보할 수밖에 없고, 자칫하면 학교의 필요에 의해 학내의 전교조에 대항하는 역할을 해야 할 수 있기 때문이다. 당시에는 전교조에 시달리는 사립학교들이 많았기에 학교의 운영자가 '자유교원조합'을 내세워 학교 내 분란을 잠재우려는 의도를 우려해야 했다. 공립교사는 학교를 3~5년마다 옮기기 때문에 세력을 확산시킬 수 있는 장점이 있다.

이런 이유로 창립을 제안한 나는 중앙위원장을 고사하고 서울에 근무하는 창립준비위원장을 추대하였으나 추진위에서는 그를 신임하지 못해, 선거 날 '차떼기'로 대의원을 실어 날라 경기도에 근무하는 사립교사를 새 위원장으로 선출하였다. 선거 전 날 이 정보를 입수한 나는 내홍을 우려해 혼신을 다해 말리며 밤새 통음하였던 기억이 난다. 이후 내가 우려했던 대로 '자유교원조합'은 내홍에 빠져 세(勢) 확장에 실패하고 말았다. 지금 생각해도 아쉬운 기억이다. '자유교원조합'은 그렇게 서서히 몰락하였다.

'좋은학교운동'에 매진하다.

2009년 우리는 사단법인 '좋은학교운동연합'을 결성하였다. 지난 2005년 '자유주의교육운동연합'을 결성한 이래 언론은 줄곧 전교조에 대항하는 단체라고 대못을 박아 보도하였다. 이로써 '자유교육연합'은 본의 아니게 반전교조 교육운동 단체가 되었다. 당시 전교조의 위세가 대단했던 시기라 보수언론에서는 전교조와 치열하게 싸우는 교육운동 단체의 출현을 바라고 있었을 지도 모른다. 이념과는 전혀 상관없는 '자유주의 교육' 정책운동이 '자유주의'라는 단어 하나에 반전교조 교육운동으로 오인되면서 '자유교육연합'의 입지가 좁아지게 된 것이다. 좌우의 이념대립을 떠나 옳음을 선택하는 합리적 교육동지들이 타의에 의해 하루아침에 극우인사가 되었고 '자유교육연합' 또한 보수 이념집단으로 오인되는 오해가 생기게 된 것이다. 아무튼, 대립 구도 없이 사회의 발전을 기대할 수 없다는 측면에서 '자유교육연합'은 평등위주 교육 정책으로 일관되어 온 한국교육의 미래를 위해 어느 정도 기여를 했다고 자부할 수 있다.

이미 보수 교육운동 단체의 틀 속에 갇혀버린 '자유교육연합'은 진정한 교육운동을 위한 변화를 모색해야 했다. "현재 당면하고 있는 교육현장의 변화를 위해서는 무엇을 할까?"하고 고심한 끝에 '좋은학교'의 개념을 정립하고 확산시켜야 한다는 결론에 도달하였다. '좋은학교'는 "교육의 주체인 학생, 교사, 학부모가 행복한 학교"라고 말하고 싶다. 학생이 원하는 수업을 들을 수 있어 행복하고, 교사가 원하는 수업을 할 수 있어 행복하고, 학부모가 학교에 기여할 수 있어 행복한 학교. 더 나아가 지역사회가 참여하여 학생들의 꿈을 실현시켜줄 수 있어 행복한 학교가 '좋은학교'이다. '좋은학교'운동 또한 '미래교육'을 실현하기 위한 일환으로 구상되었다.

‘좋은학교’ 운동은 정치적인 중립성을 지키고, 교육수요자 보호에 앞장서서 교사, 학생, 학부모의 교육적 경험을 공유하며, 미래형 교육을 위해 매진하겠다는 결의를 다졌다. 우리는 이를 실현하고자 ‘좋은학교학부모모임’과 미래형학교 설립운동, 나눔소셜 프로젝트, 글로벌 리더쉽 캠프, 재능봉사단 운영, NGO활동가 교육 컨퍼런스, 토크먼스 프로그램 등 학생·학부모·교사를 위한 현장 중심형 운동을 행전안전부와 함께 수년 간 전개해 왔고, ‘청소년의 꿈과 재능 지원사업’을 통해 학생들이 자신의 재능을 찾고 꿈을 실현할 수 있도록 도움을 줄 수 있는 ‘유스클라우드’ 사업을 진행 중이다.

　‘좋은학교운동연합’ 이사장 이돈희 전 교육부 장관과 함께 교육 월간지인 ‘월간교육’과, 인터넷신문인 ‘에듀인뉴스’ 등, 교육미디어 사업을 통해 ‘좋은학교’ 운동을 확산시키고 있다. 우리 교육을 지속적으로 바꾸는 일, 우리 교육의 변화와 혁신을 이끄는 일, 우리 청소년들을 더 행복하게 만드는 일, 우리 선생님이 더 재밌고 친절하게 수업하게 하는 일, 모두에게 더 좋은 교육 서비스와 공간을 제공해 주는 일, 모두가 특기와 적성을 살리며 평등하게 교육을 받을 기회를 만들어 주는 일, 모두가 협동하면서 개인과 조직이 동반 성장하게 만드는 일, 더 좋은 교육 콘텐츠를 개발·발굴하고 확산하는 일이 ‘좋은학교운동연합’의 할 일이다. ‘좋은학교운동연합’의 또 하나 희망은 참여하는 회원들의 연령이 비교적 낮아 향후 이들이 교육시민운동의 세대교체를 이룰 것이라 기대하고 있다.

'바른교육전국연합'의 창립 그리고 이후

2009년 겨울, 나는 28년의 교직생활을 마치고 본격적인 교육운동을 해보고자 서울로 올라왔다. 그해 겨울은 눈이 많이 내렸다. 사무실을 인사동 '백상빌딩'에 얻었다. 지하에 있는 찜질방에서 첫날을 보낸 다음날 아침, 어떤 여자가 울면서 차 있는 곳으로 빨리 좀 와달라고 전화를 했다. 영문도 모르고 황급히 나가 그 여자를 만났더니 내 차 앞 라지에이터 안에 새끼고양이가 끼어 울고 있다고 안타까워했다. 전날 저녁 라지에이터에 온기가 남아 길 잃은 고양이가 들어가 끼어버린 것이다. 동물을 무척이나 아끼는 여자라 생각하고 별별 방법을 써서 한 시간이 넘게 지나 고양이를 겨우 꺼냈는데 죽어가고 있었다. 모르는 길, 눈이 녹지 않은 빙판길을 황급히 달려 동물병원을 찾았으나 새끼 고양이는 죽었다. 돌아오는 길에 수리비 때문에 플라스틱으로 된 라지에이터 환기구를 부수지 못했던 걸 후회했다. 이렇게 서울의 생활은 시작이 되었다.

당시 2009년 선거에서 독보적 좌파교육감으로 당선된 김상곤 경기도 교육감이 이미 친전교조 교육감 진출의 교두보를 구축하고, 2010년 6.2 지방선거에서 대대적으로 친전교조 교육감 후보를 출마시키려 한다는 정보를 입수하여 자유교육연합은 반전교조교육감 후보 단일화에 참여하게 되었다. 사학, 종교단체, 애국

단체, 시민단체가 총망라된 회의기구를 결성하고 수차례 회의를 거쳐 전교조로부터 교육을 지키자는 결의를 다지며 2010년 3월 16일 명동의 은행회관 2층 대회의실에서 '바른교육전국연합'을 창립하였다.

서울교육감 후보의 양상은 진보와 보수가 일대다(多)의 구도로 전개되고 있었다. 진보는 곽노현 후보로 단일화가 되어 있었으나 보수 후보는 7명이 난립하여 이전투구하고 있으니 난감할 수밖에 없었다. 어쨌든 단일화를 성사시키지 않으면 서울 또한 친전교조 교육감이 당선되는 것은 필연이었다. 출범 당시 나는 재정위원장을 맡았다가 곧 사무총장직을 수행하게 되었다.

후보자들을 만나고 단체장들을 만나고 동분서주한 결과 6명의 후보들이 단일화 경선에 동참하였다. 여론조사와 선거인단으로 경선 룰을 정하고 경선하여 이원희 후보를 보수단일 후보로 선정하였으나, 다음날 김경회 전 서울시 부교육감만이 결과에 승복하고 나머지 후보는 별별 사유를 대며 불복하여 사실상 단일화는 불발되었다. 그 결과 이원희 33.22%, 곽노현 34.34%의 근소한 득표차로 친전교조 교육감이 서울시교육감이 됨으로써 향후 정치적 격변이 일어나는 계기가 된 것이다.

지금 생각해 보면 난 운이 좋은 사람이다. 경북이란 지방에서 28년을 선생님으로 근무한 서생이 명예퇴직과 동시에 서울을 올라와 바로 우파가 총집결한 단체의 사무를 총괄하는 자리를 맡아 당시 신문이나 방송에서 보던 유명인사들을 언제든지

만날 수 있는 기회가 주어졌기 때문이다. 이런 연유로 2011년 곽노현 서울시 교육감이 중학교 '전면무상 급식'을 실시하자 '단계적 무상급식'을 주장하는 '복지포퓰리즘추방국민운동본부'를 결성에 참여하였고, 2012년 '한미FTA지키기범국민운동본부' 결성, 256개 단체가 참여하는 '범시민사회단체연합'의 출범, 2014년 좌편향 역사교과서를 바로잡기 위한 '바른역사국민연합' 출범으로 이어질 수 있었다.

'복지포퓰리즘추방국민운동'은 좌와 우, 보수와 진보의 프레임을 벗어나 옳음을 선택한 의미있는 시민운동이었다. 당시 야권은 이 전면 무상급식에 이어 무상보육, 무상의료, 반값등록금의 무상복지 계획을 밝히고 있었기에 전면 무상급식은 '복지포퓰리즘'의 빗장을 여는 시도였다. 국민소득 1만8천 달러의 상황에서 4만5천 달러의 북유럽의 복지국가 모델을 도입한다는 것은 성장의 파이를 키우지도 않고 나누는 어리석은 행위라 생각했고 단계적 무상급식이 옳음을 알리는 주민투표 서명을 받았다. 동분서주하여 84만명의 서명을 받아 주민투표를 성사시켰으나 '8.24 주민투표'의 투표율이 33.3%에 미달되는 25.7%가 되어 개봉도 하지 못하고 무산되었다. 그래도 당시 서울의 총유권자 840만명 중 220만 명이 투표를 해준 의미있는 결과이기에 지금도 후회하지 않는 보람있는 노력이라고 생각한다. 이후 오세훈 시장이 서울시장을 사퇴하고 안철수와 박원순이 전면에 나서는 정치적 격변을 맞게 되었다.

주민투표 과정에서 '한국시민단체네트워크'를 이끄는 이갑산 대표를 만났다. 2012년 "합리적 보수의 길"을 가고자 '복지포퓰리즘추방국민운동'과 '한국시민단체네트워크'가 힘을 합쳐 '범시민사회단체연합'을 결성하게 되었다. 두 단체에 참여한 265개 단체가 어우러져 합리적 중도·보수단체를 출범시킨 의미 있는 일이었다. 나는 '범사련' 상임공동대표직을 수행하면서 시민운동 지도자의 역할이 얼마나 중요한가를 이갑산 대표를 통해 배우게 되었다. 정부나 기업, 어느 조직에서나 지도자의 능력에 따라 흥망이 결정된다. 똑같은 음식점이 같은 길목에 여러 개 있어도 사업주의 능력에 따라 흥망이 결정되는 것과 같은 이치다. 나라는 대통령이, 기업은 오너가, 교육청은 교육감이, 학교는 교장이 미래를 준비하고 탁월한 능력을 발휘할 때 발전하는 것이다. 내일을 예견하지 못하고 하루를 계획하지 못하는 사람이 지도자가 되어서는 안 된다. 하루하루를 계획하고 내일을 내다보는 사람이 미래를 준비할 수 있다. '범시민사회단체연합'은 이갑산 대표의 출중한 능력으로 발전을 거듭하고 있고, 단체장들은 사람과 사람의 훈훈한 정을 나누며 제각기 맡은 분야에서 시민운동을 하고 있다.

시민운동, 왜 해야 하나?

"무는 개를 돌아본다."는 속담이 있다. 시민운동을 가장 잘 대변하는 속담이다. 시대마다 억울하고 힘없는 민초들이 모여 사회변혁 운동을 시도 했지만 성공 사례는 드물다. 그러나 이런 사회변혁 운동은 그릇된 시대를 각성시키고 변화를 도모하는 기제가 된다. 시민운동은 잘못된 정치, 경제, 사회적 문제를 아프게 물어야 한다. 그래야 민초들의 삶을 돌아보는 것이다. 아프게 물지 않으면 뒤돌아보지도 않고 제 가던 길을 간다. 근래 '1987년'이란 영화가 나왔다. 대통령과 정치인들이 너도나도 관람하고 눈물을 흘리며 그 현장에 있었던 주역이라 한다. 6.10 항쟁에 참여한 시민운동가들이 모두 정치인이 되었는가 싶다.

1987년 1월 14일, 고문 끝에 숨진 박종철 군에 이어 6월 9일 최루탄을 맞아 숨진 이한열 군의 희생을 애도하고 군사정권에 저항하는 반정부 시위가 일어난다. 이날 서울광장은 100만 인파가 모여 두 열사를 애도하였다. 6월 10일에는 야당 정치인, 시민단체, 학생, 시민, 노동자, 농민들이 모여 대한성공회 서울교구 대성당에서 "박종철군 고문치사 조작, 은폐 규탄 및 호헌철폐 국민대회"를 개최하였고 전국 택시들은 경적을 울리고 버스를 탄 시민들은 흰 손수건을 흔들어 반정부 시위를 하였다. 전두환, 노태우는 체육관 선거를 단념하고 직선제 개헌을 위해 6.29 선언을 하여 사실상 군사 독재정치가 막을 내리게 된다. 이후 시민운동은 전 분야로 분화되어 활발히 진행된다. 이명박 정부의 초기 광우병 사태, 박근혜 탄핵 촛불시민운동 등, 역사적인 사건의 전면에 시민단체가 앞장서 있음은 누구나 알고 있다. '자유교육연합'의 교육시민운동 또한 대전교조 교육정책에 초점을 두고 치열하게 전개되었다.

시민단체의 구성원들은 오피니언 리더들이다. 불합리한 사회를 개선하고자 여론을 조성하고 몸으로 대항한다. 너무나 극성이어서 시민단체가 싫다는 사람들도 많이 있지만 시민단체는 사회를 정화시키는 소금 역할을 한다. 2016년 11월부터 시작된 '박근혜 퇴진 촛불운동'을 보면서 야권 시민운동 단체의 결속력의 원천을 생각해 보았다. 나는 보수 시민운동을 하면서 이명박, 박근혜 정부의 여권 인사들을 만나거나 청와대 비서진들을 만날때 시민운동가들을 우대하라고 충고해 봤지만 겉으로 고개만 끄덕였지 실천하지는 않았다. 시민운동이 뭐하는 일인지도 모르고단지 정부를 비판하고 구걸이나 일삼는, 할 일 없는 사람들이 동참하는 운동단체 쯤으로 생각하는 느낌을 받았다. 이들은 '촛불'이 정권을 바꿀 수도 있음을 체감한 뒤 시민단체를 보는 시각이달라졌을 것이라 본다.

우리는 수 없이 많은 성명서를 발표하고 많은 거리 집회와 기자회견을 통해 10여 년을 노력해 왔다. 대한민국의 미래는 교육에 있고 대한민국의 교육은 평준화, 보편화, 획일화를 벗어나 개별화, 특성화, 전문화를 추구해야 한다고 생각했기 때문이다. 내가 자유주의교육의 끈을 놓지 않고 기우제를 지내는 심정으로교육운동을 하는 이유가 여기에 있다.

제 2장
평준화 교육과 수능위주 대입제도

양극화의 주범, 하향평준화 교육

우리 교육의 현실은 하향평준화 제도의 지속으로 공교육이 붕괴하고 사교육에 더욱 의존하는 게 현실이다. 평준화로 인해 학군이 생기고 사학과 학원이 몰린 곳에 '교육특구'가 생겼다. 대표적인 특구가 '강남 8학군'이다. 각 지역 대도시에도 '교육특구'는 존재한다. 무한 경쟁 시대를 위해 학부모들은 '교육특구'에 집을 사고 위장전입까지 시키면서 교육열을 쏟는다. 자연히 교육 환경이 좋은 곳의 집값이 상승하고 사교육비가 오르는 현상이 나타나고 교육의 빈부격차가 생기게 되었다. 사교육 1번지 '교육특구'의 유명학원에서 돈을 들여 유형만 잘 학습하면 고득점을 하고, 수능점수나 등급의 순으로 일류대학을 들어가는 수능위주의 대입제도가 너무나 오랫동안 유지되어 왔다. 서울 강남의 집 값은 전국의 평균보다 3~4배가 되어 있고, 고액 과외비는 직장인이 감당할 수 없는 수준까지 다다랐다. 강남의 영어 과외비가 백만 단위가 넘어선 지가 오래라고 하니 자식을 위해 노래방 도우미도 마다 않는 엄마들이 생기는 이유를 알 수 있겠다.

사회는 어떤가? 일류대학을 나와야 연봉 많은 대기업에 입사할 수 있고 일류대학을 나와야 고위공직자가 되는 무한 경쟁의 사회다. 대기업과 중소기업의 임금 격차는 두 배가 되고 근무 조건이나 복지혜택 또한 비교되지 않는 상황이 지금의 현실이다. '금수저, 흙수저'란 용어에 교육의 양극화의 실상이 고스란히 담겨 있다. 과거 공교육이 경쟁력 있었던 고교 평준화 이전은 우수한 학생들이 학교 교육만 받고도 좋은 대학에 들어가 성공한 사회인이 되어 산업화의 주역이 되었다. 우수한 학생은 앞서가게 하고, 그렇지 않은 학생은 뒤처지지 않도록 하는 것이 교육이다. 획일적인 평준화는 '하향평준화'가 될 수밖에 없고 사교육 천국, 교육 엑소더스, 기울어진 운동장이란 말들이 생기게 한다. 미래 사회를 준비함에 있어 대학 입시제도의 개선은 필수적이다. 지금의 대입제도 또한 양극화를 부추긴다. "수학능력시험은 유형별 학습, 수능은 돈, 정시는 재수생, 재수는 돈, 정시는 과외발, 유명고 입학 50프로는 재수생." 모두 돈이면 되는 교육현장을 빗댄 말이다.

자유주의 교육을 주장하던 초기 당시 정부는 본고사 금지, 고교등급제 금지, 기여입학제 금지의 '3불 정책'을 고수하는 이유를 다음과 같이 밝혔다. 당시 노무현 대통령이 밝힌 '3불 정책' 고수(固守)의 변(辯)이다.

"본고사가 부활되면 대학에서 우수한 학생을 확보하기 위해 어려운 본고사를 준비하기 때문에 사교육 열풍이 분다. 학교마다 각기 어려운 시험을 내게 되면 학교에서 교육 수요가 충족 안 된다고 해서 자꾸만 학원으로 아이들 보내게 되지 않겠느냐? 공교육이 완전히 붕괴해 버릴 것이고 사교육만 넘치게 되면 학부모들은 등이 휘고 아이들은 코피가 터질 것."이라고 했다. 고교등급제에 대해서는 "학력과 시험 중심의 사회를 자꾸 만들려고 하는데 그것은 우리 사회에 창의력 교육을 붕괴시키고 주입식, 암기식 교육, 시험 이것밖에 못하는 것이 되어 결국 교육목적에도, 인성교육에도 맞지 않는다."고 했고, 기여입학제와 관련해서는 "국민의 정서가 중요하다. 우리 국민은 용납하려 하지 않는다."고 했다.

노 전 대통령의 '3불 정책' 고수 입장을 자세히 살펴보면 '3불 정책'을 폐지하자는 입장과 종이 한 장의 견해차가 보인다. 사교육이 걱정되어서 본고사 부활을 반대하고, 창의력 교육을 붕괴시키고 주입식 암기식 교육을 하는 교육이 평준화란 이야기다. 역으로 보면 수능체제의 대입제도가 사교육을 부추기고, 고교평준화는 창의력과 인성을 약화시키며 주입식 암기식 교육으로 흐를 수밖에 없는 교육제도다. 사교육이 판치는 당시의 상황을 이해하지 못했고 주입식 암기식 교육으로 수능을 준비하는 학교 현장의 실태를 모르고 있었다는 이야기다. 뒤집어 보면 자유주의 교육을 바란다는 듯한 의도라고도 생각되었다.

기여입학제에 대한 국민의 정서는 아직도 용납되지 않는 쪽으로 흐르고 있다. 근래 들어 양극화가 심화되어 더욱 부정적인 견해가 많을 것이다. 나 또한 기여입학제는 아직은 국민의 정서에 부합하지 않는 제도라고 생각한다. 그러나 기여입학제를 고려해봐야 한다는 입장은 가지고 있다. 기여입학제는 옛날처럼 수학능력이 부족한 학생을 돈만 주면 입학시키는 청강생 제도가 아니다. 학교 발전을 위해 기여를 할 수 있는 부유한 자제들 중, 대학이 제시하는 입학 자격, 곧 수학능력을 충분히 갖춘 학생을 엄격히 심사하여 입학을 시키는 제도이기 때문이다. 대학들이 사유재산이 아닌 투명한 공적재산이라는 진정성이 담보되고 치부의 수단으로 이용하지 못하게 엄격한 방침을 설정하고 시행해야 하는 것은 기본이다. 학자금을 마련하지 못하는 우수한 인재들에게 학자금을 감면해준다든지 하는 '학자금 지원사업'을 중점적으로 시행한다면 그야말로 기여입학제도 의미가 있다고 생각된다. 학자금과 기숙비를 감당하기 위해 알바를 해야 하는 학생들이 얼마나 많은가? 교육의 양극화는 상기(上記)한 바와 같다. 하루빨리 하향평준화 교육과 수능위주 대입제도는 개선되어야 한다.

평준화체제에서 경쟁하라고?

나는 존경하는 선생님으로부터 극도의 배신감을 느낀 뼈아픈 기억이 있다. 내가 성장하면서 지금까지 사회로부터 소외받고 있다는 느낌을 받을 때마다 깊은 골짜기 저 먼 곳의 메아리가 귀에 선명히 들리듯 내 머리 속을 헤집고 들어와 아쉬움을 분출하게 하는 기억이다.

그때 그 인자하신 담임선생님의 '그일'이 없었다면 나의 인생은 어떻게 흘렀을까? 중학교 1학년 때의 일이다. 입학 당시 특별반이 1반이었고 난 일반학급인 2반에 배정되었다. 특별반은 2차로 모집이 되어 경북중학교 등 일류중학교에 지원했다 떨어진 학생들이 대부분이었다. 내 반 옆 특별반을 동경하던 새까맣고 눈이 큰 아이는 400년이나 된 구멍 뚫린 고목의 느티나무의 으슥함을 삭이고 도서관의 불이 꺼질 때까지 공부를 하였다. 반에서는 늘 1~2등을 다투었고 전교 30등 이내의 성적을 유지하던 학생이었다.

1학년 말, 나의 운명이 가름되었던 첫 번째 '그일'은 그렇게 만들어졌다. 품위있고 인자했던 담임선생님이 성적 순위를 조작해 나 대신 '금수저' 아이를 특별반에 넣은 것이다. 성적표와 배정표를 들고 눈물을 흘리며 그분을 찾아 갔으나 여전히 인자하고 온화한 표정으로 "어 내가 실수를 했구나. 지금 학반 배정이 이미 끝나 고치지도 못한단다. 특별반이 뭐 그렇게 중요하니 어디를 가도 네가 하기 나름이지." 우리 부모님은 나에게 신경을 쓸 여유가 없었다. 위로 2녀 2남을 공부시켜야 했고 특히 두 형들은 전국에서도 유명한 경북중·고등학교에 입학한 '공부 잘 하는 학생'이었기 때문이다. 당시 난 부모님 일을 열심히 도우며 공부를 했었기에 그다지 공부로는 인정을 못 받는 자식이라 학교에서 일어나는 나의 일에는 별 관심이 없었다.

부당한 '그일'을 항의해서 바로잡아야 한다는 생각조차도 못했던 어린 나의 억울함은 여전히 온화한 국어선생님의 아무 것도 아니라는 인자한 미소에 포장되어 사방으로 잠기는 '락앤락'에 갇혀 버린 것이다. 시간이 지나 우수한 집단에서의 경쟁이 인생에서 얼마나 큰 역할을 감당하는지를 깨닫고 난 뒤의 상실감은 힘든 시기를 맞을 때마다 나를 괴롭힌 것이다. 이순(耳順)의 나이가 지나 이제는 다 떨쳐 버렸지만 우수한 집단에서의 경쟁이 의미가 있다는 것을 말해 주고 싶다. 특별반의 아이들은 대부분 좋은 고등학교에 입학하고 좋은 대학에 좋은 학과를 졸업하고 서울 강남에서 살아가고 있음을 본다.

내가 고등학교를 졸업한 2년 뒤인 1974년 시행된 '고교평준화정책'의 기본방향은 ① 중학교 교육의 정상화를 촉진하고, ② 고등학교의 평준화를 기하여 학교 간 격차를 해소함은 물론, ③ 과학 및 실업교육을 진흥시키고, ④ 지역간 교육의 균형 발전을 도모하고, ⑤ 국민의 교육비 부담을 경감시키며, ⑥ 학생인구의 대도시 집중경향을 억제하는 것이었다. 1974년 서울과 부산에서 시작하여 그 이듬해에는 대구, 인천, 광주로 확대되고 1979~1980년에는 중소도시 지역까지 확대되어 1981년에는 21개 도시지역으로 확대되었지만 소도시 지역의 경우 평준화정책의 실효성이 미약하다는 논쟁이 계속되면서 일부 지역에서는 '평준화정책'을 폐지하기도 하였다.

'고교평준화정책'의 시행 초기에는 고입 인원 전체 성적의 50% 이내는 인문계열의 학교에 배정되고 나머지 50%는 실업계인 농·공·상고에 강제 배정되는 어이없는 평준화였다. 완화는 되었지만 지금도 공부를 못한다는 이유 하나로 자신의 적성과 전혀 관계없는 강제배정을 당해야 한다는 것은 헌법소원감이 아닌가 한다. 이런 강제배정 제도가 진정한 평준화냐고 묻고 싶다.

또, 인문고교에 배정되어도 학력 차이가 워낙 두드러져 사교육으로 해결하지 않으면 학교 수업을 이해하지 못하는 사례가 속출하였다. 영어나 수학, 과학 같은 교과목은 집단의 개인차가 워낙 차이가 나서 50~60명이나 되는 학생들에게 개별학습을 할 수 없기에 교사는 난이도를 평균으로 조정할 수밖에 없는 실정이었기 때문이다. 지금도 이 점은 교실 수업 현장에서 교사들이 느끼는 애로사항이 아닌가 한다. 이 결과 사교육 시장만 살판이 났다. 공부 잘하는 학생이나 못하는 학생이나 선생님의 수업이 쉬워서, 어려워서 학습의욕을 잃는다. 그래서 사교육 시장으로 내몰릴 수밖에 없다. 수능위주 대입제도와 함께 '하향평준화'의 원인은 여기에 있다.

'고교평준화정책'이 도입된 지 34년. 기본 방향 ①~⑥과는 반대로, ② 학교 간 격차가 심화되었고, ④ 지역 간, 도농 간 불균형은 심화되었다. ⑤ 사교육으로 국민의 교육비 부담은 늘어났고 ⑥ 학생의 대도시 집중경향은 대폭 늘어났다. 이것이 평준화의 실상이요 찌든 결과물이다. 이럼에도 평등교육을 말하며 개선할 노력을 하지 않은 역대 정부의 직무유기를 어떻게 각성시켜야 하나?

진정한 경쟁은 경쟁 상대가 있는 경쟁이다. 경쟁할 상대가 아닌데 경쟁하라고 하는 것은 거북이와 토끼에게 달리기를 시키는 것과 같다. 토끼가 나태해져 낮잠을 잘 수밖에 더 있겠는가? 거북이가 이기는 것은 우화다. 토끼가 달리기를 포기하지 않는 이상 거북이는 절대 못 이긴다. 달리기의 종착점에 우승컵과 상금이 기다리고 있는 것이 세상이다. 모두 다 골인지점까지 나란히 걸어서 도착하여 트로피도 공동으로 상금도 똑같이 나누는 경기가 이 세상에는 존재하지 않는다. 평준화 체제에서의 경쟁은 하향평준화를 불러 올 수밖에 없다.

평준화를 옹호하는 사람들

좌파교육자들이야말로 우리의 교육을 망친 장본인들이다. 이들의 이중성은 도를 넘는다. 물론 일부 부도덕한 인물들에 한하겠지만 청문회라든가 언론보도를 접하는 빈도가 높아서 어디까지가 이들의 부류인가를 알지 못한다. 제 자식은 유학 보내고 '기러기 아빠'로 살고, 자사고, 특목고 보내고, 강남으로 위장전입하고......이러면서 남의 자식들에게는 공부하지 않아도 출세할 수 있다고 부추기는 평준화 옹호론자. '질 나쁜' 사람들이다.

평준화 이전, 명성을 떨치던 공립 고교는 '철밥통' 공립교사들의 뒤떨어지는 열의로 삼류학교로 전락하고, 명문으로 발돋움하겠다는 의지를 가진 사립 재단과 자의든 타의든 경영지침에 동의하는 '목 매달린 선생님'들의 수고에 의해 학교의 서열이 결정되는 '고교평준화' 시대가 열렸다. 사립의 명문화. 이는 평준화의 틀을 깨지 못하는 하나의 요인이다. 전체 고등학교의 50%를 차지하는 대도시 사립 고교들이 평준화를 고수하겠다는 이유는 학생들 수준이 평준화되어 그 중 우수한 학생이 입학하기에 5%로 명문을 결정지을 수 있기 때문이다. 나머지 학생들은 어찌되든 신경

쓰지 않아도 SKY대 입학 비율로 명문고의 서열이 결정된다.

'고교평준화제도'는 학생 스스로 공부해서 명문대학을 많이 가면 명문학교가 되는 시스템이며 잘 가르치든 못 가르치든 우수한 학생 얼마 정도가 학교의 질을 결정하는 제도이다. 가만히 앉아서 학생을 배정받아 '목 매달린 선생님'들을 다그쳐 열심히 지도하면 명문이 되는데 굳이 노력해서 좋은 학생을 선발할 필요가 없다는 편안한 생각, 선발제도로 회귀하면 혹시나 예전처럼 '변두리 3류 학교'가 되어 입학생조차 미달되어 학교 경영이 악화될 수 있다는 두려움. 사립 경영자의 입장을 이해하면 전혀 이해 못할 바는 아니다.

다행히 미래를 생각하고 인재 양성에 뜻을 둔 사학 재단들이 자사고, 특목고, 특성화고로 전환하여 미래 학교를 꿈꾸고 있기에 교육 희망의 불씨는 살아있다고 본다. 그러나 이런 사학의 열의를 현 정부가 옥죄고 있다. 자사고와 특목고를 폐지하고 일반고로 전환한다고 한다. 정부의 지원을 받지 않고 자생하여 우수한 학생을 배출하겠다는 학교들을 폐교시키고 국민의 세금으로 모든 것을 지원하는 일반고를 늘린다는 발상이 과연 옳은 것인가? 물론 우선 선발 방식에는 문제가 있으니 선발 방식을 개선하는 것은 타당하다고 본다.

지난 2004년 '전교조'의 압력에 모 교장이 자살한 사건 이후에 '전교조'를 반대하는 많은 국민들이 시민단체 결성에 적극 참여하게 되었다. 당시 전 교육부 장관을 지낸 분이 적극적으로 참여하여 전국을 순회하며 결성식을 가질 때였는데, 전교조가 공격 타겟으로 삼은 사학재단이 대거 참여하였다. 당시 전교조는 8만의 조합원을 가지고 있었기에 어지간히 이름난 사립학교에는 전교조 교사가 있었다. 본인 또한 한국교원노동조합 경북본부장으로 활동하던 시기여서 모임에 수차례 참여한 적이 있다. 이들은 당장에 닥친 "전교조의 거대한 힘을 어떻게 하면 대항할 수 있을까?"에만 관심을 가진 것이라는 것을 알았고, 학생, 학부모를 위한다거나 교육개혁이나 미래교육에는 관심이 없이 전교조에 대한 피해의식과 사학의 유지에만 관심을 가지고 있었다. 교원의 권익신장을 내걸고 전교조에 대항하는 또 다른 자유교원조합조차 세력이 강성해지면 자신들의 적이 될까 우려하는 것을 보고 학교 유지에만 관심을 쏟는 사학 경영자의 모습을 보는 듯해 실망스러웠다.

사학의 자율성은 보장되어야 한다.

해방 이후 사학은 한국의 교육입국에 지대한 공을 세웠다. 가난한 나라의 이 뜨거운 교육열을 감당해 준 교육기관이 사학이기 때문이다. 지금도 사학이 차지하는 비중은 중 22.5%, 고 44.8%, 전문대 91.1%, 대학 82.2%이다. 뜻있는 교육실천가들이 사재를 헌납하여 산간벽지까지 학교를 설립하여 문맹을 없애고, 산업화를 감당할 인력을 배출하고, 나아가 국가의 동량을 길러내는 훌륭한 업적을 남겼다. 그러나 시간이 흐를수록 초심을 잃은 일부 사학들이 '위대한 사학의 업적'에 먹칠을 함으로 인해 대부분의 사학들이 다 문제가 있는 것처럼 잘못 인식되고 있다.

<사립학교법> 제1조에는 "이 법은 사립학교의 특수성에 비추어 그 자주성을 확보하고 공공성을 앙양함으로써 사립학교의 건전한 발달을 도모함을 목적으로 한다."라고 밝히고 있다. 이에 따르면 자주성의 확보와 공공성의 앙양이 사학의 자율성을 보장하는 기본이 된다. 그러나 우리나라의 현 사립학교정책은 감독청이 감독권을 행사하여 자주성을 약화시키고, 공공성 앙양에만 역점을 두어 각종 규제를 강화하고 있다. 공공성의 앙양은 국가나 사회의 복지와 공익을 보장해주고 사학의 국제경쟁력을 높이는 데 크게 기여하고 있으나 사립 고유의 교육과 경영을 존중하는 독자성과 자율성이 상실될 때의 교육적 손실은 지대하다.

문재인 정부는 '사학의 적폐 청산'을 강화하고 있다. 크게 "사학비리와 족벌경영"에 초점이 맞춰져 있다. 많은 사학들은 이 두 가지 조건에서 자유로울 수가 없다. 어느 대학이든 감사하면 다 나오는 교비회계 부정, 업무추진비 부정사용, 교직원 급여 체불, 학사관리 부정 등, 학교 비리와 설립자 또는 학교법인 이사장 일가가 사학을 사유화하며 친·인척 중심의 폐쇄적·비민주적 운영을 일삼은 족벌경영이 관행처럼 이루어졌기 때문이기도 하다.

이로 인해 학내 분규가 발생하여 교육부는 학내 분규를 조정하기 위해 사립학교법 '제24조의2' 규정에 따라 임시이사 선·해임 및 임시이사 선임법인의 정상화 추진 등에 관한 사항을 심의하기 위해 '사학분쟁조정위원회'를 설치·운영하고 있다. 그러나 '사분위' 또한 교육부의 입맛대로 사학을 통제하는 기관의 성격이 강하여 사학의 자율성을 해치고 있다. 어쨌든 사학은 적폐로 규정된 '사학비리와 족벌경영'을 스스로 정화(淨化)하는 지대한 노력을 해야 한다. 학교경영의 투명성을 확보하고 공공성 확보를 위해 노력해야 한다. 정치권은 이를 보완할 수 있는 법 개정을 해야 하고 일정 요건(교원확보율, 교사 확보율, 수익용 재산 등)을 충족시킬 경우 설립이 승인되는 사학 설립 요건도 설립자와 학교법인 이사장(이사)에 대한 자격 기준도 더욱 강화할 필요가 있다.

사학은 건학이념을 실현할 수 있는 다양하고 독창적인 교육활동이 보장되어야 하고 건학이념을 충실히 이행할 수 있는 학생을 선발할 수 있는 고유권한이 주어져야 한다. 그러나 현 교육 상황은 이를 허락하지 않고 있다. 지금 같은 평준화 체제와 틀 속에 갇힌 대학입시 제도로는 건학이념에 맞는 교육과정을 개설하기도 힘들고 고정된 건학이념에 충실한 학생을 선발하는 것도 어렵다. 더구나 정권이 바뀔 때마다 '사학비리 청산'이란 과제가 대두되기에 사학이 떳떳하게 자신의 주장을 말하기 어렵다. 사학이 사립학교법 '제 1조'를 스스럼없이 이야기할 때가 하루빨리 와야 한다.

교사가 뛰어나면 명문학교가 된다?

우리의 고교 시절은 학군제가 아니었다. 경북 각지에서 온 학생들이 자취를 하고 인접한 곳의 학생들은 기차통학, 버스통학을 했다. 경산, 청도, 심지어 기차로 1시간이나 걸리는 영천에서 완행열차를 타고 대구역에 내려 악명 높은 방천의 칼바람을 맞으며 1시간을 걸어 등교를 하였다. 통학생이라고 불리는 시골학생들이라 시내학생들이 좀 멸시했던 기억이 나지만 착하고 부지런한 학생들이었다. 수성천(방천)을 끼고 등교하는 길에 남고, 여고 두 학교가 있었다. 당시엔 대입 자격을 부여하는 예비고사가 있어 이 예비고사에 합격하지 못하면 대학 진학을 못하던 때였다. 내가 다니던 고교는 합격률이 90% 정도가 되었는데 이 두 학교는 합격률이 5%를 넘으면 대박이 나는 학교들이었다.

우리가 졸업하고 난 두 해 뒤인 1974년 고교평준화가 다시 시행되고 학군이 생겨 이 두 학교는 학생 배정을 잘 받았는지 아니면 선생님들의 노력인지는 모르겠지만, 3년이 지난 뒤 남고인 'O 고교'는 예비고사 합격률 상위고, 나아가 수능 전국 죄고 점수 학생을 배출해서 일류고등학교로 변신하였다. 속칭 '따라지 학교'가 일류 학교로 변하게 된 이유가 무엇일까? 선생님들이 바뀐 것이 아니고, 학교의 시설이 변한 것도 아니고, 학교 재정이 급속도로 확충되어 학생들을 지원한 것도 아니다. 단지 바뀐 것은 좀 잘 사는 수성구의 학생들을 무작위로 뺑뺑이 돌려 입학시켰다는 것밖에는 없었다. 그렇다면 평준화 이전의 명문학교 입학생처럼 우수한 학생들을 선발한 것도 아닌데 어떻게 명문이라는 딱지가 붙었을까?

이 상황에서 고교평준화의 제도적 모순을 찾을 수 있다. 'O고교'는 대구의 교육특구라 하는 수성구에 위치하고 있다. 대구역이 있던 구 중심가인 북성로, 종로 지역이 동대구역의 신설로 쇠퇴하게 됨에 따라 범어로타리를 중심으로 수성구가 번창하게 되고 범물, 시지의 개발로 신도시가 형성되어 명문학교가 이주하거나 신설되고 유명학원이 밀집하게 되었다. 서울의 강남구 같은 교육특구가 형성된 것이다. 학부모들이 너도 나도 자식을 위해 수성구 학군으로 몰리다보니 집값은 뛰고 위장전입이 늘어 실제 이주를 확인하는 부산함을 떨기도 한 지역이다.

당시 'O고교'는 평준화로 학생을 배정하기에 그 이전처럼 미달을 우려할 필요도 없이 이전보다는 훨씬 더 우수한 학생을 학급 수대로 정원을 꽉 채워서 배정받을 수 있었으므로 선생님들의 노력 여하에 따라 학생들의 성적이 상향되는 결과를 가져올 수 있었다. 선생님들의 노력이란 학생들을 밤 몇 시까지 학교에 남게 해서 야간자율학습을 시키느냐 하는 노력을 말한다. 10시까지 잡아두면 10점이 더 올라가고 11시까지 잡아두면 11점이 올라가는, 학교 있는 시간이 길수록 학교의 수능 평균점수가 올라가는 현상은 실제 본인 또한 경험한 사실이다.

학생들은 밤 10시까지 야간자율학습을 하고 또 가까운 학원에 가서 강의를 듣고 귀가 한다. 그래서 너도나도 학교 가까운 거리에 유명 학원이 있는 곳을 찾아 이주하는 '교육 엑소더스'가 생긴 것이다. 지금도 이 현실은 변하지 않고 있다. 교사 중 특별한 실력을 가진 분들도 많이 계시고 대단한 열정으로 수업에 임하는 선생님들이 계셔 하위 집단 학생들의 성적을 어느 정도 상향시킬 수는 있다. 그러나 아무리 능력이 뛰어난 교사 집단이라 하더라도 평준화 이전의 'ㅇ고교' 학생들을 가르쳐 평준화 이후의 'ㅇ고교' 학생들로 변화시키기는 힘들다. 교사가 뛰어나야 명문학교가 된다는 추론은 그럴듯하게 들리지만 학생의 역량과 학습의 성과는 비례하기에 교사만 뛰어나서는 명문학교가 될 수는 없다.

개천이 마르면 이무기도 살 수 없다.

흔히들 "숲이 우거져야 범이 산다."고 한다. 용의 전신 이무기도 개천이 깊어야 살 수 있음과 마찬가지다. 이무기는 개천이 시작되는 깊은 연못에서 천 년을 살다가 폭풍우가 몰아치는 날 승천을 하여 용으로 변한다. 물론 전설이지만 교육도 마찬가지다. 학생이 많아야 우수한 학생이 많이 나타난다. 학생 수가 적은 학교에서 인재가 나타날 확률은 낮다. 대도시 대형학교가 명문이 되는 까닭이 여기에 있다. 농어산촌의 학교는 학생 수가 줄어 우수한 학생을 배출하기가 쉽지 않다.

초임 때, 경북에서도 최고 오지라 하는 청송의 조그만 면 단위 학교에 부임했다. 인구가 2천 명밖에 되지 않는 시골 중·고등학교에 한 학년 학급 수가 3학급이었고 학생 수는 한 반에 60~70명이나 되었던 시절이었다. 당시에는 대도시 지역에 평준화가 정착되고 학군제가 시행되었기에 공부만 잘한다고 원하는 고등학교에 입학할 수는 없었다. 부모가 역량을 발휘해서 거주지를 옮겨야 대도시 학생들과 경쟁을 해 볼 수 있었고 위장 전입을 해서 자취방이라도 마련해 주어야 대도시 학생이 될 수 있던 때였다. 농촌의 부모들은 자신들의 배우지 못한 한을 풀기 위해 아이가 초등학교에서 우등상을 한 번이라도 받으면 너도나도 논 팔아, 밭 팔아 학군 좋은 대도시로 이주를 하였다. 그러나 학생을 위해 대도시에 집을 장만할 형편이 되지 않은 가정이 많았고 비례하여 학생 수가 많았던 것이다.

부모의 사정으로 시골 중학교에서 공부는 했지만 고등학교 입학 전 주소지를 옮겨 대도시 좋은 고등학교에 입학하는 학생도 많았고 도시로 갈 형편이 안 되는 학생은 그 고등학교로 바로 진학하거나 도시의 산업체부설학교에도 입학했었다. 그나마 숲이 우거져 범이 살 수 있었던 것이다. 그러나 지금 그 고등학교는 특성화 고교로 운영되고 있고 중학교는 학년 당 한 학급에 학급 당 학생 수는 2~3명으로 학생 수의 두 배나 되는 선생님이 근무하고 계신다. 이렇게 열악한 사정에 있지만 지역민심을 반영해 폐교를 할 수 없는 학교로 변해 버렸다. 농촌의 황폐화, 고령화의 시작은 '평준화제도'로부터 시작이 된 것이다. 하루빨리 농·산·어촌 학교를 되살리는 정책을 만들어야 한다. 지역의 자존심을 살리는 오랜 역사를 가진 모교가 폐교되지 않게 해야 한다.

혁신학교에 '혁신(革新)'이 없다.

'혁신학교'는 "교사는 가르치는 일에 보람을, 아이들은 배우는 즐거움을, 학부모는 아이의 성장을 보며 행복함을 느끼는 공간을 만드는 데 있다"고 한다. 한 마디로 '좋은 학교'다. '좋은학교운동연합'에서 정의한 '좋은학교'는 "교육의 주체인 학생, 교사, 학부모가 행복한 학교"이기 때문이다. 국어사전의 '혁신학교'는 "학생의 능동적이고 주체적인 자세를 기르기 위해 기존의 획일적인 커리큘럼에서 탈피하여 실험적으로 운영하는 공교육 학교"라 설명되어 있다. 이렇듯 사전적 의미의 '혁신학교'는 '자유주의 교육'과 일맥상통한다.

'혁신학교'는 2009년 경기도교육청의 초대 민선 교육감이었던 김상곤 현 교육부 장관이 교육공약으로 내세우면서 시작되어 2010년과 2014년 다수의 진보 교육감이 탄생하며 확산되었다. 2017년 13개 진보교육감 지역의 유초중고 1,100여개 학교가 지정되어 2009년 경기도에서 처음 생길 때 13곳이었던 것과 비교하면 8년 만에 90배가량이 늘었다. 전체 유·초·중·고 2만835 곳의 5% 가량, 유치원을 뺀 초·중·고 1만1563 곳에서는 10% 가량을 차지한다. 경기의 '혁신학교' 서울의 '서울형혁신학교', 전북의 '전북혁신학교', 세종의 '세종혁신학교', 광주의 '빛고을혁신학교', 강원의 '행복＋(더하기)학교', 충남의 '행복공감학교', 충북의 '행복씨앗학교', 경남의 '행복학교', 전남의 '무지개학교', 제주의 '다혼디배움학교'가 이름은 달라도 모두 '혁신학교'이다. 대전 또한 중도

교육감 지역이라 이를 도입하여 '창의인재씨앗학교'라는 '혁신학교'를 운영하고 있다.

나는 교육감 단일화, 무상급식 반대 주민투표 등 교육시민운동을 하면서 진보 진영을 오랫동안 관찰해 왔다. 이들이 가진 속성을 대략적으로 파악할 수 있었는데 첫 번째로 이들은 작명에 능하다는 것이다. 감탄할 정도의 작명 기술을 가지고 혁신학교, 무상급식, 친환경, 인권, 사회적 경제, 금수저·흙수저, 적폐청산 등, 시대 상황이 요구하는 단어들을 '콕 찍어' 내서 슬로건을 만들고 질릴 때까지 반복 사용한다. 어떤 바람둥이가 사랑한다는 말을 10번하면 어떤 여자라도 넘어간다. 처음은 농담이나 희롱으로 듣지만 진지하게 계속 반복하면 중간쯤에는 긴가민가하다가 마지막 9번째부터는 "그런가?"하고 10번째는 "그렇구나!" 하고 확신해 버린다."고 말했다 한다. 속담에도 "열 번 찍어 안 넘어 가는 나무가 없다." 했으니 이들의 선전·선동술은 프로급이다. 이들은 작명을 통해 어려운 상황을 유리하게 만들어 가기도 하고 절망에 빠진 국민들에게 '희망을 주는 사회'를 기대하게도 한다.

그러나 이들은 '내로남불'의 대가들이요 '양두구육'의 꾼들이다. 선거 때마다 불거지는 사생활의 이중성으로 실망을 주고, 대의를 들먹이며 사익을 추구한다. 특히 권력을 잡기 의해 수단과 방법을 가리지 않는 저들을 볼 때마다 굶주린 이리떼를 보는 듯해 섬짓하다. 이를 악물고 10여 년을 준비해온 이들. '촛불의 힘'으로, '시민의 힘'으로 권력을 잡고도 지난 정권의 그릇된 행동을 그대로 답습하는 이들의 이중성은 민주독재를 연상하게 한다. '혁신학교' 또한 많은 문제점을 안고 있다. 혁신학교의 교사는 전교조 교사들로 채워지고 학교운영위원회는 전교조의 참교육을 지지하는 학부모로 구성되어 있다고 하며, 무자격 전교조 교사를 교장으로 채용하고 학부모 조직은 선거 조직화 되어 있다고 한다. 근래 말이 많은 '무자격교장공모제 확대'에 숨은 의도가 없길 바라지만 '혁신학교'가 전교조의 해방구가 된 것이다.

　혁신학교의 가장 문제점은 교육과정을 자율화 한다며 '꿈과 끼'를 살리는 '놀이 중심'의 과목들을 장려한다는 데 있다. 대학입시는 변하지 않고 주요과목은 엄연히 존재하는데 입시위주의 교육, 암기위주의 교육, 이기적인 인간을 길러내는 학교를 혁신해서 제대로 된 교육을 해보겠다고 하는 자체가 양두구육이라는 것이다. 먼저 평준화의 고리를 끊어내고 수능위주의 대입제도의 사슬을 벗어나야 '혁신학교'가 성공할 수 있는 것이다. 말로만의 '혁신학교'는 '미래학교'로 전환되어야 한다.

제 3장
교육, 1%의 가능성을 위하여

사람이 만드는 교육

"사람 위에 사람 없고, 사람 밑에 사람 없다."는 만인 평등주의
는 민주주의의 대원칙이다. 이 같이 사람과 사람의 관계는 동등
하여 부자관계든 사제관계든 지인관계든 타인관계든 상호존중
의 기반 위에서 원만할 수 있다. 교육 또한 사람과 사람이 만들어
나간다. 사람인 선생님과 사람인 학생이 동등한 사람으로 존중
되어 교학상장(敎學相長)하는 것이 교육이다. 이 관계 역시 상호
존중의 기반 위에서 원만할 수 있다.

2012년 1월 서울시교육청은 학생인권조례를 발표하였다. 체
벌, 따돌림, 성폭력 등 모든 물리적 및 언어적 폭력으로부터 자
유로울 권리(6조), 임신·출산·성적 지향 등의 이유로 차별받지 않
을 권리(5조), 복장·두발 등 용모에 있어 개성을 실현할 권리(12
조), 학생의 휴대전화 소지 허용(13조), 특정종교 강요금지(16조),
집회의 자유(17조), 학생 동의 없는 소지품 검사 금지 조항, 등이
보수적인 생각을 가진 시민, 학부모, 교사들의 반발을 불러왔다.
2010년 경기도와 2011년 광주에서 이미 실시가 되고 있어 교실이
잠자는 교실이 되고 교권이 침해되는 등의 부작용이 나타나고
있는 상황이었다.

서울시교육청이 실시한 공청회에 참석한 나는 참석한 사람들
을 향해 "휴대전화 소지와 집회의 자유 등 일부 조항 이외는 이
미 학교 교칙에 명시된 사안들인데 굳이 학생인권조례를 만들어
야 하느냐? 학생인권조례가 필요하다면 교사인권조례도 제정

하라."고 촉구하고 "향후 3~4년 뒤 교권이 추락하고 교실이 붕괴되는 것을 여러분들의 두 눈으로 보게 될 것"이라고 항변하였다. 나의 항변은 현실이 되었다.

교육도 사람과 사람의 관계이기에 학생과 교사가 상호 존중의 기반 위에서 동등한 관계를 가져야 진정한 가르침과 배움이 이루어질 수 있다. 학생이 선생님을 존중하지 않거나 선생님이 학생을 무시하면 원만한 인간관계가 이루어지지 않는다. 인간관계가 흐트러지면 수업 또한 무의미한 수업이 된다. 그래서 예전에는 '스승과 제자의 법도'를 존중한 것이다.

교실은 이미 붕괴되었다고 하는 사람들이 많다. 교실은 잠자는 교실이 되고 학생들은 잠을 깨우는 선생님에게 노골적으로 대든다. 여선생님은 희롱의 대상이 되고 남선생님마저 학생들에게 두들겨 맞는다는 기사를 자주 접한다. 선생님들은 모든 것을 포기하고 칠판만 보고 수업을 하는 것이 최상의 방법이라고 한다. 존경받아야 할 선생님들이 하나의 직업을 수행하는 근로자의 신분으로 전락한 것이다. 학교 현장의 실태를 너무 과장해서 말하지 말라고 했으면 좋겠다. 서로의 인권을 존중해 주는 사람과 사람의 교육이 되길 바라는 마음에서다.

사교육 없는 세상?

인류 역사가 시작될 때부터 지금까지 계층은 분명 존재하기에 인간의 상위계층에 대한 동경은 억제하지 못한다. 1%도 안 되는 그들은 권력과 부를 가지고 99%가 넘는 하위계층의 사람들 위에서 군림한다. 한국도 마찬가지다. 이들의 부와 인맥은 대물림하여 이어져 계층의 최상위를 유지하고 있는 것이다. 부나 인맥을 물려받지 못한 하위계층은 다단계로 구분된 '계층 사다리'를 밟고 올라가기 위해 필사적인 노력을 한다. 신분 상승을 위해서는 수단과 방법을 가리지 않는다. 이것이 경쟁 사회가 되는 이유이다. 학생들이 가끔하는 질문은 "선생님 왜 공부를 해야 합니까?"다. 이 질문은 "공부를 하지 않아도 성공하는 사람들이 많다."는 복선이 깔린 항의성 질문이다. 왜 공부를 해야 할까? 나의 답은 간단하다. 공부가 안정적인 삶을 찾을 확률이 가장 높기 때문이다.

한국 학부모의 교육열은 한국교육의 무한 동력이다. 이 교육열의 발로가 사교육으로 전이되었다고 본다. 별난 교육열의 근원적 이유는 한국 역사 속 민중의 삶에서도 찾을 수 있으나 근현대사에서 두드러지게 나타나는 서민들의 출세 지향성에 있다. 한마디로 과거에 급제해서 금의환향하는 것이 출세인데, 출세만 하면 용이 되어 구름 위에서 노는 인물이 된다. 이로 인해 가문이 번성하고 후세의 미래까지 보장되는 사회구조가 존속되는 한 자식의 출세를 위해서라면 무엇이든 헌신하는 부모가 한국의 부모들이기 때문이다. 오죽하면 강남 사는 학부모께서 자식의 과외비를 대기 위해 노래방 도우미가 되겠는가? 부도덕하다고 욕할 형편은 아닌 것 같아 씁쓸하다.

나는 사교육이 유독 한국에서만 성행하는 줄 알았는데 중국이나 기타 외국을 가 보고는 사교육은 부모의 자식에 대한 바람에서 어쩔 수 없이 생긴다는 것을 다시 실감하였다. 중국의 고액 과외비는 한국의 두 배나 된다. 미국 또한 한국 사람의 극성스런 교육열로 자식이 뒤처지는 걸 막기 위해 사교육 열풍이 분다고 한다. 무한경쟁의 사회가 순화되지 않는 한 사교육은 결코 줄어들지 않는다. 사교육 없는 세상은 듣기 좋은 꽃노래에 불과한 이상(理想), 더 심하게 말하면 희망 사항이라고 생각한다. 사교육 없는 세상은 인류가 멸망한 이후의 세상이 될 것이기에 진실하지 못한 작명이라 느낀다. 사교육을 줄일 수는 있다. 그 방안은 공영센터를 만들어 우수한 강사를 배치하는 '방과후학교'를 질 높게 운영하는 것이다.

학벌 없는 세상 만들기?

조물주가 부여한 모든 생명체의 사명은 더 나은 유전자로 진화된 번식에 있다. 번식을 위해 자신의 몸까지 뜯어 먹히는 '가시고기'를 볼 때, 불 속에서도 아기를 살리려는 엄마의 모성애도 또한 본능적 사명의 발로일까를 생각해 본다. 인간의 자식 사랑은 어느 동물보다 강하다. 생각하는 인간이기에 자식을 보며 기쁨과 행복도 느끼고 탄식과 안타까움도 느낀다. 성경에도 "누가 아들이 떡을 달라는데 돌을 주겠는가?"했다. 자식을 위해서 모든 것을 희생하는 인간이기에 내 자식을 다른 아이보다 좀 더 나은 아이로 기르고자 한다. 더 나은 유전자로 진화시키려는 것이다. 진화를 위해서는 더 많은 것을 배우고 경험해야 한다.

자본주의 사회에서 내 자식이 남보다 더 나은 유전자를 가지게 하려면 돈이 필요하다. 더 나은 유치원, 초등, 중등, 고등 교육을 받게 해야 한다. 그래야만 확실하게 조물주의 사명을 완수할 수 있다. 그래서 세대가 이어지는 인간사는 권력과 부와 학벌과 가문이 지고한 가치가 되는 것이다. 현재 한국교육이 당면하고 있는 문제가 여기에 있다. 불패의 '강남 8학군'이 존재하고 고액과외가 성행한다. 부모의 능력에 따라 '금수저, 흙수저'가 된다. 반드시 그런 것은 아니지만 '금수저'는 부를 세습하고 좋은 학벌을 가지고, 흙수저는 열심히 일해도 아파트 하나 장만하는데 20년이 걸린다. 이런 사회구조 속에서는 학벌 또한 '부익부빈익빈' 현상을 피해가지 못한다.

'학벌없는 세상'을 만든다는 것은 현재로선 "빛 좋은 개살구" 같은 구호에 지나지 않는다. '학벌사회'(한길사)라는 책은 2004년에 출판되었는데 "자료를 보완하기 위해 '대학교육연구소'의 2014년 최신 통계를 살펴보니 놀랍게도 바뀐 것이 하나도 없었다."고 했다.

「예를 들어 2010년~ 2014년 신규 법관 임용자는 SKY 대학으로 보면 80%요, 서울대학교만 보면 절반을 넘는 52%. SKY 대학 출신 검사 임용자는 68.7%, 그 중 서울대학교 출신은 36.2%. 2014년 정부부처 3급 이상 국장급 인사를 볼 때, SKY 대학 출신은

48.8% 즉 절반에 해당하고 그중 서울대학교 출신은 29.5%. 2007년~2014년까지 외무고시 합격자의 81%가 SKY 대학교 출신이고 서울대학교 출신은 46%. 19대 국회의원의 경우 43%가 SKY 대학 출신이고, 서울대학교 출신은 4명 중의 1명으로 26%. 학벌사회가 안 끝났다고 말하는 까닭이 여기에 있습니다. 한국 사회는 국가 권력이 지배하는 사회이다. 그런데 국가 권력을 압도적으로 지배하는 곳이 서울대 또는 SKY 대학 출신입니다.

민간 영역도 마찬가지이다. 기업의 CEO 자리와 관련 대학교육연구소 최신 자료를 보니, 500대 대기업의 CEO가 586명인데 그중에 SKY 대학 출신자들이 50.5%이고 서울대학교 출신이 26.3%. 제가 10여년 전 제 책에서 인용했던 통계는 500대 기업의 50.5%가 SKY 대학 출신이고, 그 중 서울대학교 출신이26.3%. 100대 대기업으로 조사 대상을 좁힐 때는 SKY 대학 출신자들이 70%. 지금이나 10년 전이나 달라진 것이 없습니다. 언론계의 경우도 그렇습니다. 25개 주요 신문방송 통신사 간부 104명 간부들(편집국장, 보도국장 및 부장들)의 75%가 SKY대학 출신자들, 서울대 출신자는 36.5% 입니다.」

광장 민심을 존중하고 하층민을 보호하겠다는 문재인 정부의 비서진, 각료들을 눈여겨보았으나 이들 또한 SKY대학 출신자들, 서울대 출신자들이 대부분이라 실망한 적이 있다. 능력이 학벌인 세상!! 진짜 갈아엎고 싶은 심정이지만 현실 앞에 무기력한 힘 없는 소시민들이 학벌 없는 세상을 꿈꾸기 위해서는 더 나은 유전자를 후손에게 물려줄 수 있도록 부지런히 스스로를 채찍질하며 신분 상승을 도모하는 수밖에 도리가 없을 것 같다만 그래도 학벌 사회를 조금이라도 희석시키고자 하는 노력은 게을리 해서는 안 된다.

고등학교만 나와도 SKY대학 출신자들, 서울대 출신자들 보다 잘 살 수 있다는 성공사례를 양산해야 한다. 정부와 기업이 발 벗고 나서 300대 기업들은 반드시 회사가 필요로 하는 고졸자 전문인력을 만드는 마이스터고를 만들고 정부는 학교를 설립하는 기업들에게 각종 인센티브를 보장해 주어야 한다. 이후 평생교육 시스템을 강화하여 고등교육을 이수시키면 학벌 타령은 좀 누그러질 것이다. 삼성 같은 경우 전국 17개 시도에 마이스터고를 설립해도 될 만큼 막대한 수익을 내고 있다. 권력에 돈을 쏟아붓지 말고 이런 교육사업에 헌신하는 것이 진정한 기업정신 아닌가?

박근혜 정부는 신입사원 채용 시 이력서에 '학력'란을 삭제하고 면접 시에도 출신학교를 묻지 않는 방침을 마련했다. 문재인 정부도 이를 적극 수용하고 국가기관, 공공기관, 기업 등에서 채용시 학력(출신학교)란을 삭제한 입사지원서를 사용하고, 면접에서도 학력에 따른 선입견이 아닌 응시자의 업무능력과 자질에 따라 평가되는 방안을 입법화할 계획이라 한다. 이제 한국도 북유럽이나 다른 선진국처럼 학벌과는 관계없이 전문적 지식이나 기술을 보유한 사람이 우대받는 세상이 되어야 한다. 모든 국민이 고루한 양반시대의 유전자를 과감히 떨쳐내야 한다. 학벌 좋은 사람을 증오하지 않고 존경하는 세상이 오기를 기대한다.

교육의 정치적 중립성은 개뿔!

헌법 제31조에는 "교육의 자주성·전문성·정치적 중립성 및 대학의 자율성은 법률이 정하는 바에 의하여 보장된다."고 명시되어 있다. 그 하위 법률인 교육기본법 제6조 1항에는 "교육은 교육 본래의 목적에 따라 그 기능을 다하도록 운영되어야 하며, 정치적·파당적 또는 개인적 편견을 전파하기 위한 방편으로 이용되어서는 아니 된다"라고 되어 있다.

그러나 현실의 한국 사회는 여러 분야에서 좌와 우 또는 보수와 진보의 양 진영으로 명확히 구분되어 있다. 특히 교육감 선거 때마다 확연히 드러나는 보수와 진보의 이념적 정책 논쟁을 두고 정치적 중립을 말하는 것은 "눈 가리고 아웅하는 처사"다. 그래서 나는 교육감 직선제의 개선을 말하며 정당이 개입하지 못한다는 위선적 선거제도를 공박한다.

어떤 분들은 보수 진보란 용어는 쓰지 말자고 한다. 보수는 고집스러워 보이고 진보는 발전적인 모습으로 보이니 보수가 용어에서 큰 손해를 본다는 것이다. 실제 젊은이들은 진보를 더 선호하니 그럴 만하다는 생각을 하기도 하나 양 진영을 마땅히 표현할 용어가 없다. 또, 좌(左)와 우(右)는 우리 현대사에 너무나 극명한 대립을 보였던 용어라 피하고 싶다 좌는 빨갱이, 우는 자유

민주주의자로 인식이 들어 통상적으로 사용하는 보수와 진보를 쓸 수밖에 없다.

전교조=민주당, 정의당, 반전교조=자유한국당의 등식은 각 당들이 추구하는 교육정책에서 확연히 증명된다. 누가 뭐라 해도 정 반대의 정치이념과 교육정책으로 대치하고 보수당과 진보당이 존재하고 있는 현실을 두고 교육의 '정치적 중립성'은 말하고, 정치적인 교육감들을 선출하게 해놓고 '정치적 중립성'을 명시한 헌법조차도 '개뿔같은 이야기'가 아닐 수 없다. 교육감을 직선제로 유지하겠다면 시도지사들이 자신의 교육정책을 수행해 줄 수 있는 교육감 후보를 찾아 러닝메이트가 되어 선거에 임하는 것이 가장 합리적이다.

나는 2017년 국회개헌특위 정당 선거분과의 자문위원으로 일한 적이 있다. 선거연령의 18세 하향 문제를 두고 나 혼자만 신중을 주장했었다. 다른 위원들은 대부분 법학을 전공한 대학교수였기에 나를 시대에 뒤떨어진 이상한 사람이라 여겼을지도 모른다. 내가 신중을 주장한 이유는 나이 18세는 고 3학년에 해당하기에 고교생들에게 선거권이 주어지면 대학입시를 준비해야 하는 가장 소중한 시간에 학교가 정치의 장으로 변할까를 우려해서였다. 경험상 선거철이 되면 동서가 대립하고 정당이 대립하고 계층이 대립하고 세대가 대립하는 혼란의 시기에 학교만이 온전하지 않으리란 예상에서였다.

당연히 나의 우려가 기우가 될지도 모를 일이지만 나는 두 가지 전제하에 찬성하겠다는 입장을 밝혔다. 첫째, 학제개편은 당장에 어렵겠지만 취학연령을 하향시키는 방법을 강구한 뒤에 선거연령의 하향을 검토함이 좋다는 것이었고, 둘째는 교원의 정치적 중립 또한 완화되어야 가능하다고 주장하였다. 선거권이 주어진다는 것은 성인으로 인정한다는 것이다. 그래서 대학생은 정치적 중립에서 자유롭고 대학의 교수들은 정치적 행위를 할 수 있다. 나는 대학 교수는 정치적 행위가 가능하고 교사는 정치적 행위를 할 수 없도록 한 법률 또한 위헌 소지가 충분하다고 생각한다. 왜냐하면 교수와 교사를 차별하는 법률이기 때문이다. 교수는 존중되고 교사는 비하되는 세상. 교수는 어느 선거에서나 휴직을 하고 다시 복직이 가능하고 교사는 사직을 해야만 선거출마를 할 수 있는 불합리한 제도를 개선해야 한다고 본다. 만일 고교 3학년에게 선거권이 부여 된다면 당연히 중등교사에게도 정치적 행위를 할 수 있는 권리를 부여하는 것이 합리적 해석이다. 학생들은 정치적인데 교사가 중립을 지킨다? 교사가 과연 무엇을 해야 할까? "니들끼리 치열하게 싸우고 니들 맘대로 해라!!"밖에 답이 없다.

우연히 교육의 정치적 중립을 검색하다 좋은 글을 찾았기에 소개하고자 한다.

「교육은 '본래의 목적'을 추구해야하며, 특정 정치적 편견을 전파하는 '방편'으로 활용되지 않아야 한다는 점입니다. 여기서 말하는 교육의 본래의 목적은 무엇입니까? 바로 개인의 차원에서는 자유롭게 생각하고 주체적으로 판단하는 인격체로 자라나는 것이며, 공동체의 차원에서는 자율을 바탕으로 공동의 일을 형성해내는 시민으로 자라나는 것입니다. 이 두 차원은 한 인간에 공속하는 것으로서 헌법에서 제시하고 있는 '주권자'의 모습이기도 할 것입니다.

그리고 교육이 특정 편견을 위한 '방편'으로 전락하지 않기 위해서 노력해야 합니다. 여기서 함께 생각해야 할 것은, 정치적 중립이란 고립된 개인들의 '침묵'과 '외면'이 아니라 구성원들이 함께 이루는 '균형'과 '조율'이라는 점입니다. 무엇이 모두를 위한 것인지 '공공성'을 함께 고민하고 그것을 지향하는 과정에서 스스로 균형을 잡고 다른 의견들과 조율하는 과정 말입니다. 왜냐하면 이미 정해져 있는 중립이란 허구이며, 실상은 공공성에 대한 다양한 의견의 균형과 조율만이 가능할 뿐이기 때문입니다. 따라서 '헌법'과 '교육기본법'에 나와 있는 '정치적 중립'을 '공공성을 향한 균형과 조율'로 읽어야 할 것입니다.

이런 교육을 해야 하는 교사는 한편으로는 스스로 자신의 정치적 권리를 주장하고 의무를 감당할 수 있는 시민이어야 하고, 다른 한편으로는 정치권력에 휘둘리지 않고 오직 교육의 목적을 위해 현실의 여러 정치적 요소를 교육 내용과 형식으로 적절하게 구성할 수 있는 권한과 능력을 지니는 교육자이어야 합니다. 따라서 정치적 중립 의무에 대한 잘못된 이해에 짓눌려 침묵과 외면으로 일관할 게 아니라, 국가를 향해서 정치적 시민권을 요구하고, 또 참된 정치·시민교육을 위해 스스로 교육 내용과 방법을 구성할 수 있는 제도적 장치를 요구해야 할 것입니다.」 (출처 : http://ingwonjigi.tistory.com/70 [광주인권지기 활짝])

이 넓은 세상에 할 일이 없다.

2001년 부산을 무대로 한 영화 '친구'가 상영되고 잇따라 속칭 '조폭영화'들이 상영될 때 초등학생들에게 장래 희망을 물은 결과 조폭 두목이 1위로 조사되어 실소한 적이 있다. 지금은 청년들에게 장래 희망을 물으면 교사, 공무원이 되고 싶다고 한다. 정년이 보장되고 칼퇴근이 보장되고 세월이 지나면 승진이 보장되는 직업. 여유를 즐기며 일하고 싶은 현대인이 선호할 만한 직업이다. 가장 우수한 인재들이 교대, 사대로 몰리는 기현상이 과연 바람직한 현상일까를 의심한다.

전 대우그룹의 김우중 사장의 베스트셀러 '세계는 넓고 할 일은 많다'에서는 "젊은이여, 세계는 넓고 할 일은 많다. 지구촌이라 불릴 정도로 좁아졌지만 세상에는 아직 가보지 않은 길이 있고, 아무도 해내지 못한 일도 많다. 그 길을 가고, 그 일을 해내는 용기 있는 개척자들에 의해 역사는 조금씩 전진해 온 것 아닌가? 젊은이여! 우주를 생각하고 큰 뜻을 품어보라."고 말한다. 젊은이들에게 위험을 감수하더라도 실패를 두려워하지 말고 일을 벌려보라는 고언이다. 그는 지금 360억 원의 세금을 체납한 고액체납자가 되어 있지만 한때 세계를 제패한 사람이다.

나도 청년들이 공무원을 꿈으로 여기는 세상은 희망이 없는 세상이라 여겨왔다. 그리고 인적 자원밖에 없는 한국의 발전은 세계화로 이루어져야 함은 절대불변의 현실임은 확실하다. 그러나 현실은 모든 사람이 세계화를 감당할 정도의 교육이 되어있지 않다는 데 있어 세계화는 말로만 그치는 구호와도 같은 화두가 되어 버렸다. 미국인이나 영국인은 어느 나라를 가든 환대받고 먹고 살 기반을 마련할 수 있다. 자기 나라의 국어로 먹고 사는 것이다. 세계화 된 자국어가 자국민을 먹여 살린다. 심지어 자국의 범죄자도 한국에서는 환대받는 외국인으로 행세한다. 살펴보면 세계화의 핵심은 강대국이 되는 길이다. 역으로 강대국이 되려면 세계화는 필수적이다. 그래서 한국의 젊은이들이 세계를 무대로 큰 뜻을 품어야 국가의 미래가 보장 되는 것이다.

　　그런데 왜 한국의 청년들은 안정된 공무원을 선호하는 것일까? 중견 기업에 근무하는 막내를 보고는 젊은이들이 왜 공무원을 공기업을 선호하는지 이유를 알게 되었다. 한때 대선 후보로 거론되던 손학규씨가 "저녁이 있는 삶"을 얘기 했었다. "무슨 뜬금없는 소린가?" 했지만, 아침 7시에 출근해서 저녁 10시 이후에 돌아오는 자식을 보고 비로소 공감을 했다. 얼마 전 신문기사를 보니 삼성 같은 회사는 칼 퇴근을 안 시키면 팀장이 문책을 받는다고 하는데 대기업 아닌 중소기업은 사원들을 이렇게 혹사시키니 구인난에 시달릴 수밖에 없는 것이다. 결혼을 기피하는 젊은 세대들이 늘어나는 세상에 인구 감소는 불가피하다. 이 힘든 세상을 살면서 굳이 아이를 낳고 남편과 아내를 맞아 서로 신경을 곤두세워 가며 인생을 살 필요가 없다고 생각하는 젊은이들의 사고를 나무랄 수도 없다. '아이들이 꿈'인 세상은 '흙수저, 금수저' 세상으로 인해 서서히 무너지고 있다. 이제 한국도 미국처럼 이민을 받아야 할 때가 온 것 같다.

사회가 바뀌어야 교육이 바뀐다.

"교육이 바뀌어야 사회가 바뀔까, 사회가 바뀌어야 교육이 바뀔까?" 동전의 양면 같은 질문이 아닐 수 없다. 어느 쪽이 바뀌어야 할까를 고민해 본 학자는 많았겠지만, 동전을 새로 만드는데 어느 한 면을 그대로 두고 새 동전을 만들지 않는다는 것은 누구나 안다. 한마디로 동전을 바꾸려면 화폐개혁이라도 해서 새 동전을 만들어야 하는 것이다. 교육은 현재의 틀을 벗어나 미래사회를 감당할 수 있는 획기적 변화가 이루어져야 하고 사회는 학벌을 중시하지 않고 능력이 우선인 사회로 변해야 진정한 화폐개혁이 되어 새로운 동전이 탄생된다.

획일을 중시하는 교육, 학벌을 중시하는 사회. 이 구조가 지속되는 국가의 미래는 암울하다. 34년 간 지속되어 온 평준화와 24년 간 치러진 '대학수학능력시험'. 한 세대가 지나는 동안 지속되어 온 고집스러운 제도. 한강의 기적은 30년 만에 이루어졌고 민주화는 10년 만에 이루어진 대한민국에서 교육 혜택의 양극화를 야기한 평준화와 특기 적성을 무시한 '한 줄 세우기' 수능체제가 이렇게 오래 지속되어 수없이 많은 젊은이들의 인생을 가름하고 있었으니, 역대 정부와 그 하수인 역할을 한 교육부는 국민들에게 석고대죄 해야 한다.

늦었지만 문재인 정부가 출범하고 좌파라고 하는 교육부 수장이 취임하여 지난날의 교육 정책들을 반성하고 미래교육의 틀을 마련하려는 계획을 발표하여 기대가 크다. 그러나 전술한 바와 같이 2017년 3월 발표한 문재인 정부의 교육 공약은 앞뒤가 맞지 않은 내용들도 있다. 외고, 국제고, 자사고의 일반고 전환, 논술전형과 특기자전형 폐지, 대입전형을 세 가지로 단순화. 중학교 일제고사의 폐지는 보편교육 체제를 깨뜨리지 않고 유지하겠다는 의지로 보인다. 누리과정 예산 중앙정부 책임, 대학등록금 획기적 인하, 기업·로스쿨의 블라인드 채용 확대, 초등학교 '1:1 맞춤형 성장발달시스템'과 기초학력보장제 도입, 고교 학점제 실시, 학제개편과 국립대연합체제 개편은 미래교육을 통해 사회를 바꾸어 보려는 정책 공약이라 평가하고 싶다.

나는 교육혁신과 사회 변화가 일시에 이루어지지 않음을 안다. 바라건대 정부가 변화의 의지를 확고히 해서 교육의 변화보다는 사회의 변화를 우선으로 해야 한다. 정부각료나 고관의 임명이나 공기업, 사기업, 로스쿨의 블라인드 채용 확대, 비정규직의 정규직화는 물론 이들의 임금 격차를 좁혀주고, '칼퇴근' 체제 구축, 근로시간 단축, 전문기술자 우대 등 흙수저들에게 계층이동 희망사다리를 굳건히 놓아주어야 학벌 위주, 금수저 위주 사회를 변화시킬 수 있다. 사회가 변화하면 국민들의 인식이 바뀌게 되고 인식이 바뀌면 일류대학 선호도가 완화되어 미래교육 체제를 갖춘 '미래학교', 4차산업혁명 시대의 다양한 직업을 감당할 특성화된 고교에 입학하여도 기죽지 않는 교육환경이 조성될 것이다. 이것이 지금 정부가 추구하는 진정한 '교육희망 사다리'다.

청년실업, 저출산. 해결 방법은 없을까?

고교 졸업생의 90%가 대학에 입학한다. 고도의 학력 인플레이션 시대에 미래의 희망인 청소년들이 살고 있다. 대학을 졸업해도 실업자로 사는 시대, 유학을 가서 외국 박사 학위를 취득해도 직장을 구하지 못하는 한국의 구직 현실. 자녀의 청춘을 부모가 감당해야 하는 '캥거루족 시대'.

개발도상국 시대에 살았던 60~70대 세대는 대학만 나오면 직장이 보장되던 시대였다. 고교를 졸업하고 주로 응시했던 9급 공무원 시험도 쉬웠던 시대였지만 박봉(薄俸)에 풍요로운 삶을 살지는 못했다. 지금의 젊은이들은 부모가 피땀 흘려 모아놓는 재산을 아무런 노력없이 모은 재산이라 생각하는 것 같다. 저축을 해봐야 집 장만이 어려운 지금 세대에게 우선 쓰고 보자는 심리가 있다는 것을 이해하지 못하는 건 아니지만, 부모의 노력과 절약으로 장만된 재산을 불로소득처럼 여기고 바라는 젊은 세대가 한심하기 짝이 없기 때문이다.

삼포(三抛)를 넘어 오포, 칠포시대의 힘든 세상. 자식을 낳고 싶어도 막대한 비용을 생각하고 출산을 포기하는 젊은이들에게 우리 기성세대가 해야 할 일이 무엇인지를 고민해야 한다. 또, 활로를 강구해 주어야 한다. 인적자원을 국가 경쟁력의 원동력으로 삼아 성장해 온 대한민국이 저출산, 학생 감소로 '무(無)자원 국가'로 향하고 있다. 아베 신조(安倍晋三) 일본총리는 2015년 집권 2기, '아베노믹스' 2탄으로 '1억 총활약 사회'라는 슬로건을 내걸고, "한 나라 인구가 한 세기 전 수준으로 축소되는 사상 초유의 현상이다. 어떻게든 1억을 유지하면서 전 국민이 뛰자"고 할 만큼 인구절벽의 심각함을 느끼고 있다.

대한민국 또한 일본보다 더 심각한 인구절벽 시대에 시달리고 있다. 1980년 1440만명이던 학령인구(6~21세)는 2017년 846만명으로 거의 반토막이 났다. 2040년 640만명, 2060년엔 480만명으로 급락한다는 게 통계청 전망이다. 전체 인구 중 학령인구가 차지하는 비율은 1970년 39.1%에서 올해 16.4%로 감소했다. '미니학교'도 속출하고 있다. 작년, 신입생이 '0명'인 초등학교는 113개교, 중학교 10개교, 고등학교는 7개교였다. 출산율이 인구대체수준인 여성 1명당 아이 2.1명에 한참 못 미치는 1.17명. 올해 신생아의 급감 원인은 가임 여성(20~39세)이 감소, 혼인 건수 감소, 혼인연령이 30세를 넘는 이유로 고령임신 증가. 직장을 구하지 못하거나 결혼 기반을 마련하지 하지 한 2030세대 결혼 기피현상의 심화로 생긴 현상이다. 한해 약 4만명의 신생아가 감소할 경우 신입생이 200명인 초등학교 200곳이 단번에 사라지게 된다.

저출산 풍조가 심화되면서 산업 현장도 변화하고 있다. 분유·아동복 시장과 교복과 테마파크 사업들이 경영난을 겪고 있다. 학생수 부족으로 폐교가 된 학교 건물은 대부분 노인 인구가 사는 면 단위 요양원, 노인 복지 시설, 사설 체험학습장으로 이용되기도 한다. 동아시아 인구문제 전문가인 더들리 포스턴(Poston·76) 미국 텍사스A&M대 교수는 "인구 감소가 시작되면 다음엔 연금과 건강보험 체계가 흔들리고 생산성 감소, 국가 경쟁력 하락으로 빠르게 진행된다."면서 "한국을 비롯한 아시아 국가들이 출산·육아 수당 등 국가 보조금 등 내적 해결책만 찾고 있는데, 외적인 해결책으로 눈을 돌려야 한다."고 말했다.

나는 한국의 인구절벽과 고령화에 대한 대책을 취학연령 하향 조정, 6·3·3·4제 학제 개편, 모병제 도입, 남북통일이 되면 필요 없는 과감한 이민정책과 다문화 정책, 영·유아 무상보육 질적 확산, 고령인구 복지 연령 상향 조정에서 찾아야 한다고 생각한다.

매체의 발달로 영유아 시기부터 온갖 정보를 학습하는 아동들이 만 6세까지 취학 할 수 있는 취학연령은 1년이 당겨져 만 5세에 취학할 수 있어야 하고 조기입학은 4세에 가능하도록 해야 한다. 또, 초등학교를 6년까지 이수할 필요가 없다. 만 5세에 유치원 1년, 초등 5년으로 하여 현 6년의 초등과정으로 하고, 중학교와 고등학교를 굳이 분리할 필요 없이 무학년제를 도입하면 7학년에서 11학년을 5년을 중등과정으로 이수시킬 수 있다. 고등교육 과정인 대학은 전문 지식을 쌓아야 하기에 4년제를 고수하면

1·5·5·4제의 학제로 개편할 수 있다. 이렇게 되면 만 20세가 되면 대학을 졸업하여 사회로 진출하게 된다. 이렇게만 된다면 취업연령과 결혼연령도 낮아지고 저출산 문제도 어느 정도 해소될 수 있을 것이다.

인구도 감소하고 청년실업도 늘어나는 이때, 최고 능력을 발휘해야 할 꽃다운 청소년 시절에 강제 징병되어 군 내무반에서 생활하며 국가 경쟁력 자산들을 무력하게 만들 필요가 없다. 남녀 모두 차별 없이 지원하게 하는 미국과 같은 모병제 전환을 고려할 때가 되었다. 남북이 대치하고 있는 한국의 현실을 감안하여 최전방 근무 군인에게는 특별 수당을 지급하여 근무하게 하고 모든 군부대에서는 기동타격대를 상시 교대로 운용하여 부대의 장비를 지키고 국방을 수호하게 하며, 이외 군인들은 부대 인근 자신의 가정이나 숙소에서 출퇴근을 해도 지금의 시스템을 충분히 커버할 수 있다고 자신한다. "내 눈을 바라봐." 라는 허모씨 같은 허황한 제안이라 생각하는 분들도 있겠지만 복지비로 줄줄 새는 나라 살림을 철저하게만 관리하면 GDP기준 세계 11위의 경제대국인 한국이 모병제는 충분히 감당할 수 있을 것이라 본다.

인구절벽 시대에 산업 기반을 확충하는 중요한 또 하나의 요소는 고용인구의 외래유입이다. 이를 위해 이민정책을 고려해야 하고, 다문화 가정의 복지를 최대한 지원해야 한다. 영·유아 보육은 국가가 책임지고 있고, 완벽한 의료보험 혜택으로 건강한 노인인구가 늘어나는 이때, 복지연령 또한 상향 조정을 검토해야 한다.

영·유아 보육은 국가 책임

간디는 '아이하나 키우는데 온 마을이 필요하다'고 했다. 심청전에도 심봉사가 갓난 '청이'를 안고 온 동네를 다니며 젖동냥으로 키운다. 이렇듯 영아, 유아의 보육은 온 동네가 책임져야 할 만큼 공공성을 가진다.

나는 2011년 서울시교육청의 전면 무상급식을 비판하고 단계적 무상급식을 위해 주민투표 운동을 주도 했었다. 주민투표가 33.3%에 미달하여 투표운동이 무산된 뒤 복지포퓰리즘의 빗장이 열리게 되었다. 이후 대통령 선거에서 한나라당 박근혜 대선 후보는 야권 후보보다 더 확대된 복지 공약을 발표하여 3.6%의 근소한 차이로 대선승리를 이루었다. 만 5세까지 무상유아교육과 무상보육, 고교무상교육, 반값등록금, 사교육비 부담 완화 등이 박근혜 후보의 무상교육 복지공약이다. 예산 부족으로 공약(空約)이 되어 버린 공약(公約)이었다.

다행히 이제 국민소득은 3만 달러 선을 유지하고 있기에 어느 정도 복지플랜을 감당할 수 있는 경제적 요건은 된다고 보지만, 무상시리즈의 확대는 장차 한국을 디폴트 상황으로 몰아 갈 수 있다는 점을 항상 우려하고 있다. 무상복지의 빗장이 풀린 지금 솔직히 무상 시리즈로 다툴 여력이 없어졌다. 아무리 복지포퓰리즘의 과다가 국가의 장래를 위협한다고 소리쳐도 이미 무상시리즈의 달콤한 맛을 들인 저소득층과 중산층, 심지어 상위층까지 복지혜택의 확대를 요구하고 있기 때문이다. 혜택을 조금

덜 보는 저소득층보다 한 단계 위의 차상위 계층이 오히려 더 어려운 살림살이가 될 만큼 저소득층, 장애인, 다문화 가정에 주어지는 복지혜택은 '요람에서 무덤까지' 국가가 책임지는 이상(理想)적 복지 수준으로 시행되고 있다. 미국의 일 안하는 흑인에게 먹고 살만한 실업수당이 매주 지급되는 것을 보고 미국의 풍요를 부러워한 기억이 얼마 전 같아 새삼스럽다.

맞벌이 부부가 매달 380만원을 저축해도 9년이 걸려야 수도권 24평 아파트를 겨우 장만할 수 있다는 기사를 보았다. 금수저, 흙수저라는 용어가 만들어지고 사회의 양극화가 심화되는 이때, 젊은이들이 맞벌이를 하지 않으면 집하나 장만하기 어려운 현실에서 결혼을 기피하고 출산을 기피하는 것은 당연하다. 이런 힘든, '저녁이 없는 삶'을 사는 젊은 부부를 위해 만사 제쳐놓고 국가경쟁력 확보 차원에서라도 영·유아보육은 국가가 철저히 책임져야 한다. 아동 수 기준 국공립 어린이집의 비율을 대폭 신장시키고, 보육교사들의 처우개선과 지자체 고용, 정부와 지자체가 운영이 어려운 민간주도 어린이집을 지원하는 등, 현재 산재한 문제들을 보완해야 한다. 무엇보다 중요한 것은 보육 시간을 대폭 연장하여 젊은 부부들이 마음 놓고 생업에 종사하게 해야 한다. 국가의 미래가 걸린 영·유아 보육이다.

IT 기반 학교폭력 예방 시스템

"인간은 생각하는 동물이다." 인간을 동물의 한 종으로 규정한다면 학교폭력을 조금은 이해할 수 있다. 동물의 집단은 반드시 그 집단을 리더하는 우두머리, 곧 '짱'이 있기 때문이다. 그렇다고 해서 인간 사회가 동물 집단처럼 물리적 힘이 지배하는 '서열'의 존재가 인정되는 것은 아니다. 인간은 '사피엔스'요, '폴리티쿠스'이기 때문이요, 인간 사회는 법이 있고 질서가 있고 윤리와 도덕이 있기 때문이다.

그러나 물리적인 힘이 힘인 조폭집단에서는 폭력이 존재하고 힘 센 놈이 '두목'이 되고 '짱'이 된다. 인간사회에서는 조폭집단뿐만 아니라 학교 심지어 교도소까지 존재하는 상하의 위계를 힘의 논리로 체계화 하려는 시도가 언제나 존재한다. 사회가 발전할수록 집단이나 개인에 의한 범죄행위는 늘어나고 수법 또한 다양해지며 잔혹함의 강도는 더욱 심해지고 있다.

각종 매체가 발달한 '미디어 시대' 또한 폭력을 부추긴다. 잔혹한 범죄자 행위가 여과 없이 TV에 방영되고, 마음만 먹으면 초등학생도 성인물을 볼 수 있는 시대다. 관람객 1,000만 시대의 영화는 욕설과 폭력을 강하게 전해 준다. 싸움 잘 하는 '아저씨'가 '정의로운 자'가 되고 학생들은 온 몸을 칼에 찔려도 죽지 않는 영화 속의 조폭 주인공을 동경한다. 간혹 버스를 타면 뒷자리에 앉은 학생들의 입은 '쌍시옷만 내뱉는 걸레' 그 자체다. '돈이면 다 되는 세상'에서 돈이 필요한 돈 없는 아이들이 돈 있는 아이들에게 돈을 뜯는다. 필요한 돈을 얻기 위한 폭력 행위의 반복은 과거부터 지금까지 아니, 미래까지 이어질 것은 분명하다.

'학교폭력 예방에 관한 연구'는 이미 수없이 이루어져 왔다. 경쟁심을 조장하는 입시위주의 교육, 현대인의 정신세계를 지배하는 쾌락자본주의, 부모의 무관심으로 방치되는 아이들, 청소년기의 공격적, 충동적인 성향, 친구와 주변환경의 영향, 등을 폭력을 조장하는 원인으로 보고 방지책을 모색하고 대안을 찾으려고 최선을 다하지만 점점 더 잔혹해지고 심해지는 학교폭력의 현실에 좌절을 느낄 정도다. 그래도 학교폭력 예방의 노력은 배가(倍加) 되어야 한다. 청소년들의 즉흥적, 모방적, 감성적인 정서를 이해하는 데부터 시작하여 이성적 지식이나 윤리 도덕적 이해도와 사회성을 신장 시켜주는 교육 프로그램을 개발하고 부지런히 폭력현장을 찾아내 폭력학생들을 계도해야 한다.

근래 나는 학교폭력 방지의 한 방안으로 '드론' 활용을 생각하고 있다. 또, 112에 연계된 긴급 호출기를 피해학생에게 착용하게 하는 방법도 생각한다. 학생인권 차원에서 가능한 지 여부는 모르겠지만 가해 학생은 등하교 시간에 가해 학생의 위치추적시스템을 가동시킨다. 학폭 방지의 연구와 개선책으로는 해결될 수 없다는 결론에 도달하고 새로운 IT기반 시스템적 접근을 해 보자는 생각에서이다. 학폭이 빈번히 이루어지는 요소(要所)에 감시카메라를 많이 배치하는 것도 방법이긴 하지만 두뇌회전이 빠른 아이들은 감시카메라가 없는 곳을 찾거나 카메라를 돌려놓고 폭력을 행사한다고 하니 '드론'이야 피할 방법이 있겠는가 하는 생각이었다.

예전의 은행 창구에는 입출금을 위해 고객이 줄을 서서 기다렸다. 새치기가 성행했고 힘있는 예금주는 바로 점장실에 들어가 일을 보고나왔다. 언젠가부터 번호표 기계가 설치되고 은행이나 주민센터, 공공기관의 민원실 등에 질서가 확립되었다. 이것이 '시스템'이다. 학폭 방지 또한 시스템적 접근을 강구해야 할 때다. 지금은 어떤 시스템도 만들어 낼 수 있는 IT시대가 아닌가?

　또, '톰과 제리 학교' 같은 미래학교도 만들어졌으면 한다. 디즈니 만화영화 '톰과 제리'는 어리숙한 고양이 '톰'과 영리한 쥐 '제리'의 우정 어린 다툼을 그린 영화다. '제리'에게 늘 당하는 덩치 큰 '톰'과 질 듯 말 듯하지만 이기는 조그만 '제리' 이야기다. 치유와 순화를 담당하는 '미래학교'의 한 형태인 '톰과 제리' 학교는 피해자 '톰'을 위한 치유학교와 가해자 '제리'를 위한 순화학교다. 다양한 교과 과정을 개설하고 최고의 치유사와 1:1 상담사를 배치하여 학생, 학부모가 원하는 만큼의 기간을 위탁받아 운영하는 특수목적학교다. 기존의 단위학교 학교 폭력, 왕따, 가출 등 학교 부적응 문제에 대하여 해당 교육청은 단위학교 문제로 한정하고 위임해 방관해 왔으며, 혹여 쌍방 간에 민원이 제기된 경우에도 해당학교에 공문을 통해 사회적 문제로 야기되지 않도록 원만한 해결을 종용할 뿐, 그 근본적인 대책이나 대안을 제시하지 못하였다. 또한 단위학교에서 학교폭력 등 학교부적응아 문제는 뜨거운 감자로서 이들을 관리하는 비용이 힘에 겨운 것 또한 현실이다. 이 문제의 여파로 해당 교사의 상처 또한 깊어 단위학교 차원에서 문제를 해결하거나 감내하기엔 역부족이다. 그래서 전문성을 확보한 치유학교와 순화학교가 필요한 것이다. 학폭예방에 소년들의 참여를 유도하기 위해 '학폭예방 UCC 공모전'등, SNS를 기반으로 한 다양한 방법도 생각해 볼 수 있다.

떠도는 교사, 길 잃은 양

학생인권조례는 내가 예상했던 대로 학교현장의 분위기를 확 뒤바꿔 놓았다. "꽃으로도 때리지 말라."고 말한 어느 수필가의 제언이 학교 현장에 전해지고 학생들의 가방에는 어떤 것이 담겨져도 지도 선생님이 검사하지 못한다. 하교 때는 입술에 "립스틱을 짙게 바르고" 야한 사복으로 갈아입고 출입금지 지역을 맘대로 드나든다. 누가 봐도 여중생, 여고생이라 할 수 없는 성숙한 체형은 여학생들의 일탈을 도와준다. 남학생들 또한 무스로 머리를 올리고 아이돌 복장을 하고는 길거리에서 연인과 꼭 껴안고 낭만을 즐긴다. 교복을 입고서도 교복입은 여학생과 다정히 껴안고 입 맞추는 대담한 모습을 보고 진짜 놀란 적이 있다. 중고교생도 맘껏 즐길 수 있는 세상에서 굳이 쫌생이처럼 학교생활에 매달려 젊음을 낭비할 수 없다는 생각일 것이다.

자율도 자유도 아닌 방임이 보장되는 학교. 이제껏 유지되던 '스승 공경·제자 사랑'의 유교적 교육철학을 헝클어 놓았다. 잠자는 학생을 깨우려고 어깨를 두드리면 벌떡 일어나 "폭행으로 경찰서에 고발한다."고 핸드폰을 꺼내 전화하는 학생을 보고 칠판만 보고 수업하는 것이 가장 편하다는 어느 선생님의 하소연을 접한 적 있다. 10여 년 전 내가 교사일 때, 그나마 지켜지던 스승 공경이 젊은이들이 말하는 '꼰대'의 교육철학이 된 듯해 시대가 확연히 변했음을 느낀다.

「1차 공교육붕괴는 김대중 정부 때 이해찬 교육부 장관이 "스승에게 배운 것이 없다."며 학교에 '교사고발센터'를 만들고 자율학습, 보충수업을 전면 금지시켜 아이들을 사교육시장으로 내몰면서 시작 되었고, 2차 공교육붕괴는 전교조가 합법화 되면서 의식화교육, 연가투쟁, 정치투쟁하면서 심화되었으며 3차 공교육붕괴는 좌익교육감들이 학생인권조례를 만들어 시행하면서 학교 폭력이 급증했다. 학생인권조례 시행 후 하루 평균 교권침해사례가 40건이 넘고 2012년 학생에게 구타당한 교사만 132명 이었다」는 원로 교육운동가의 발표가 있었다. 충분히 공감이 가는 말씀이다. 언젠가 '학생인권조례'를 제정한 자들은 이 조례로 발목을 잡혀 후회하게 될 날이 반드시 올 것이라고 본다. 아니, 지금도 마음속 한편에 "어, 이게 아닌데" 하는 생각을 할지도 모른다.

"병 주고 약 준다."는 속담이 있다 교권이 추락하고 매 맞는 교사까지 늘어나자 교육부가 '교권지위향상법'에 근거해 '교원치유지원센터'를 17개 시도교육청에 설치한다고 한다. 교육활동 중에 학생, 학부모로부터 폭행, 폭언을 당하는 등 교권 침해를 경험한 교원들에게 심리상담에서부터 치료, 법률자문에 이르기까지 '원스톱' 지원을 하는 지원센터이다. 이게 뭔 짓인지?

농·산·어촌 교육 살리기

고령화 사회가 급속히 진행되고 있다. "산업화 시대의 인구 보너스(bonus) 시기가 출산 감소화 고령화로 인구 오너스(onus·부담) 시대로 급변"하고 있고, "2035년, 한국 소득자의 소득 60%를 세금으로 내서 75세 이상 노인 700만명 부양한다"는 연구 발표도 있다. 교육부에 따르면 농어산촌 인구의 도시 전입으로 인한 학생수 감소로 해마다 기하급수적으로 폐교가 늘어나고 있다고 한다. 초·중·고의 폐교는 1982년부터 1917년 3월까지 전국적으로 3726곳이다. 작년 현재 전국 중학교 수(3209곳)보다 더 많은 학교가 사라진 것이다. 시도별로는 전남이 806곳으로 가장 많고 경북 704곳, 경남 557곳, 강원 450곳, 전북 322곳, 충남 258곳, 충북 237곳 등이다.

전술한 대로 농·산·어촌의 황폐화는 산업화의 산물이다. 대부분의 농촌에는 노인들만 살고 있다. 아기 울음소리가 그친 농산어촌에 젊은 청장년들이 대거 이주하고 폐교가 다시 살아나는 날을 기대하는 것은 실현되지 않을 기대인지도 모른다. 그러나 최선의 방법이 없다면 차선의 방법이라도 강구해야 하지 않을까? 농산어촌의 학교는 자체 체육대회도 할 수 없을 정도로 학생 수가 적다. 그나마 신생아의 90% 정도가 다문화 가정의 아이들이다. 그러나 주민들은 폐교를 원치 않는다. 학교가 곧 사회적 네트워크의 중심이기 때문이다. 지역의 인구감소를 어떻게든 막을 수 있도록 지자체와 함께 노력해야 한다.

농·산·어촌에 학생이 없다고 학교의 통폐합을 유도하는 정책은 가장 쉽게 난제를 해결하려는 최하책(最下策)이다. 되도록 소규모 학교의 장점을 살리는 방향으로 유도되어야 한다. 교육과정을 농촌의 특수성에 맞게 개편하고 거점학교를 만들어 다양한 프로그램을 개설하여 학습의 질을 높여 주어야 한다. 학교교육을 활성화 시켜 지역인구를 유입시키는 사례들이 속속 나타나고 있다. 대안학교, 예술학교 등 기숙을 책임지는 다양하고 특성화된 학교들을 유치하는 방법도 있다.

 교육부는 '교사 자격제'와 관련된 법률 개정을 통해 유-초-중등 교사를 구분하지 않고 통합된 자격제도를 개설해 농·산·어촌 학교의 유연한 학제 운영과 더불어 통합학교 운영을 가능하게 해야 한다. 현재 교원대와 이화여대의 경우 유초중등 교원을 통합적으로 양성할 수 있어 바로 시행 가능하다고 하니 이들을 특채라도 해서 농산어촌 교육을 감당하게 해야 한다. 향후 사대와 교대도 농·산·어촌의 교육을 위해 이대처럼 제도를 바꿀 필요가 있다. 농·산·어촌의 교육을 살리는 가장 효율적인 방안은 미래학교의 유치다. 학군제 폐지. 중고교의 다양화와 특성화, 자율교육과정의 도입, 무학년 학점제 운영, 산업별 미래교육지구 지정 등, 획기적 개선이 이루어질 때 한 개의 학교라도 더 살아남을 수 있다.

없어져야 할 교육부

「지금의 교육부는 '교육통제부'다. 우리나라의 발전에 발목을 잡는 것은 '교육부'다. 교육정책을 바꾸기 위해선 정부구조를 바꿔야 한다. 정부가 말 잘 듣는 대학에만 돈을 주니까 학생들의 창의성이 사라지고 있다. 또 대통령이 바뀔 때마다 교육 정책이 바뀌어 혼란만 준다. 교육부를 폐지하고 장기 교육정책을 담당하는 국가교육위원회와 교육지원처를 만들어야 한다. 위원회는 교육전문가, 학부모, 행정대표, 여·야 정치인들이 교육에 대해 매년 10년 계획을 합의하는 것이다. 그러지 않으면 우리나라 교육은 미래가 없다. 창의성을 지닌 인재가 나오지 않을 것이다. 정권이 바뀌더라도 장기적 교육 계획이 진행될 수 있도록 해야 한다.

창의성과 인성을 지닌 학생들을 육성하기 위해선 입시제도를 분리해야 한다. 취학연령을 하향하고 '6-3-3' 시스템 학제를 '5-5-2'로 바꾸어야 한다. 취학 전 만 3세부터 2년간 유치원 공교육을 도입해 현재보다 1년 일찍 초등학교에 진학하도록 한다. 이후 초등학교 과정을 1년 줄이는 대신 중등학교 과정을 2년 늘린다. 중학교를 졸업하고 나서는 자신의 진로와 적성을 파악해 2년 과정인 직업학교나 진로학교로 진학하는 형태다. 학제 변화를 통해 대학입시에만 파묻힌 사회적 분위기를 바꿔보겠다.」

안철수 대선후보의 교육부 폐지론이다. 미래교육 공약을 이처럼 세련되게 발표한 대선 후보는 없었다. 비록 공약(空約)으로만 그쳤지만 안 후보의 교육공약은 가치가 있다. 많은 사람들이 교육부는 없어져야 한다고 한다. 새로운 정부가 들어설 때마다 혼란을 거듭하는 한국의 교육부는 장기적인 비전을 추구하는 부서가 아니고 대통령 후보의 선거 공약을 이행하는 부서가 되었다. 공교육 정상화와 교육기회의 평등을 앞세운 문재인 정부가 들어선 지 1년이 지났지만 교육부는 장기적인 플랜 하나를 내놓지 못하고 있다. 자사고, 특목고의 폐지로 불패의 8학군인 강남의 집값이 1개월 만에 몇 억씩 오르는 기현상을 낳아 교육의 '부익부 빈익빈'을 부추기고 있다.

'출발선부터 동등하게' 라는 슬로건을 내걸고 나온 '유아교육 혁신방안'이 발표되었다. 저소득층 유아의 국·공립유치원 우선 취원 정책인 혁신방안은 유아 단계에서부터 교육기회의 평등을 국가가 보장하겠다는 좋은 취지였지만 공립유치원을 충분히 확보하고 난 뒤 발표해야 할 정책이었다. 유치원이 부족하여 아이를 유치원에 입학시키려고 밤 세워 줄을 서도 입학이 어려워 할 수없이 시설이 좋지 않은 인근의 어린이집을 보내야 하는 엄마의 입장을 생각이나 해 보았는지 궁금하다. 또, 올 3월부터 선행학습금지법에 따라 초등학교 3학년 이하의 공교육에서 영어수업이 금지되는데 유치원과 어린이집에서 영어수업을 금지하는 방침을 추진하여 여론의 뭇매를 맞고는 급히 1년을 유예한다고 물러섰다.

영어수업 금지는 "유아가 충분히 쉬고 뛰어놀면서 배우게 하겠다" 며 '유아의 자유놀이 권장'이란 교육부의 유아교육 혁신방안과 연관되어 있다. 그러나 모든 학부모들은 아이들이 자라서 대학 입시를 겪어야 하고 좋은 일자리를 갖기 위해 끝없이 경쟁해야 하는 사회 구조는 그대로인데, 이는 그대로 두고 '놀이' 교육을 강조하니 답답하다고 한다. 심지어 자기편인 참교육을 위한 전국 학부모회도 "유아교육 혁신안도 입시 개혁과 함께 진행되어야 한다. 유아부터 대학입시에서 자유로울 수 없는 우리 교육 현실에서 영어유치원(유아 영어학원)을 비롯한 사교육업체의 영어 선행학습은 그대로 둔 채, 방과 후나 유치원·어린이집 영어수업 금지는 학부모를 더욱 불안에 떨게 할 수밖에 없다."고 지적했다. 3만 5천원이라는 저렴한 비용으로 원어민 교사에게 배울 수 있는 '방과후수업'은 금지하고 수십만 원짜리 영어 학원은 허용한다면 공교육과 사교육의 격차는 오히려 더 벌어질 수밖에 없다. 공교육을 정상화하겠다는 정책이 오히려 서민가정의 교육비 부담을 더욱 증가시키고 있는 꼴이다.

이런 단편적인 헤프닝 이외에 교육부가 지탄받는 일은 많다. 변화를 싫어하는 관료들은 장관의 임기 동안 최선을 다하는 척하지만 얼마 지나지 않아 장관이 물러나면 정책이 바뀔 것을 오랜 경험으로 알고 있다. 그래서 순간에 강한, 뱃살만 느는 관료라고 하지 않는가? 또 교육부는 대학 위에 군림하여 사학의 자율성을 극도로 침해하고 있다. 학내 분규가 있는 수많은 대학에 관선 이사를 점령군처럼 파견하여 자신들의 입맛에 맞게 운영하기도 하고 학교적립금을 마음대로 사용하기도 한다. 막대한 정부 예산을 대학에 집행하면서 말 잘 듣는 대학으로 요리하기도 한다. 전술된 안 후보의 교육부폐지론은 압권이다. 하루빨리 정치적 중립을 지키며 교육 대계를 입안하는 '국가교육위원회'의 신설을 기대하고 싶다.

CEO 교육감이 되어야 한다.

내가 선생님들의 권익과 처우개선을 위해 교원노조 결성을 생각하게 된 이유 중 하나는 민주적이지 못한 교육청의 일방적 지시와 군림하는 자세에 대한 거부감이다. 흔히들 '교육관료'라 칭하는 상급 교육청 관리자들은 어려운 시험과 심사를 통해 장학사, 연구사가 되고 일선의 교감을 거쳐 장학관, 연구관으로 승진하여 학교의 학사업무를 지원하고 감독하는 교육청에 근무하게 된다.

이들이 학교에 와서 장학지도를 하면 학생, 교사들은 그야말로 죽을 맛이다. 온 학교가 대청소에 돌입하고 온 교사가 '보여주기'식 수업연구를 위해 매달린다. 학교를 방문한 이들은 목을 뒤로 젖혀 뒷짐을 지고 학교 운영상황을 열심히 설명하는 교장에게 고개만 끄덕이며 응대한다. 식사는 학교 주변의 최고 음식점에서 대접을 해야 하고 소홀하거나 성의가 없으면 좋지 않은 학교로 낙인찍힌다. 이 모습이 내가 근무할 당시인 2000년 이전의 가감없는 장학지도 풍경이다. 지금은 많이 변해 지역 교육청이 명칭을 바꿔 교육지원청으로 바뀌고 장학지도가 '신바람 나는 장학지도', '꿀벌 장학지도'라고는 하지만 그 형태는 예나 지금이나 변함이 없다.

미국의 대학은 대학을 대표하고 대학의 비전을 제시하는 사람은 분명 대학의 총장이지만 대학에 재정적으로 가장 많은 기여를 하는 사람이 가장 높은 연봉을 받고 있다. 다시 말하면 대학의 최고 연봉자는 'Fundraising'을 잘 해오는 사람이다. 기금 조성에 실패했을 경우 대학 총장이 사임하기도 하는 등 현실적 경제 논리에 입각한 미국 대학의 운영방식이 한국인에게는 다소 생경하게 느껴진다. 대학의 궁극적인 목표인 학문과 진리 탐구를 수행하는 데 우선적인 것은 그에 필요한 재정 확보이기 때문이다. 향후 지방자치가 강화되면 교육감은 교육청 운영에 필요한 기금을 조성하는 일이 최우선 과제가 될 것이다.

미래교육을 실현할 미래학교 조성에는 많은 예산이 소요된다. 지금처럼 정부가 배분하는 교육청 예산을 관례대로 이리저리 조정하여 일 년 살림을 꾸리는 '땅 짚고 헤엄치기'는 사라져야한다. 이제껏 교육청의 관리자들이 해온 무사안일(無事安逸)의 관리 형태는 개선되어야 한다. 장학관 연구관급 이상이 되면 지역이나 중앙의 기업들을 찾아다니며 시설 확충을 부탁하고 해외를 다니며 외국의 교육과정을 도입하는 MOU를 체결하고 세계 굴지의 회사 CEO들을 만나 한국에 교육투자를 유도해야 한다. 교육 수요자들이 매력을 느낄 수 있는 학교, 시민들이 앉아 스케치를 할 정도로 아름다운 교정과 각종 시설이 잘 구비된 강의실, 학생들의 안전을 지켜주는 IT기반 안전예방 시스템, 무료 셔틀버스, 친환경 운동장과 각종 운동시설, 쾌적한 기숙 환경 등, 막대한 시설비를 조달할 수 있는 기금 조성자요, 교육자인 동시에 사업가인 CEO 교육감이 탄생해야 한다.

제 4장
미래교육을 생각하다

교육과정에 자유를!

문재인 정부의 핵심공약인 고교학점제 시행방안 발표를 보고 나는 귀를 의심했다. 「4차 산업혁명 시대 도래에 따라 모든 학생의 창의적 역량을 키울 수 있는 교육이 더욱 절실함에도 불구하고 입시와 수능에 종속되어 획일적 교육과정 운영과 줄 세우기식 평가가 이루어지는 고교교육의 근본적 혁신이 필요하다는 지적이 지속 제기되는 한편, 고교교육이 모든 학생의 성장과 진로 개척을 돕는 본연의 기능을 되찾고, 수평적 고교체제 하에서 다양한 교육을 제공할 수 있도록 종합적 제도 개선이 필요하다는 의견이 많다. 이 같은 문제 인식 하에 교육부는 고교체제 개편, 수업·평가의 혁신, 대입제도 개선 등을 위한 종합적 제도 개선을 추진하고 그 핵심과제로 고교학점제 도입을 추진한다.」

고교 교육 혁신을 위해 교육과정 다양화와 고교학점제를 도입하겠다는 것이다. '미래교육'을 대비한다는 취지인데 이는 평준화라는 "수평적 고교체계 하에서 다양한 교육을 제공한다."는 앞뒤가 안 맞는 교육부의 발표다. 교육부가 자가 당착에 빠져 갈팡질팡하고 있음을 단적으로 보여주는 사례다. 시대가 급격히 변화하고 있음을 인지하고 '미래교육'을 추구하겠다면서 평준화 체제를 유지하고, 자사고, 특목고를 폐지한다고 하면서 "입시와 수능에 종속되어 획일적 교육과정 운영과 줄 세우기식 평가가 이루어지는 고교교육의 근본적 혁신"의 필요성을 말하기 때문이다. 이젠 솔직해져서 구태의연하고 시대에 역행하는 정책들을 과감히 벗어 던져야 교육부가 살아남고 한국교육의 활로가 열린다.

　고교 학점제를 시행함에 있어 필수 이수단위를 제외한 범위 내에서 다양한 과목을 개설하여 선택해 수강하게 해야 한다. 2018년에는 중·고등학교에 2015년 개정 교육과정이 전면 도입된다. '2009 개정교육과정' 이래로 그동안 부분 개편은 이뤄졌지만 교육과정이 전면 개정된 것은 6년 만의 일이다. 이에 따라 고등학생은 3년 동안 총 204단위를 이수한다. 이중 교과가 180단위, 창의적 체험활동이 24단위이다. 교과 이수단위 중 필수 이수단위는 일반고가 94단위, 특목·자사고가 85단위인데 필수 이수 단위도 학교가 원하면 줄일 수 있도록 해야 한다. 창의적 체험활동에는 자율활동, 동아리활동, 봉사활동, 진로활동 등 4개 영역이 포함된다.

　2015 개정 교육과정은 창의융합형 인재 양성을 목표로, 통합사회, 통합과학 등 문·이과 공통과목 신설, 연극·소프트웨어 교육 등 인문·사회·과학기술에 대한 기초·소양 교육을 강화하는 방향으로 실시되는데, 현재 중3 학생들은 고교에 입학해 2015 개정 교육과정에 따른 교육을 받게 된다. 2015 개정 교육과정에 따라 고교의 문·이과 구분은 완전히 사라진다. 1학년 때는 국어, 영어, 수학, 한국사, 통합사회, 통합과학, 과학탐구실험 과목을 학생들 모두 공통과목으로 이수한다.

　공통과목은 문·이과 구분 없이 고교생이 배워야 할 필수적인 내용으로 구성된다. 특히 통합사회와 통합과학 과목 신설은 이번 개정 교육과정의 핵심이다. 학생들이 융·복합적 사고력을 기를 수 있도록 토의·토론학습, 프로젝트 학습, 탐구 학습, 교과 융합 학습 등에 중점을 두고 수업이 이뤄진다. 통합사회와 통합과학 모두 중학교 때까지 학습한 내용을 70~80% 반영해 쉽게 구성된다. 통합사회와 통합과학의 이수단위는 각각 8단위다. 이수단위란 대학의 학점과 비슷한 개념이다. 한 학기 17주를 기준으로 주당 1시간짜리 수업을 1단위로 친다.

공통과목은 교과별로 필수 이수 단위 범위 내에서 이수한다. 예를 들어 국어 교과의 필수 이수단위인 10단위를 이수하려면 우선 공통과목인 '국어' 8단위를 이수한 후에, 개인의 진로나 적성에 따라 일반선택이나 진로선택 과목 2단위를 추가로 이수하는 식이다. 2·3학년 때에는 문·이과 구분 없이 진로와 적성에 따라 일반선택, 진로선택 등으로 다양한 선택과목을 배운다. 일반선택은 고교 단계에서 필요한 교과별 기본 이해를 돕는 과목이다. 기본 이수단위는 5단위이며 2단위 범위 내에서 늘리거나 줄일 수 있다. 진로선택은 교과 융합학습, 진로 안내학습, 교과별 심화학습 및 실생활 체험학습 등이 주가 된다. 학생들은 진로선택 과목을 통해 심화된 학습과 자신의 진로에 도움이 되는 과목을 배울 수 있다. 기본 이수단위는 5단위이고, 3단위 범위 내에서 증감할 수 있다. 진로선택 과목은 3과목 이상 이수해야 한다.

2016년부터 전국 중학교에서 전면 실시하고 있는 자유학기제가 올해부터는 자유학년제로 확대해서 실시할 수 있게 된다. 자유학년제란 한 학기만 운영되는 자유학기제를 한 학년 전체로 확대 실시하는 제도다. 자유학년제는 희망하는 중학교에서 1학년을 대상으로 실시할 수 있으며 강제성은 없다. 일선 학교에서는 여건에 맞게 자유학년제, 자유학기제, 자유학기-일반학기 연계학기 등을 활용해 교육과정을 다양하게 운영할 수 있다. 자유학기제는 학생들이 시험 부담에서 벗어나 행복한 학교생활 속에서 자신의 꿈과 끼를 찾고, 창의성·인성·자기주도 학습능력 등 사회에서 필요한 핵심역량을 키울 수 있도록 하기 위해 도입된 제도다.

자유학기제 운영 학기는 1학년 1학기, 1학년 2학기, 2학년 1학기 중에서 학교의 장이 해당 학교 교원 및 학부모의 의견을 수렴해 정한다. 자유학기의 오전에는 학생 참여와 활동을 중심으로 한 교실 수업이 실시되며, 오후에는 학생의 희망을 반영해 진로탐색 활동, 주제선택 활동, 예술·체육 활동, 동아리 활동 등 다양한 '자유학기 활동'이 이뤄진다. 지필식 총괄평가는 실시하지 않으며, 자기주도 학습, 협력학습을 촉진하는 과정 중심 평가를 실시하는 것이 특징이다. 따라서 자유학기제와 자유학년제에 참여하는 학생들은 이 시기 내신성적이 고입에 반영되지 않기 때문에 흥미와 적성을 찾아 다양한 수업과 활동을 부담 없이 경험할 수 있다.

일각에서는 지필고사를 실시하지 않는 자유학기제와 자유학년제로 인해 학력 저하를 우려하는 목소리도 나온다. 실제로 학

생들이 자유학기제에 대한 개념을 막연히 '시험이 없으니 마음
히 놀 수 있는 때'라는 생각을 가진 학생들이 많고, 학부모들은
학생 다른 아이들이 놀 때 자신의 아이의 학력을 신장시키려는
기회로 삼기도 한다. 나는 아직 자신의 장래를 설계하기에는 이
른 현재의 교육환경으로 중학교 때 자유학년제를 실시하는 것보
다 조금 더 성숙한 고1 때 자유학년제를 도입해야 한다고 생각한
다. 교육 입안자들은 수요자들이 원하면 과감히 개선하는 융통
성을 발휘하여 '미래교육'을 대비해야 할 때가 왔다.

SMART 미래 인재 양성

미래교육은 SMART(Sense, Method, Art, Realationship,
Technology) 인재 육성을 지향한다. 교사 중심의 일제수업에서
벗어나 학생 중심, 학생주도 수업을 통해 자율적, 능동적, 적극적
으로 수업을 주도해 나가 창의, 융합적 사고 능력을 길러준다. 현
재 학교 현장에서 여러 가지 수업 방법론이 연구, 시행되고 있으
나 여전히 잠자는 교실의 문제점을 해결하지 못하고 있다. 더구
나 현행 대입수능제도의 '5지 선다형 문제은행식 출제'에 따른
교육정책으로 학교 현장 교육은 교육 과정과는 동떨어진 기형적
수업이 진행되고 있다. 입시 위주의 수능점수 따기 수업이 이루
어져 수업과 평가의 일치 문제가 수업의 질 개선의 한계로 지적
되고 있다. 따라서 현재 교육계와 단위학교 현장에서 수업과 평
가와 나이스 기록의 일체화가 화두로 대두되고 있다.

미래학교는 학생주도수업 강화로 SMART 인재를 양성해야 한다. 학교 생활의 70%를 차지하는 수업의 질을 개선하고 창의와 융합을 주도하는 토론중심 수업을 위해 전 학년, 전 교과 토론형 수업 지도서를 3년에 걸쳐 보급해야 한다. 교사는 지도서의 학습 자료를 활용하여 임의적으로 수업을 구성하되 제시된 순서대로 쉽게 수업을 디자인할 수 있으며 지도서에 제시된 토론 수업을 근간으로 수업 내용에 적절한 여러 가지 제시된 수업 방식을 혼용하여 사용할 수 있다.

　학생들은 자기주도적으로 집단지성을 활용하여 선행학습에 의지하지 않고 단원을 이해하고 자발적, 능동적인 수업을 스스로 구성해감으로써 미래 인재 양성에서 요구되는 직관적 통찰력(S), 분석. 종합적 사고를 통한 체계적인 업무처리 능력(M), 예술적 상상력(A), 네트워크 능력(R), IT활용능력(T)을 신장할 수 있다. 더 나아가 수업과 평가의 일치 문제를 해결하기 위해 교과 간, 영역 간 융합수업을 권장하고 수행평가의 비중을 높여 나이스 기록과의 일치 문제 또한 해결해야 한다. 교육청 산하 각 단위 학교에서는 보급된 토론형 수업 모형에 따라 학생 중심, 학생주도형 토론수업을 중심으로 미래 인재에게 요구되는 창의 융합적 사고능력을 학생들에게 신장시키고, 수업에 능동적, 적극적으로 임해야만 잠자는 교실의 문제를 해결할 것으로 기대한다.

4차 산업혁명과 동아리활동

4차 산업혁명에 부응하는 동아리활동은 창의와 융합적 사고를 요구하는 4차산업혁명의 시대를 대비하여 비교과 활동의 탄력적 운용과 다양한 동아리활동을 통해서 학생들의 욕구를 충족시키고 학생들의 자질을 미래형 인재로 양성하는 것을 말한다. 기존의 동아리활동이 정보화 환경을 기반으로 한 교사중심 동아리반 편성과 학생들의 수동적, 일률적 선택이었다면, 급속한 사회 변화와 불가측성을 특징으로 하는 4차 산업혁명시대를 대비해 학생들이 그들의 관심 분야를 개척하고, 미래 인재에게 요구되는 자질 함양을 위한 동아리 부서 편성으로 탈바꿈 해야 한다. 특히 IT와 각 영역의 융합과 토론을 기본 축으로 하는 창의성 육성은 시대의 절박한 요청이다.

교육과정에서 탄력적으로 운영이 가능한 단위학교 동아리활동에서 학생들의 미래 사회를 대비하고 미래형 인재의 자질을 함양하는 학생 중심의 자율동아리 활동 편성을 권장하고, 정규 동아리 활동을 강화하기 위하여 정책적으로 적극적인 지원이 필요하다. 특히 지역사회에 기반을 둔 전문가를 초빙하거나 지방자치제와의 협력 관계를 통해 지역의 인적 인프라를 적극적으로 활용함으로써 학생들의 욕구를 충족하고 미래형 동아리활동을 통하여 학생들에게 자신의 잠재적 역량과 꿈과 끼를 마음껏 펼칠 수 있는 기반을 조성해야 한다. 학생들이 미래형 동아리 활동을 통해 자신의 역량과 꿈을 현실화시켜갈 수 있고 더 나아가 미래형 인간에게 요구되는 IT기술 활용능력을 키우고 토론능력을 기반으로 창의적, 융합적 사고 능력을 시킬 수 있게 한다.

학습의 질 향상을 위한 자유학년제 도입

아일랜드의 '전환학년제'는 고등학교에 들어가기 전, 1년 동안 운영되는 학교 교육과정이다. 덴마크도 10학년이 되면 1년을 '에프테르스콜레'교육과정을 거친다. 학생들은 이 1년 동안 자립심을 키우고 인생을 설계한다. 국가가 학생들이 자신의 인생을 여유를 가지고 스스로 설계할 수 있는 환경을 보장한다는 점과 행복지수가 높다는 공통점이 있다. 박근혜 정부가 핵심 교육공약으로 내세운 교육정책이 중학교 자유학기제이다. 중학교 6개 학기 중 한 학기를 대상으로 운영되며 중간·기말고사 등의 지필시험을 치지 않는다. 학생들은 자신의 적성과 미래를 탐색·설계하고 지속적인 자기성찰을 통해 발전을 도모할 수 있다.

주입식 교육, 경쟁 중심의 교육을 자기주도 창의학습으로 전환하여 미래지향적 역량을 함양한다. 토론과 실습 등 직접 참여하는 수업을 통해 꿈과 끼를 발굴하고 다양한 체험활동을 할 수 있도록 교육과정을 유연하게 운영하는 제도다. 자유학기제 도입을 발표한 뒤 여론이 분분했다. 자유학기제 동안 현장체험을 인정해 준다면 돈 있는 학부모가 그 시간을 이용해 특별과외를 시킬 것이란 우려도 있었다. 자유학기제 동안 실제 특별과외를 하는 학원도 생겼다는 소리도 들린다. 별별 현상이 다 나타나는 현재 이런 부작용을 우려해서 바른 정책을 입안하지 못한다면 직무유기감이다.

한국의 교육환경에서는 모든 초점이 대학입시에 맞춰져 있다. 초등에서 대학으로 중등에서 대학으로 고등에서 대학으로 심지어 영유아 교육까지 대학을 생각한다. 한국의 학부모들의 극성스런 교육열의 발로다. 이런 점에서 중학교 1학년, 2학년 1학기 동안 도입되는 자유학기제는 향후 남은 4년의 진로 탐색에 그다지 도움이 되지 않는다. 좀더 솔직히 평가하면 교육부가 밝힌 "학생들이 스스로 서" 란 취지보다 "학생들 스스로 놀아"라는 취지에 가깝다.

평준화 위주의 현행 고입제도 하에서 학생이 원하는 고등학교를 선택하기란 쉽지 않다. 대부분의 고교입학이 대학을 결정하는 요인이기에 자유학기제 동안 탐색한 자신의 진로를 충족시켜줄 고교에 입학하지 못한다면 자유학기제는 의미가 없게 된다. 중학교 자유학기제는 고교 다양화가 이루어진 후 진정한 효력을 발휘할 수 있다. 그래서 외국의 사례처럼 고등학생이 되어 조금 더 깊은 사고력과 통찰력을 갖춘 시기에 미래를 설계하고 자신의 진로를 탐색하는 것이 효율적이 아닌가 한다.

미래교육지원센터, 최첨단융합인재도서관이 필요하다

미래교육은 구호만 외친다고 되지 않는다. 이를 실현시킬 시스템과 인프라가 중요하다. 특히 시도·광역시 기반의 거대한 미래교육체계 전환을 위해서는 시도교육청, 도청, 지역교육지원청, 시군구 등 지자체가 협력할 수 있는 시스템이 필요하다. 따라서 4차 산업혁명 기반의 미래교육을 선도할 수 있는 도청단위의 미래교육위원회를 설치하고, 지역교육지원청 단위로 미래교육지원센터를 구축해서 도청이나 시군구에 있는 교육관련 부서와 사업을 미래교육으로 통합 운영할 수 있는 인적, 물적 체제를 만들어야 한다.

이는 올해부터 시행되고 있는 2015 개정교육과정에서 목표로 하고 있는 창의·융합인재 양성의 방향을 염두 해 두고 조직화해야 한다. 특히 미래교육지원센터에는 미래교육을 이해하고 이를 선도할 수 있는 다양한 전문가를 참여시켜야 한다. 이는 교육 분야 전문가가 있는 교육청의 장학사, 현장 교사뿐만 아니라 미래교육과 연관된 산업에 있는 현장 전문가, 학부모 등이 적극적으로 협력그룹으로 참여할 수 있게 열어둬야 한다.

단순히 행정관료 조직이 아니라 다양한 의견을 수렴할 수 있는 기구로 구성하고 활발하게 다양한 의제에 대해 연구하고 토론하고 발표할 수 있는 기회를 제공해야 한다. 그리고 단순한 공론의 장을 만드는 게 아니라 실질적으로 미래교육을 지원할 수 있는 미래교사의 양성, 미래교육에 맞는 진로프로그램, 인성교육 프로그램, 교수법 및 교재 개발, 다양한 협력 프로그램, 미래교육에 맞는 공간 구성과 지원 시스템을 구축해야 한다. 미래교육은 학교와 현장교사의 노력만으로 이루어지지 않는다. 학교현장에서 학생 중심의 다양한 교육 프로그램이 운영될 수 있게 지속적인 지원이 필요하다. 그리고 학생, 교사, 학부모의 심도 있는 연수를 통해 상호이해의 기반 하에 미래교육을 정착시킬 수 있는 충분한 준비를 해 나가야 한다. 단순히 트렌드에 그치는 교육이 아니라 지속적이고 안정적인 교육을 하기 위해서 내실 있는 준비가 필요하다.

미래교육에 대한 관심은 높지만 앞으로 세상이 어떻게 변할지 모른다. 세상의 변화에 맞는 미래교육 시스템을 만들어야 하는 것이다. 현재에도 메이커 교육, 디자인 씽킹 교육, 코딩교육, 학생 중심의 다양한 참여 수업기법, 인터넷 기반의 교육 등이 이루어지고 있지만 좀 더 공격적이고 적극적으로 미래를 대응하는 교육이 필요하다. 새로운 일자리나 진로에 맞는 교육을 시켜야 한다. 결국 모든 학생들에게 자신들이 살아가야 할 미래시대가 요구하는 핵심역량을 길러주는 교육이 무엇보다 시급한 것이다. 이를 위해서 미래교육지원센터 설치운영은 선택사항이 아니

라 필수 조건이다.

　이러한 미래교육지원센터가 제 기능을 하려면 시도단위로 미래교육의 핵심 허브 기능을 하는 최첨단융합인재도서관이 필요하다. 이 도서관은 오프라인과 온라인을 빅데이터와 클라우드 시스템으로 모든 정보를 넘나들 수 있게 해야 하며, 인공지능 기술을 활용해서 언제든지 도서관을 이용하는 사람들이 원하는 정보를 손쉽게 찾고, 이를 이용해서 창의적인 아이디어를 발휘할 수 있게 해야 한다. 도서관의 내외관도 미적으로 설계하고, 모든 공간에서 편안하게 공부하고 검색하고 토론할 수 있는 기능을 가진 공간 개념을 도입해야 한다.

　스마트폰과 아이패드에 도서관 앱을 설치하면 필요한 자료를 검색하고 인쇄할 수 있는 편의를 제공하고, 4차 산업혁명의 아날로그 기술과 디지털 기술을 충분히 경험할 수 있는 도서관이 될 수 있게 운영해야 한다. 유비쿼터스 기반 최첨단융합인재도서관과 미래교육지원센터, 학교현장이 실시간으로 연결되어 모든 정보와 프로그램, 다양한 교육콘텐츠가 공유될 때 미래교육이 학교현장에서 위력을 발휘할 것이다.

I.B(International Baccalaureate) 교육과정 도입

　얼마 전 제주도교육청은 내년 2학기부터 사고력과 창의력을 키워주는 국제 바칼로레아(International Baccalaureate, IB) 교육과정의 수업 및 평가 방식을 제주도의 공교육(초등, 중학, 고교) 도입을 위해 시범학교를 운영할 계획을 밝혔다. 국제 바칼로레아는 스위스 비영리 공적교육재단인 IBO에서 주관한다. IB 논술형 교육과정이란 한마디로 '세계 공통의 대학입학자격과 그에 따른 초·중·고교생의 교육과정'이다. 교사가 일방적으로 지식을 주입하는 기존의 교육과는 달리 학생들이 스스로 조사하고 생각하고 발표하고 토론하도록 교육함으로써 세상을 살아가는 역량을 키워주는 데 목적을 둔다. 정형화된 해답을 요구하는 것이 아니라 문제의식을 중심으로 창의적이고 논리적인 해답을 스스로 찾아 나가는 과정을 중요하게 평가한다.

IB는 초등학교용(Primary Years programme), 중학교용(Middle Years programme), 진학계고교용(Diploma Programme), 취업계고교용(Career-related programme) 표준교육과정이 있는데 진학계고교용 교육과정인 IBDP를 채택한 국가는 올해 8월 기준 147개이며 채택하고 있는 학교는 3,252개다. 세계적 명문대에서 IB 교육과정 출신들을 선호하고 학생들의 대학입시 합격률도 높다. 이미 일본은 2013년에 IB와 협정을 체결하여 국제학교에 적용하고 공교육에도 도입하여 2018년까지 200개 학교로 확대할 예정이다. 일본은 중앙정부(문부과학성) 주도로 IB 교육과정을 공교육에 도입한 데 반해 한국에서는 시도 교육청에서 먼저 나서는 상황이다. 시도 교육감들이 연대하여 중앙정부 및 대학들과 협의해야 한다는 의견도 나오고 있다.

제주도교육청이 IB 교육과정을 공교육에 성공적으로 도입하기 위해서는 정부의 동의를 얻는 것이 급선무다. 이후 교육부와 각 대학들이 협력해서 IB 교육과정을 한국어로 번역하고 IB 졸업생을 선발하는 전형을 만들어야한다. 또, 모든 지식과 기술이 융복합되는 4차산업혁명 시대는 한 가지 답이 아니라 여러 가지 답을 필요로 한다. 논술형 IB 교육과정에도 정답이 여러 개가 존재할 수 있기에 주관적인 정답에 대한 공정하고 객관적인 평가를 위해 우수한 답안 채점자를 훈련하고 양산할 수 있는 시스템을 만드는 일도 중요하다.

현재 한국에서의 IBDP 운영학교는 2017년 8월 기준 총 8개교다. 외국인학교 5군데, 제주국제학교 2군데, 특목고 1군데다. 아직은 외국인학교와 국제학교에 한정되어 있어 한국거주 외국인이나 비싼 등록금을 감당할 수 있는 돈 있는 가정의 자녀들에게만 혜택이 주어진다는 것이다. 이제 한국도 일본과 같이 공교육에 이 과정을 도입하면서 좀 더 많은 아이들이 혜택을 받을 수 있게 해야 한다. 교육의 양극화 해소 차원에서도 IB 교육과정이 공교육에 도입되어야 한다. 시대 변화에 맞춰 교육도 변화되어야 한다. 주입식, 암기식 교육으로는 새로운 시대에 적응하기 어렵다. 글로벌화, 개별화, 다양화, 특성화, 전문화 되어가는 현대사회에서 반드시 필요한 미래교육과정이다.

미래교사, 그리고 미래대학

내가 생각하는 진정한 수업은 학생의 특기와 적성, 학업성취도로 나타나는 역량에 따라 집단을 나누고 맞춤형 수준별 수업을 적용시키는 수업이다. 평준화 체제에서는 이런 형태의 수업이 불가능하지만 미래교육을 대비하는 미래학교에서는 가능하다는 것이다. 단위 학교에 자율성을 대폭 허용하고 교육과정을 다양화하여 학생들이 원하는 수업을 선택할 수 있게 해야 한다. 한편에서는 인간 평등, 교육 평등을 외치며 차별을 혐오하지만 현실은 냉혹해서 모든 학생이 똑같은 교육환경에서 수업을 받는다 해도 성과의 평등은 일어날 수 없다.

교육의 주체 모두가 차별은 거부해야 하지만 차이는 인정해야한다. 차이를 인정한다면 학생 개인의 특기 적성에 따른 개별화, 특성화, 전문화된 수업 형태를 도입해야 한다. 교사는 학생의 질에 따라 학습의 형태를 달리해야 하기에 집단의 학업 성취도와 개인의 적성을 파악하고 그에 따른 적정수업을 하여 더 나은 학생으로 성장시키는 능력을 구비해야 한다. 뛰어난 교사는 평준화된 집단을 받아 평균 수준의 교수학-학습 형태를 벗어나야 한다.

1995년 정부는 '5·31 교육개혁 방안'을 발표하였다. 대학개혁 정책의 핵심인 '대학설립 준칙주의'와 '대학정원 자율화 정책'의 영향으로 1996년 이후부터 10년 동안 63개 대학이 신설되었다. '대학설립 준칙주의'는 대학설립 및 운영규정에 따라 교지, 교사, 교원, 수익용 기본재산 등 4가지 최소 설립 요건만 갖추면 대학

설립을 인가하는 제도였다. 대학 설립이 쉬워진 관계로 굳이 학생을 유치하기 위해 까다로운 학과를 만들어 교수를 초빙해 오는 수고조차 할 필요가 없어 모든 대학이 천편일률적 학과를 진열해 놓은 백화점식 대학이 된 것이다.

이런 연유로 미래 예측에 안일했던 대학들은 시간이 흐를수록 경쟁력을 잃고 폐교가 되기도 했지만 출산율 저하에 따른 학령인구수 감소를 대비하여 학과를 개편한 대학들은 명맥을 유지하기도 하고 헐값에 사들인 대학 부지의 지가가 상승하여 자금여력으로 버티고 있는 대학도 있다. 갈수록 더 심각해지는 '인구절벽'은 고교졸업자 수에도 영향을 미쳐 2018년 고교졸업생은 54만 9890명으로 대학 입학정원 55만 9036명보다 9146명 더 적고, 2023년에는 대입 초과정원이 16만 1038명이 될 것으로 예측된다고 한다. 서울 소재 대학들은 학령인구 감소에 따른 피해가 상대적으로 적을 것이지만 지방대의 경우는 심각한 입학생 부족사태를 겪을 것이다.

이를 대비하기 위해 이제 대학 또한 4차산업혁명시대를 대비하는 미래대학으로 변신할 때가 왔다. 그 동안 많은 대학에서 새로운 학과를 신설하고 통합하는 작업을 하였지만 내용은 그대로 두고 학과 이름만 그럴듯하게 포장한 데 불과하다. 바꾸려면 모든 것을 다 바꾸어야 한다. 제일 먼저 4차산업혁명시대에 나타날 다양한 작업군을 예상하여 학과를 신설하거나 통합, 융합하고, 경쟁력 확보를 위해 글로벌 명문대 교수의 강의를 유학을 하지 않고도 저렴한 비용과 수강하고 학점을 이수할 수 있는 세계적인 온라인 교육 플랫폼 유다시티(Udacity), 코세라(Coursera), 에덱스(edX)를 사용한다든지 플립드 러닝(Flipped learning: 온라인 선행학습 뒤 오프라인 강의 및 토론) 교수방식을 이용하는 등 대학교육의 글로벌화를 추진해야 한다. 또, 정규 교과과정을 탈피한 마이크로스쿨이나 나노 학위 등도 미래대학의 변화과정 중에 하나다. 더 이상 전공의 틀에 매이지 않고, 학생들이 원하는 학교, 교수, 과목을 선택하고 신청해서 학위를 받을 수 있는 환경을 조성해야 한다.

미국 내 대학 트랜드는 창업교육 방향의 변화다. 기존 스타트업을 강조하기보다 스케일업(Scale-up)을 중요시하고 있으며, 기업가정신을 교육과정에 포함해 기업가적 영재(Young Entrepreneurial Talents)를 발굴하고 발전시키고자 노력하고 있다. 한국도 기업가적 영재를 발굴했다면 대학 내에서 창업 지원이 이루어져야 한다. 국내 대다수 대학은 창업 지원보다는 취업에 더 많은 시간과 노력을 투자하고 있는 실정이다. 청년 창업은 졸업 후 시작하는 것이 아니라 재학 중에 정부와 대학이 함께 투자와 노력을 해야 하고, 부족한 부분은 창업 대학원을 통해서 보충할 수 있어야 한다.

대학의 존재 이유가 학위 취득을 위한 학생을 모집하는 데 국한될 필요는 없다. 학령인구는 감소하겠지만, 성인교육 시장의 규모는 쉽게 줄어들지 않을 것이다. 취업 상태에 있는 재직자도,

이직 또는 전직을 고민하는 사람에게도 재취업 과정은 중요한 성인교육 과정이다. 기존 대학이 교육부와 관계가 중요했다면, 재취업 과정은 고용노동부와의 관계를 통해서 새로운 시장을 만들 수 있다. 미래대학에서 학교는 더 이상 학생들만을 위한 교육기관은 아니다. 언제까지 학령인구 감소와 구조조정 문제에 고민만 하고 있을 수는 없다. 과거 대학이 학문을 연구하고 발전시키는 공간이었다면, 미래 대학은 현재 사회 속에서 스스로 가치를 만들어내야 한다.

미래교육에 대비하는 민관학 IT교육인프라 구축

미래학교와 IT는 뗄 수 없는 관계다. 미래학교는 결국 디지털 혁명, IT 기반의 혁명이기도 하다. 4차 산업혁명 시대가 도래 하면서 교육환경이 급격하게 변화될 것으로 예측된다. 이런 변화된 교육환경에 대비하기 위해서는 지자체 단위에서부터 협력 구조를 형성해야 한다. 지역사회 교육의 중심인 학교를 허브로 해서 지역주민과 시군구 지자체와 협력 공동체를 만들어야 한다. 교육은 교육부와 교육청의 전유물이 아니다. 지역사회의 참여와 지자체가 함께 미래교육을 준비해야 한다. 지역사회에 형성된 풀뿌리 교육 인프라를 발굴해 지원하는데 인적, 물적 교육자원을 투입해야 한다.

교육부와 교육청이 독점하고 있는 교육정보를 과감히 공개하고, 교육현장의 노하우를 함께 공유할 수 있는 IT 기반의 통합정보공유 시스템을 구축해야 한다. 이러한 정보기반 하에서 미래 사회 진로직업에 맞는 IT교육을 유아, 초등, 중등에 맞는 교육 프로그램을 만들고 학교와 지역사회에 있는 여러 유휴공간을 활동해서 SW교육, 디자인 씽킹 교육, 메이커 교육, 미래직업교육, 디지털 활용 교육 등 당장 실시 할 수 있는 기반을 만들어야 한다.

교육은 시시각각으로 변화하고 있다. 우리 청소년들 살아갈 사회는 지금과 전혀 다른 모습일 것이다. 현재의 교육방식으로는 청소년의 미래 진로를 책임질 수 없다. 끊임없이 미래를 예측하고, 이를 선도할 수 있는 새로운 교육 프로그램을 개발해야 한다. 이는 교육청만의 몫도 학교만의 몫도 아니다. 지자체와 지역사회가 함께 협력할 때 성공적으로 미래를 대비할 수 있다.

『제4차 산업혁명시대 대한민국 미래교육보고서』(저자 강종진, 광문각, 2017)에서는 대한민국 미래교육이 나가야 할 방향을 제시하고 현재의 교육 패러다임과 시스템을 대전환하기 위한 대한민국 교육의 10대 혁신 과제를 담고 있다. 창의와 도전 정신, 인성이 중요해지는 제4차 산업혁명이 현실화되기 시작하면서 기존의 교육으로는 더 이상 학생들의 미래도 대한민국의 미래도 어렵고, 기존 교육과는 전혀 다른 새로운 교육 패러다임이 필요하기 때문에 초연결·초지능 사회의 패러다임에 맞는 교육의 혁명적인 변화를 도모한 것이다.

제4차 산업혁명 시대의 핵심 가치인 학습자의 다양성, 창의성, 유연성을 실현하기 위한 4대 교육혁명 방안으로 미래교육 시스템 혁명, 미래 학교 혁명, 미래교육 내용 혁명, 미래교육 거버넌스(Gevernance) 혁명을 제시한다. 이를 위한 미래교육 10대 혁신 과제로는 입시제도 혁신, 교육내용 혁신, 교육방법의 혁신, 교육 평가의 혁신, 대학 교육의 혁신, 학제 운영의 혁신, 교육과정 운영 혁신, 진로·진학 혁신, 대학 운영 혁신, 교육 거버넌스 혁신의 필요성을 강조하고 있다. 시대의 변화를 읽고, 교육의 변화를 선도해야 더 나은 미래가 보장된다. '제4차 산업혁명시대 대한민국 미래교육보고서'에 담긴 메시지를 소홀히 하지 말고 지역, 국가, 세계와 소통하는 미래교육 환경을 민·관·학이 협력해서 만들어나가야 한다.

4차 산업혁명시대에 맞는 미래교육발전위원회 구축

크라우스 슈바프 세계경제포럼(WEF) 회장은 지난해 1월 스위스에서 열린 제46차 '다보스포럼'에서 4차 혁명이 경제, 사회, 문화, 인류 환경 등 사회전반의 패러다임 변화를 이끌 것이라며 4차 산업혁명으로 인해 가장 급속하게 시스템 재편이 이뤄지고 있는 분야 중 하나로 교육을 꼽았다. 4차 산업혁명은 대량생산체제에 맞춰 획일화된 교육을 받은 인재상을 필요로 하지 않는다. 4차 산업혁명이 요구하는 교육모델은 인문사회의 학문과 이공계의 기술이 접목된 창의적인 융합교육이다. 이는 '2015 개정교육과정'의 목표이기도 하다. 새로운 시대에 맞는 인재를 양성하기 위해서 전 세계는 4차산업혁명을 대비한 교육방식으로 탈바꿈을 시도하고 있다. 최근 맥킨지에서도 4차 산업혁명시대의 5대 리더십을 제안하기도 했다. 그 내용을 살펴보면 다음과 같다.

「첫째, 민첩성(Agile)이다. 지금까지 기업이 리더의 경험에 따라 방향을 결정하고 거기에 맞춰 성장해왔다면 앞으로는 조직 전체가 외부의 변화에서 기회를 포착하는 기민성을 가져야 한다. 타이밍을 놓치지 않기 위해 유연한 의사결정 체계는 필수다.

둘째, 변혁성(Game changing)이다. 앞으로 새로운 게임의 룰을 세우고 창조적 파괴에 나설 수 있는 과감함이 성장을 주도한다. 조직운영의 효율성을 극대화하는 방식으로 성장을 일구는 것은 과거 공식일 뿐이다.

셋째, 연결성(Connected)이다. 즉 외부지향성을 갖춰야 한다. 일부 고위급의 '제한적' 네트워킹이 아닌, 조직 전체의 광범위한 네트워킹이 필요하다. 합종연횡의 시대, 필요할 경우 경쟁자를 포함한 외부 파트너와도 협력하고 다양한 이해관계자들과의 교류에도 활발히 나서야 한다.

넷째, 증폭성(Multiplying)이다. 조직체계의 변화도 필요하다. 지금까지 소수 리더의 권위를 바탕으로 조직을 지휘했다면 앞으로는 구성원 전체의 능력을 극대화하기 위한 지원·조율·협상에 초점을 맞추라는 조언이다.

다섯째, 보편성(Globally effective)이다. 세대와 지역적 차이를 극복하는 영향력을 발휘해야 혁신적인 기업을 이끌어나갈 수 있는 토대가 구축된다.」

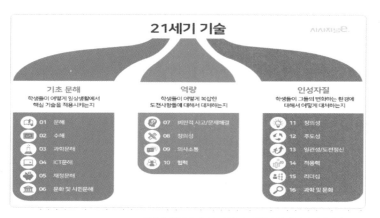

+ 세계경제포럼(다보스포럼)이 제안한 학생들이 갖춰야 할 기술

이렇듯이 4차 산업혁명시대가 요구하는 인재를 길러내기 위해서 현재의 교육방식을 완전히 바꿔야 한다. 여전히 암기식 위주의 수업, 낡은 교과서 기반의 교육과정, 미래직업의 변화를 따라가지 못하는 진로직업 교육, 미래교육에 적합하지 않은 학교시설 환경, 한국의 상황과 환경에 맞지 않은 선진국의 교육시스템을 도입 등 미래교육을 위해 바꿔야 할 것이 너무 많다. 더 이상 관료화된 교육기관에 교육의 미래를 맡기면 안 된다.

다양한 교육전문가, 4차 산업혁명 기반에 종사하는 현장 전문가, 지역 사회에서 미래교육을 선도하는 비영리 교육단체 전문가, 그리고 재정과 행정, 인력을 과감하게 투입할 수 있는 지자체장 등이 기존의 교육기관과 학교가 열린 마음으로 협력할 수 있는 미래교육발전위원회를 구성해야 한다. 탁상공론이 아닌 실질적인 미래교육을 선도할 수 있는 기구로 운영해야 한다. 상시적으로 데이터를 모아 분석하고 교육현장에서 시뮬레이션할 수 있는 구조를 만들어야 한다. 교육현장과 유리된 정책은 오히려 우리교육을 더 혼란스럽게 만들뿐이다. 모두가 참여하는 교육주권 시대에 맞는 미래교육시스템을 만들어야 한다.

타시도, 해외학교와 미래교육을 위한 적극적인 교류

무한경쟁시대 더 이상 우물 안에 개구리로 머물면 안 된다. 한 지역에 머무르는 교육이 되면 안 된다. 소통하고 협력하는 교육 정책을 펼쳐야 한다. 우리 지역의 특성에 맞는 교육 프로그램을 개발해야 하지만 다른 지역에서 성공한 교육 사례를 과감히 도입해야 한다. 그러기 위해서는 교육부, 교육청 간 상시적인 교류 채널을 만들어야 한다.

이는 형식적인 교류의 장이 아니라 정례적인 정책 교류를 할 수 있는 상설기구가 필요하다. 교육부와 교육청 협의회를 정기적으로 실시하고, 학교현장의 목소리를 충분히 듣는 자리가 되어야 한다. 진보와 보수 교육정책이 대결하는 교육실험의 장이 아니라 상생하고 협력하고 발전하는 융합의 장이 되어야 한다. 칭찬하고 격려하고 소통하는 생산적인 장이 되어야 한다.

해외 학교와의 교류도 활발하게 이루어져야 한다. 선진 교육에서 배울 수 있는 연수기회를 학교에 제공하고, 양국의 교류를 통해 좋은 교육프로그램은 공동으로 적용하고 이에 대한 운영 사례 발표회도 함께 가질 수 있는 기회를 제공해야 한다. 이를 위해서 국내외 학교 프로그램 박람회를 개최해도 좋을 것이다. 해외의 교육 석학을 초대해서 교육혁신 사례를 공유하고 전 세계 학교에서 운영하고 있는 혁신교육 프로그램을 한 눈에 볼 수 있는 기회도 많아져야 한다.

전 세계 학교의 우수 프로그램을 체험할 수 있는 플랫폼을 구축하고, 학교 여건에 따라서 실질적으로 프로그램을 운영해서, 학생들이 우수하게 그 프로그램을 이수할 경우에 신뢰도가 높은 프로그램 인증 평가 절차를 거쳐서 인증서를 수여하는 등 구체적인 실천 방안을 마련하면 어떨까. 우리의 교육이 우리 안에만 머물러서는 절대 안 된다. 전 세계와 경쟁하고 교류함으로써 교육의 품질과 경쟁력을 높여야 한다. 전 세계와 지속적으로 교류하는 미래교육협력 공동체를 만들어야 한다.

우리는 전 세계에 나가 있는 한인들이 많다. 특히 해외한인회 조직이 전 세계로 활성화되어 있어서 교육교류를 활발히 할 수 있는 내가 상임대표로 있는 단체에서도 청소년들이 참여하는 교육프로그램을 수년 간 성공적으로 해 온 바 있다. 나는 재중, 재미, 재일, 동남아 등 해외 한인회와 오랫동안 유대를 해 오고 있다. 적극적으로 교육기관과 교육단체, 해외 한인회가 협력해서 청소년, 교사, 학부모, 교육전문가가 참여하는 해외연수 프로그램을 개발해 운영한다면 전 세계와 소통할 수 있는 교육 교류협력 사업이 활발하게 이루어질 수 있다고 확신한다.

해외 한인회를 통해 청소년의 꿈과 재능을 펼칠 수 있는 인문과 문화예술 교류의 장을 마련한다면 청소년의 꿈이 한국에만 머물지 않고 전 세계로 뻗어나갈 수 있을 것이다. 세계적인 예술가와 외교관, 국제문제 전문가, 국제변호사, IT 전문가 등 국제사회에 위상을 높일 수 있는 미래 인재를 더 많이 양성할 수 있다. 청소년들이 중심이 되는 국제교류가 무엇보다 중요하다. 한국의 청소년들이 전 세계 청소년들과 만나서 토론하고 각자의 재능으로 경쟁하기도 하고 화합하기도 하는 장을 많이 만들어 주는 것이 미래교육의 중요한 가치이고 방향이다. 4차 산업혁명을 선도할 인재는 기술에서 탁월한 인재가 아니라 재능과 인성을 두루 갖춘 인재이고 국제사회에서 인정받은 인재를 길러야 한다. 이를 위해 다양한 방식으로 더 많은 국제교류 기회를 만들어야 한다.

제 5장
교육주권시대, 학교를 바꾸자

교장·교감 순환보직제 시범 운영

교장·교감 순환보직제란 교사의 학교 수업 외의 학교 활동을 뒷받침하기 위해 수행하는 교육 행정을 부서별 업무를 총괄하는 부장 보직처럼 일정 경력과 조건을 충족하는 교원을 대상으로 교장, 교감을 순환해서 직위를 수행하는 것을 말한다.

이는 교장선출보직제보다 한 발 앞서 나간 정책이다. 교장선출보직제는 근래 일부사립 단위 학교를 중심으로 재단에서 일방적으로 행사하던 임명권을 교직원 전체회의에 위임하여 교무회의에서 추천된 인사를 교장으로 선출 임명하는 것을 말한다. 교직원들의 전체 의견이 반영되는 순기능이 나타나면서 점차 설득력을 갖게 되었고, 기존의 승진 점수를 위한 승진제도의 병폐가 학교 변화의 걸림돌로 작용함으로서 그 대안으로 제시되고 있다.

교장·교감 순환보직제는 현재 교육부가 시행하려는 무자격 교장을 공모하는 '교장공모제 개선 방안'보다는 훨씬 합리적인 승진제도이다. 내가 자유교원조합을 창립하며 입안한 승진제도인데 교장·교감 순환보직제가 도입되면 교장·교감 역시 일정기간 보직을 수행하고 다시 평교사가 되기 때문에 권위의식 없는 민주적 학교가 정착된다. 제 밥그릇만을 챙겨온 한국교총은 이를 저지하는 데 총력을 다하고 있다. 일종의 '밥그릇 싸움'이라 교총의 입장을 지지하기도 힘들다.

교총은 "교장공모제는 교육감 코드·보은인사, 특정 노동조합 출신 교장 만들기에 동원되는 제도로 전락했다. 교육감 눈치만 살피고 인기 영합주의적인 교사를 확산하는 무자격 교장공모제 확대를 즉각 철회하라"고 주장했다. 교총의 이러한 주장에 반해 전교조는 "교장공모제 확대는 유능하고 민주적 소양이 풍부한 평교사가 교장을 맡을 기회가 늘어나 학교혁신과 민주적 학교운영에 크게 이바지할 것. 평교사가 교장이 되는 공모제는 법에 근거한 교장임용제도의 하나"라고 강조했다. 이들은 평교사가 내부형 교장공모제로 "학교장 권한을 학내 자치위원회로 이관하고 교육주체들이 학교장을 직접 선출하고 학교장도 임기가 끝나면 평교사로 돌아가는 교장 선출보직제를 도입해야 한다."고 주장했다.

교장공모제가 "승진 중심의 교직 문화를 개선하고 능력 있는 교장을 공모해 학교 자율화와 책임경영을 실현한다."는 취지에서 도입되어 일반학교는 교장 자격증 소지자, 자율학교는 교장 자격증 소지자와 함께 자격증 미소지자 중 초·중등학교 교육경력이 15년 이상인 교육공무원 또는 사립학교 교원을 대상으로 공모할 수 있도록 했다. 자격보다 실력을 요구하는 교장을 교육수요자가 선택할 수 있는 권리 중의 하나로 학교현장에서는 폐쇄적인 승진구조를 개선하기 위한 조치로 현재 교사들의 호응을 얻고 있는 제도다.

두 단체의 싸움을 한방에 해결하는 제도가 교장·교감 순환보직제. 교사가 일정한 승진 자격을 구비해야 교장·교감으로 보직 받을 수 있어 무자격이 아니라는 점과 전교조 교사를 특채하여 교장으로 승진시킬 수 없는 제도라는 것이다. 교장·교감 순환보직제는 근무 연한, 부장교사 경력, 기타 가산점 등을 종합해서 차석교사가 되고, 차석교사가 좀 더 경력을 쌓으면 수석교사가 된다. 차석·수석교사는 부장교사처럼 자격증이 부여 되지 않는다. 차석교사는 자신이 원하면 장학사·연구사·교감으로 순환보직을 받을 수 있고, 수석교사는 교장·장학관·연구관으로 순환보직을 받을 수 있다. 임기는 4년으로 하고 단임으로 하여 보직 수행이 끝나면 학교로 돌아와 우대받는 차석·수석교사로 근무하는 제도다.

왜 교직사회는 교장자격증이 따로 필요한가를 묻는다. 이에 대한 해답은 한 마디로 "필요 없다!"이다. 병원이나 법원이나 회사도 자격증이 없다고 한다. 병원장, 법원장이 자격이 없다는 것이다. 그렇다고 꼭 사회구조와 비교해서 해법을 찾아서는 안 된다. 검사와 검사장이 자격이 없다고 해서 서열이 존재하지 않은가? 다시 말해 교장자격증은 필요 없지만 '자격'은 필요하다는 것이다. 경력도 필요하고 승진점수도 필요하다. 승진제도가 없다면 어느 선생님이 열악한 지역에 가서 교사를 하겠는가? 스승의 희생정신을 요구하라고? 얼마 전 신안 섬마을에서 기숙하던 선생님이 학부형에게 성폭행을 당해 세상이 시끄러웠다. 선생님을 오지에 발령내놓고 복불복이라고 해서 되겠는가? 당연히 보상이 따라야 하고 승진의 가산점 또한 주어져야 한다. 이런 선생님들을 제치고 능력이 있는 무자격 교장을 초빙한다고? 그 능력은 누가 부여하나? 교육부 장관이 신인가? 교육감이 신인가? 사

립 학교재단 이사장이 신인가? "인사가 만사"라 했다 공정하지
않은 인사는 재앙을 부른다. 국가도 잘못된 인사로 망하는 것을
보고 있는 이 판에 무자격 교장 공모제는 확대되어는 안 된다. 교
장의 연임 제도를 없애고 보직순환제를 도입하여 권위적 학교운
영의 사슬을 끊어야 한다. 이제는 교육청, 단위학교 관리자 중심
의 행정 편의주의를 탈피할 때가 왔다.

교육행정사, 수업전문교사제 운영

교육행정 제로, 수업전문교사제란 교사의 본분은 수업과 학
생 지도로 현재 병행하고 있는 학교 교육행정 업무를 분리하여
이를 전담하는 행정전문교원을 육성함으로써 교육행정 업무의
효율성을 높이고, 교원의 수업과 학생 지도에 대한 전문성을 극
대화하는 제도다. 현재 단위학교에서 교원은 수업과 행정 업무
를 병행함으로써 학생지도에 문제점을 노출하고 있다.

교원의 행정 업무 병행은 여러 가지 문제점을 노출하고 있다.
우선 교원의 업무 분장은 업무의 전문성에 의해 교사에게 부여
되기보다는 교사의 지원 부서에서 임의적으로 배분되어 업무의
전문성이 전무하고, 시행 과정에서 잦은 실수와 행정 오류가 사
후 발견된다. 이런 점이 교사의 업무 스트레스로 작용하여 수업
연구 및 학생 지도의 장애 요인으로 작용하고 있다. 따라서 교사
의 본분인 수업과 학생 지도의 전문성을 확보하고 행정 업무의
효율성을 극대화하기 위하여 교육행정 제로 수업전문교사제가

도입되어야 한다. 수업전문교사제는 현재 운영되고 있는 교육행정사를 단계적으로 늘려 교사들의 행정업무를 없애게 하는 정책이다. 교육행정사의 채용에 예산이 들어 채용이 불가능할 경우, 학생 수 감소로 생기는 잉여교사들 중 수업을 원하지 않는 교사들을 행정전문교사로 전환 시켜 교육행정사들의 전문성을 강화하는 교육을 담당하거나 실무를 지휘하는 전문교사로 활용할 수도 있다.

교사들보다 학원 강사가 더 존경받는 현실을 나무랄 수 없다. 왜냐하면 학교 선생님들보다 학원 강사가 더 '콕 찍어' 가르치기 때문이고, 학원 강사들이 학생을 더 잘 가르치는 이유는 한 달 동안 가르치는 분량을 정해 집중적으로 교수-학습 방법을 연구하기 때문이다. 심지어 고액 강의료를 받는 강사일 경우 보조알바 교사가 3~4명씩 따라 붙는다. 필요한 자료를 원하는 시간에 원하는 만큼 얻을 수 있다. 학교 선생님들은 어려운 임용고시를 거쳐 발령을 받지만 학원 강사는 임용고시가 없다. 학원 강사들이 임용고시에 합격할 수 있다면 굳이 학원 강사를 택할 이유가 없다고 본다. 교사는 정년이 보장 되지만 학원 강사는 정년이 보장되지 않는다. 고액의 연봉을 받는 유명 강사들은 교사를 하다가 학원으로 특채되는 경우가 많지만 대다수의 강사들은 그렇지 않다. 임용고시를 놓고 보면 학원 강사들이 교사들 보다 실력이 낮다고 할 수 없다. 그런데 왜 이런 상황이 현실로 존재하는가?

학교의 잡무가 많다는 결론에 도달한다. 담임, 생활지도, 특활

활동, 생활지도, 각종 문서처리, 학생상담, 급식지도, 수업, 방과후학교 지도, 나이스 기록, 출결석 체크, 교안 작성, 시험 출제, 기타 등등. 교과만 전담한다는 것은 '꿈'이다. 현장 교육의 질 향상을 위해, 학생 감소에 따른 교원 감축 및 학교 통폐합에 의해 발생하는 교원 임용 적체 현상을 해결하기 위해, 임용 자격을 갖춘 교원 희망자를 행정전문교사로 양성한다. 먼저 시범학교를 운영하고 업무량의 적정선을 파악하여 향후 정책 운용의 속도를 조절하여 그에 따른 교원의 수업 연구 및 학생지도의 향상 등을 점검해서 확대 실시하는 방안을 고려해야 한다.

학년제, 학급제 폐지(전교사 담임제) 실시

학년제, 학급제 폐지에 따른 전교사 담임제는 미래학교의 일환이다. 현재 실시되고 있는 학년 및 학급 담임제에서 탈피하여 학생의 학력수준과 교과지식에 따라 교과 선택권을 학생에게 돌려주는 미래학교는 학점중심의 자율교육과정으로 전환되기에 학년, 학급을 초월하여 학생이 희망하는 교사에게 담임을 배분하는 등, 전 교사가 학생지도에 참여하는 형태를 말한다. 현행 제도 하에서는 학생의 학습 능력에 관계없이 입학년도에 따라 학년으로 나뉘고 학급 또한 학생의 의지와 상관없이 행정 편의주의로 임의 배분되고 있는 실정이다. 그 결과 학생의 학습 의욕과 성취동기가 사전 봉쇄되고 담임의 업무가 가중되고 있다.

학년제, 학급제 폐지에 따른 전교사 담임제는 담임이 지도하는 학생 수를 줄이는 데 일차적 목표를 가진다. 현재 담임교사는 30명 정도의 학생들을 관리하는데 30명의 학생들 개개인의 주변 환경과 개별적 특성을 파악하고 생활지도를 완벽하게 요구하는 것은 무리가 있다는 것이다. 모든 교사가 학생들이 원하는 담임 교사가 될 수 있게 하고 교사들이 감당하는 학생수를 줄여 실제 적인 맞춤담임을 하지는 취지가 전교사 담임제다.

안정적인 착근을 위해 지역별 특성을 고려하여 시범학교를 도입하고 원활한 운영을 위해 학생들에게 학업 성취를 위한 내 적동기를 신장시켜야 한다. 학교생활의 활력을 불어 넣고, 잠자 는 교실을 해소하며, 학생 중심의 진로 교육 과정을 편성하여 학 생들이 희망하는 교과를 개설함으로써 시대 흐름에 민감하게 대 처해야 한다. 이로써 교사의 수업에 대한 전문성 제고 또한 기할 수 있을 것이라 기대한다. 화석화된 제도 교육에 대한 일대 변화 와 혁신없이는 미래교육을 감당해 낼 수 없다..

학교재량 사계절 자율방학제 실시

학교재량 사계절 자율방학제는 현행 학기별 2회의 정기방학 을 지역이나 학교의 사정을 고려하여 학교장의 재량으로 임의 로 배분하여 학사일정을 운영할 수 있게 함을 말한다. 현행 제도 에서 방학은 여름 및 겨울철에 한하여 지정함으로써 연간 수업 일수에 따라 운용하고 있다. 따라서 방학기간을 특정시기에 한 정시킴으로써 수요자인 학생 및 학부모의 의사는 전혀 무시되고 모든 일정이 학교의 학사일정에 맞춰지는 기현상이 나타나게 된 것이다. 여행사에서 지정한 성수기에는 비행기, 호텔, 위락시설 등이 요금 바가지를 씌우고 너도나도 그 시기에 가족 여행의 일정을 맞춘다. 이 무슨 분란인가?

사계절이 뚜렷한 우리나라가 여름방학과 겨울방학이 생긴 이유는 여름은 덥고 겨울은 추워서이다. 너무나 쉬운 설명이라 우문우답이라 할지 모르겠으나, 그때 당시는 냉방이나 난방을 생각하지도 못할 정도로 나라 살림이 좋지 않았다. 별로 관계없는 이야기지만 농촌의 다문화 가정을 이루어주는 고맙고 예쁜 한국 신부의 모국 베트남, 필리핀보다 못 살았던 한국 시절이 있었다는 것을 지금의 아이들은 잘 모르는 것 같다. 다문화가정의 아이들을 피부색과 체형이 다르다는 이유 하나로 왕따를 시킨다니 안타까운 일이다. 여름방학과 겨울방학이 학사일정으로 만들어 졌을 때 필리핀은 우리나라보다 3배로 더 잘사는 나라였음을 상기해야 한다. 그래서 나는 다문화 가정의 아이들을 잘 보살피고 다문화 가정에 대한 지원은 아끼지 않아야 한다고 생각한다. 6.25 이후 얼마나 많은 코리안 처녀들이 미국인과 국제결혼을 해서 미국을 건너갔는가? 먹고 살기가 힘든 나라의 앳된 처녀들이 그 먼 미국에 가서 괄시받고 천대받던 때가 불과 60년 전이다.

국민소득이 3만 달러에 육박하는 한국의 학교는 여름, 겨울의 교실이 덥고 춥지 않다. 더우면 에어컨, 추우면 난방기를 튼다. 한 달 전기료만 1,000만원 정도를 감당하는 한국의 교실환경에서는 오히려 여름, 겨울에 수업을 하는 것이 효율적이다. 학교마다 원하는 시기와 기간을 정해 사계절 자율 방학을 실시할 때가 왔다. 고정된 틀을 벗어나야 살아갈 수 있는 현대와 미래 사회에서는 꽉 막힌 곤(困)의 괘(卦)를 벗어나야 한다.

지역적 특성과 특색을 반영한 단위 학교의 학사 운영에 따른 연간 계획표를 사전에 충실히 검토하여 학사 운영에 반영할 수 있도록 권고하며, 전학생의 전학에 따른 수업 일수 등, 기타 문제점은 민원 및 문의를 개방하는 교육청 차원의 대응프로그램을 운용하여 대처할 일이다.

학교운영위원 교육 및 독립성 보장

'거수기 학운위'라 불리는 현재의 국·공립 학교운영위원회는 학교운영의 의결권을 갖고 법적 독립 기구임에도 불구하고 학부모 위원이 학교에 대한 전문적인 인식과 이해가 부족하여 당연직인 학교장의 의중에 따라 위원이 구성되고 제안 , 건의된 안건에 대해 학교장이 검토하여 위원회에 통지하도록 되어 있어 운영의 종속성을 벗어나지 못하고 있는 실정이다. 사립학교의 경우 교장의 직속 기관으로 학운위는 심의권만 갖고 있어 제 기능을 수행하지 못하는 형편이다.

학운위는 학교의 교원 대표, 학부모 대표 및 지역사회 인사로 구성된다. 위원 정수 및 구성비율은 학교규모, 지역특성, 학교급별, 계열을 고려하여 해당 학교의 운영규정으로 정하도록 하고 있는데 위원의 정수는 7~15명, 구성비율은 학부모 40~50%, 교원 30~30%, 지역사회인사 10~30%로 하고 있다. 주요 기능은 ① 학교헌장 및 학칙의 제정·개정 ② 학교 예산·결산 ③ 교육과정 운영 방법 ④ 교과용 도서 및 교육자료 선정 ⑤ 정규학습 종료 후 또는 방학 기간의 교육활동 및 수련활동 ⑥ 초빙교원의 추천 ⑦ 학교 운영지원비의 조성·운용·사용 ⑧ 학교 급식 ⑨ 대학입학 특별전형 중 학교장 추천 ⑩ 학교 운동부의 구성·운영 ⑪ 학교 운영에 대한 제안 및 건의 등에 관한 사항이다.

학운위가 제 기능을 다하려면 학교 사정을 모르는 학부모 위원과 지역위원들을 교육시키는 일이 중요하다. 각 교육청 산하의 연수기관에서 학운위 운영위원들의 연수 과정을 개설하여 학교 제반의 운영에 대한 교육을 실시하여 전문성을 신장시켜야 한다. "알아야 면장한다."는 속담처럼 학교 운영을 알아야 운영위원을 할 수 있는 것이다. 그래야만 운영위원회의 실질적 독립성이 보장된다. 운영과 그 지위를 보장하기 위하여 운영위원의 전문성 확보는 반드시 필요하다.

기존의 운영위원 명단을 확보하여 운영위원들의 분포를 파악하는 일도 중요하다. 학교의 부대사업과 관계있는 사람들이 운영위원으로 위촉되는 일이 없도록 해야 투명한 학운위가 될 수 있다. 학교 부대사업을 수주받기 위해 교장과 유착하여 운영위원이 되는 경우도 있다 하니 조심할 일이다. 또 학운위 운영위원들의 윤리적 도덕적 의무도 검토해야 한다. 전과자나 사회에 물의를 일으킨 자들을 아무 검증도 없이 운영위원으로 위촉하는 일도 방지되어야 한다. 학운위 운영위원의 전문성은 학교장의 학교 운영에 대한 실질적인 견제 기구로서 역할을 모색하고 단위학교 사업의 합리적이고 민주적이며 실질적 의사결정을 위하여 반드시 필요하다. 독립된 기구로서 교장의 권력 남용을 감시하고 학교 운영의 내실을 기함으로서 학교 구성원 모두가 만족하는 학교 문화를 위해 실질적 역할을 하는 학운위가 되기를 기대한다.

초등학교 '숙제 없는 하교(下校)' 하기

자유주의 교육운동가들은 합리적 보수를 지향하는 사람들이라고 누차 얘기한 바 있다. 얼마 전 서울교육감이 학교생활의 첫발을 떼는 초등학교 1·2학년의 숙제를 없애자는 제안을 내놓았다. 학교 적응기에 숙제 부담을 주는 대신, 스스로 창의적인 학습 습관을 기르도록 하는 데에 힘을 쓰자는 것이다. "초등 1·2학년 숙제는 부모의 도움이 필요한 경우가 많아 그동안 '엄마 숙제'라고도 불리기도 했다."면서, 학부모의 손을 빌려야 하는 숙제를 없애고, 단계적으로는 초등학생의 숙제 부담을 줄여 나가겠다고 했다. 전적으로 공감한다. 좋은 정책을 좋지 않다고 하는 것은 나쁜 생각이다. 진정한 교육의 발전을 생각하는 사람이라면 이념을 떠나 좋은 정책은 환영하고 받아들여야 한다. 이것이 합리적 보수의 길이다.

초등학교 저학년 숙제는 엄마 숙제가 대부분이다. 초등학교 1~2학년에게 혼자서 해결할 수 없는 숙제를 부여하여 학부모에게 부담을 주고 받아쓰기 등 창의성 신장과 무관한 과제를 부여하는 행위를 금지하는 것이 '숙제 없는 학교'의 취지다. 엄마가 전업 주부인 경우에는 별 문제가 되지 않지만 '워킹맘'인 경우 퇴근하고 와서 아이와 숙제를 같이 해야 하니 보통일이 아니다. 부인에게 운전을 가르쳐 본 사람들은 그 답답함을 이해할 수 있듯이 제 자식 가르치는 일 또한 어렵다는 것을 누구나 안다.

초등학교 저학년 '숙제 없는 학교'의 안정적 착근을 위하여 지역별 특성도 고려하여 고학년으로까지 확대할 필요도 있다. 기능적인 학습 과제 부담에서 아동이 해방됨으로써 아동의 개성과 특성을 최대한 살리고 무한한 가능성을 열어 줄 수 있는 아동 주도의 대체 과제 또한 허용이 되어야 한다. 더 나아가 공교육 현장에서는 아동의 기초교육에 충실하고 지나치게 고난도의 학습을 지양함으로써 아동의 개인적 역량을 확대할 수 있도록 한다. 초등학교 저학년 아동이 기능적 과제로부터 해방되고 자신의 흥미와 관심을 다양한 영역으로 확대시킬 때 잠재된 역량을 발견할 수 있다. 학생 개개인의 적성과 관심 분야에 대한 창의성을 최대한 끌어 올려 창의·융합적 미래인재를 키우는 맞춤식 교육이 실현되기를 기대한다.

인문고전 독서가 중요하다

4차산업혁명시대를 맞이하고 있는 요즘 인문학의 필요성이 급격히 대두되고 있다. 애플의 창업자이자 IT혁명을 이끌었던 스티브 잡스는 "애플의 창의적인 IT제품은 기술과 인문학의 교차점에 서 있기 때문에 가능했다."고 했고 구글, 야후, HP, IBM, 인텔, 삼성전자 등 세계적인 기업에서도 인문·사회과학 전공자들을 채용하거나 스카우트하는 경향이 늘어나고 있다. 『꿈꾸는 다락방』, 『여자라면 힐러리처럼』 등으로 베스트셀러 작가가 된 이지성은 『리딩으로 리드하라』에서 "학생들은 배우면 배울수록 무능력한 사람이 되고 시키는 일밖에 할 줄 모르는 바보가 된다."고 말한다. 마치 100년 전 엘렌 케이의 말을 패러디 한 느낌이다. 학교에서 오랫동안 배우고도 두뇌와 삶에 어떤 변화도 주지 못한 근본적인 이유는 교육이 '학생의 두뇌를 죽이고 창조성을 말살'하기 때문이며 악순환에서 벗어날 수 있는 방법은 바로 '동서양 인문고전들을 집중적으로 읽는 것'이라고 말하고 있다. 인문학은 사실을 추구하는 학문이 아니라 '인간다움'이 무엇인지 밝히는 학문이다. 인류의 미래를 이끌어 가는 과학기술이나 디자인, 서비스 등 산업 전 분야의 미래경영은 인문학을 넘어 인간 중심의 휴머니즘을 향해 가고 있다는 것을 알 수 있는 요즘, 두뇌를 바꾸고 인생을 바꾸고 세상을 바꿀 수 있다는 『인문고전 독서』에 한 번 도전해 보는 건 어떨까?

초중고 인문고전 독서 필수과정 운영이란 초중고생을 대상으

로 인류문화 유산의 보고인 고전(古傳) 독서의 체계적인 교육과
정을 운영함으로써 저서의 시대적 배경, 저자의 저작의도를 이
해하고 그 토대 위에서 자신의 입장으로 현대적으로 재해석하는
온고지신(溫故知新)의 교훈을 되새겨야 한다. 이로써 발상의 전
환을 가져오고 더 나아가 고전을 통해 우리가 살고 있는 현대의
인간과 자연, 인간과 사회 공동체에 대해 이해하고 창의성을 신
장 시켜야 한다.

현재 청소년들은 스마트폰을 비롯하여 시청각 위주의 문화속
에서 온라인 문화에 익숙하게 길들여져 오프라인상의 독서에 대
한 관심이 낮다. 학교에서의 교육과정상 독서교육은 겉돌고 있
는 형편이라 인류 문화유산의 보고인 고전에 대한 이해나 학습
에는 별 관심을 보이지 않는다. 초등교육 단계에서 고전에 대한
친숙한 교육 환경을 제공하고 단계적으로 심화시켜야 한다. 초
중고 인문고전 독서 필수과정을 운영하고 초중고 전 과정 운영
에 따른 체계적인 시스템 개발, 교재 편찬을 위한 편찬위원회 개
설, 교사의 인문고전 연수를 위해 학계의 전문위원을 연수원 강
사로 위촉하는 등 인문학 강화 교육을 실시해야 한다.

조국사랑, 지역사랑교육 강화

2018년 2월에 개최된 평창 올림픽의 빅 이슈가 남북 단일팀 구
성이었다. 개막식 때 한반도기를 들고 남북단일팀이 경기장에
입장할 때는 아리랑이 연주되었다. 남북이 평창올림픽으로 화해

하고 협력한다는 취지는 국민 모두가 공감한다. 그러나 많은 사람들이 우리의 국기와 애국가가 사라진 동계올림픽을 두고 "이게 국가냐?"며 분노하고 있음도 사실이다. 물론 전쟁을 피하고 남북의 평화를 위해서 노력하는 현 정부를 일방적으로 나무랄 수는 없지만 국가의 주권마저 팽개치고 북에 이리저리 끌려 다니는 모습은 국민의 한 사람으로서 보기 민망하다. 남한은 태극기와 한반도기를, 북한은 인공기와 한반도기를 들고 입장해도 보기가 그리 나쁘지는 않을 것 같아서다.

미국은 한 사람의 포로라도 구출하기 위해 더 큰 희생을 치르더라도 구출한다. 영화 『라이언 일병 구하기』와 『아프카니스탄 전쟁』 등을 통해서 이들의 자국민 보호정책을 볼 수 있다. 한 사람의 자국민을 소중히 여기는 국가가 있기에 국가를 소중히 여기는 국민이 존재하는 것이다. 국가가 스스로 국가의 권위를 내팽개치면 국민 또한 국가를 내팽개칠 수밖에 없다. 이같이 조국을 사랑하는 마음은 내가 소중한 한사람의 국민으로 대우 받을 때 생기는 것이다. 우리 국기인 태극기와 우리국가인 애국가, 우리 국화인 무궁화, 우리 국토인 한반도를 학생들에게 알려야 한다. 또, 학생들이 지역적 특성과 환경을 이해하고 지역의 향토 문화에 대한 자부심을 가지게 해야 한다.

최근 독도 문제가 조국 사랑의 매개로 떠오르고 있다. 일본이 자국의 영토라고 우기고 있기 때문이다. 지난 2018년 1월 25일 일본 도쿄 도심 한가운데 '독도는 일본 영토'라고 주장하는 상설 전시관이 열렸다. 일본 정부가 직접 영토 문제에 관한 전시관을 개관하기는 이번이 처음이다. 지요다구 히비야 공원 입구에 있는 시세이(市政) 회관 지하 1층에 자리잡고 있다. 도쿄역과 가까워 지방 및 외국인 관광객의 접근성도 좋으며, 인근에 일본 초·중·고학생들이 수학여행 등으로 자주 견학 오는 국회의사당과 인접해 있다. '영토·주권 전시관'이라는 명칭으로 문을 연 이 전시관은 독도는 물론 센카쿠 열도(중국명 댜오위다오)도 일본 영토라고 주장하는 자료들을 전시하고 있다. 규모는 작지만 러시아와 신경전을 벌이고 있는 북방영토(러시아명 쿠릴열도)에 대한 내용도 있다. 전시장 입구에 일본어를 비롯해 영어, 한국어로 된 안내자료도 배치돼 있다. 독도를 "우리 땅"으로 주장하는 시마네(島根)현의 지방 방송도 있었다. '다케시마(독도의 일본명)의 날'을 제정한 시마네현은 이미 2007년 현청 내에 자료실을 개설한 바 있다.

국가 구성의 한 요소가 영토이기에 영토 분쟁은 국가 간의 전쟁과 다름없다. 우리는 독도를 통해 애국심을 고취해야 한다. 독도 수호를 통해 일제 강점기의 역사를 극복하고 독도 탈취의 야욕을 규탄하여 수탈당한 조선인의 억울함을 세계만방에 고해야 한다. 역사와 문화에 대한 정확한 학술적 이해를 토대로 일본과의 분쟁에 적극 대처할 수 있는 환경과 인력을 양성해야 한다. 독도는 문헌학상 우리의 영토임이 명확히 입증되고 있으나 일본은 경제력 우위를 기반으로 국제적으로 자국의 영토임을 홍보하고 있다. 특히 일본은 자신들의 침략과 만행 문제가 국제적으로 노출될 때마다 독도를 지렛대 삼아 문제를 탈피하는 전략을 구사해왔다. 반면에 한국 정부는 국민감정에 호소하여 일본의 대응에 수동적으로 피켓시위 수준에 머물러 왔고, 독도의 실효적 지배를 통해 일본에 우위를 점하고 있으나 이를 뒷받침할 체계적인 학술적 연구나 인프라 구축에는 미온적이다.

독도가 우리의 영토이며 경북교육청 산하의 지역임을 체계적으로 이해시켜 애향심과 지역사랑을 고취시키고, 더 나아가 독도의 지리적 특성과 생태학적·군사학적·지리적 특성에 따른 순회전시회를 교육청 산하 단위학교에 실시해야 한다.

각 교육청은 교육감 직속기관으로 독도위원회를 설치하여 학계의 전문위원을 위촉하고 상시 연구체제를 갖춰 연구 과제를 수행하고 정기 세미나를 통해 문헌학으로 체계화하는 작업을 지원해야 한다. 또한 정기간행물을 통해 홍보하는 한편, 관련 시민단체들과 독도사랑 캠페인 및 각종 대회를 개최하여 초·중·고 학생들의 관심을 유도해야 한다.

민관협력 안전, 위생관리사 학교순회시스템 도입

학교라는 공간은 많은 학생과 교직원이 함께 생활하는 공간이다. 한번 사고가 나면 큰 피해가 생긴다. 학교 실내외 모든 공간이 안전에서 자유로울 수 없다. 지금까지 많은 안전 메뉴얼과 점검 시스템이 도입되어 진일보한 것은 사실이지만 여전히 안전

사각지대는 존재한다. 그리고 학교 구성원들이 이러한 사각지대를 모두 해소하는데 한계가 있다. 이는 전문적인 역량이 필요한 부분이 많기 때문이다. 안전문제를 선제적으로 대응하고 여러 가지 안전사고를 예방하기 위해서는 그 분야에 전문가들이 학교 안전을 종합적으로 지원할 수 있는 시스템이 필요하다.

위생 문제 또한 식중독 등 다양한 유해 세균에 노출되는 부분을 줄이기 위해 적극적으로 대응할 수 있는 전문가가 필요하다. 그 대안으로 민관협력의 안전, 위생관리사 도입을 제안해 본다. 학교마다 상주할 수 있는 인력을 투입하기는 어렵겠지만 매달 상시적으로 점검하고 관리할 수 있게 지자체 단위로 안전관리사, 위생관리사를 충분히 확보하여 순회 관리할 수 있게 하면 학교에서의 안전과 위생 문제를 많이 해소할 수 있을 것이다.

이는 전문성을 기반으로 하기 때문에 체계적으로 안전과 위생 관리를 할 수 있는 장점이 있다. 그리고 각 학교에서 축적된 안전과 위생관리 정보를 빅 데이터로 구축하고 각 학교에서 수집된 정보를 지속적으로 분석하고 개선해 나갈 경우에는 획기적으로 안전과 위생 문제를 줄여갈 수 있을 것으로 기대된다. 그리고 지속적으로 안전관리사, 위생관리사의 보수교육을 시켜 전문성과 현장경험이 축적될 때 안정과 위생 문제의 예방뿐만 아니라, 신속성과 효율성을 높이고 예산을 절감할 수 있는 다양한 개선책들이 마련될 것이다. 모든 학교에 안전과 위생의 정보가 공유되고, 다양한 해결 사례를 통해 안전과 위생 사각지대를 줄일 수 있다.

현장 중심으로 안전 교육을 시키는 게 중요하다. 단순히 이론 교육에서 머물러서는 안 된다. 실제로 다양한 안전 문제를 해결하는 긴급대응 교육이 필요하다. 불시에 발생하는 일들에 대처하는 안전훈련이 필요한 것이다. 이런 훈련을 안전관리사가 참여한 가운데 학교 단위로 매년 반복해서 실시해야 한다. 그리고 결과 중심의 기록이 아니라 시행착오나 일어나는 과정을 상세히 기록해서 좀 더 디테일하게 안전사고를 예방할 수 있게 해야 한다. 위생관리 점검과 교육, 실제적으로 청결한 위생을 유지할 수 있는 환경 구축과 실행에 역점을 두고 관리해야 한다.

우리는 세월호 사건, 포항지역 지진 등 예측하지 못한 일들을 경험했다. 뿐만 아니라 물놀이, 학교폭력, 화재, 교통안전, 집단식중독 등 여러 가지 안전과 위생 문제에는 상시 노출되어 있다. 그 누구에게도 예외는 아니다. 이미 사건이 발생한 뒤 사후 대응은 '소 잃고 외양간 고치는 격'이다. 「사전 예방과 대응을 위한 매뉴얼과 이를 실질적으로 실천할 수 있는 시스템이 필요하다. 그러기 위해서는 형식적인 안전과 위생 의식과 대처에서 벗어나서 전문적이고 상시적인 대처를 할 수 있는 시스템이 필요한 것이다. 안전과 위생을 전문적으로 관리할 수 있는 인력의 양성과 학교 순회 시스템 구축은 물론 현장에서 일어나고 있는 안정과 위생 문제를 체계적으로 관리할 수 있는 체계 구축이 시급하다.」

지진피해지역 학교안전진단 시스템을 구축해야

최근 포항지역 지진에 의한 학교 시설 안전 문제의 중요성이 대두되고 있다. 대한민국은 더 이상 지진의 안전지대가 아니라는 경각심과 함께 모든 학교에 안전진단 시스템 구축의 필요성이 커지고 있다. 이번 포항 지진해서 피해를 입은 148개 모든 기관의 응급복구 작업 인명피해 없이 잘 끝나 다행이다. 이후 지진 피해학교 등의 수요조사를 실시하고 지진 피해학교 응급복구 지원 및 안전점검을 수립해 신속히 완료했지만, 이번 포항지진에 그치지 않고 더 큰 강진이 올 것을 대비해서 새로운 예방시스템을 구축해야 한다.

그 동안 우리는 사고가 발생하면 사후처리에 우왕좌왕하는 경우가 많았다. 예방 위주 중심의 시스템이 아니라 땜질식 처방에 급급했다. 이번 포항지진에서 다행히 큰 인명피해가 없었지만 지금보다 더 큰 지진이 발생하면 현재의 학교안전시스템과 부실한 내진설계 건물로는 안전을 장담할 수 없다. 포항지역 뿐만 아니라 모든 학교에 대해 순차적으로 학교안전진단 시스템을 체계적으로 도입해야 한다. 물론 지진 피해 지역을 최우선적으로 정밀 안전진단을 실시하고 지진에 취약한 건물이나 시설에 대해서는 시급하게 보강공사나 안전시설 기준에 맞는 대책을 수립해야 한다.

행정안전부의 제26차 안전정책조정회의에서 '2018 국가안전대진단 기본계획'을 확정하고 내년 2월5일부터 3월30일까지 약

29만 개소 시설을 대상을 안전점검을 실시한다고 밝힌 바 있다. 점검대상은 기반시설과 다중이용시설, 운송수단, 주거 및 사무시설 등 4개 분야로 안전사고 빈발분야와 국민 불안이 큰 분야 등을 선정해 취약시설을 접중 점검한다. 또한 화재취약시설, 급경사지 등 위험시설 뿐 아니라 포항 지진으로 이슈가 된 학교시설과 지진실내 구호소 등의 내진설계 부분을 전수 점검할 방침이다.

백화점이나 영화관, 여객선 등 민간시설은 관리주체가 자율적으로 점검할 수 있도록 교육, 홍보, 자문상담 등을 적극 지원한다. 민관합동점검단을 구성해 시설물뿐 아니라 안전규정 준수여부와 안전관리체계 등을 점검하고 현실에 맞지 않는 불합리한 제도를 찾아 개선할 예정이다. 성공적인 국가안전대진단을 위해서는 정부뿐 아니라 기업과 시민단체 등 다양한 국민들이 협력하고 참여하는 것이 큰 의미가 있으며, 특히 학교시설에 대한 안전진단 문제는 정부와 지자체, 교육청이 긴밀히 협조해서 안전 사각지대 없는 안전한 학교를 만들었으면 좋겠다.

자원봉사 학부모 상담원 제도 도입

학교 내 학생들의 고민과 갈등을 해결하는데 도움이 되고 학부모와 자녀간의 대화방법을 개선하여 학생들이 상대방을 이해하고 수용하는 자세를 갖고 학교생활에 적응할 수 있게 지원하기 위한 자원봉사 학부모 상담원 제도의 도입이 필요하다. 청소년들의 일탈행동을 이성적 판단만으로 진단에만 그치지 않고 성장과정에서 생길 수 있는 다양한 문제에 대해 학생들의 고민을 적극적으로 경청하고 공감하며, 대안을 제시하고 해결하는 제도가 필요하다.

현재 학생 가운데 자퇴·제적 등의 사정으로 학교에 다니지 않는 학생과 사춘기를 보내고 있는 중학교 2학년생, 심리평가에서 고위험 군으로 분류된 학생들 등 다양한 학생들이 존재한다. 각 학생들의 상황에 따라 적절하게 상담지원을 지속적으로 할 수 있는 학부모 전문 상담원 양상이 필요하다. 특히 상담의 전문성을 가진 경력단절여성 학부모를 적극적으로 지원해 학생 상담에 참여할 수 있게 제도화해야 한다. 이를 위해 자원봉사 학부모 상담원 제도를 통해 상시적으로 전문교육을 실시하고, 상담 전문 영역에 따라서 맞춤형 상담을 할 수 있게 전문적인 프로그램 개발이 필요하다.

학교에서 상담이 어려운 경우에는 청소년들을 대상으로 찾아가는 상담 서비스로, 방황하는 학생들이 있는 현장으로 나아가 가출·거리배회 청소년을 조기에 발견해 가정 복귀를 돕거나 청소년들이 유해환경에 빠져들지 않고 안전한 생활을 유지하면서 당면한 문제에 대해서도 적극적으로 예방하고 대응할 수 있는 상담 시스템을 제도화해야 한다. 학부모 상담원 제도가 만들어지더라도 지역사회 상담 기관과 연계가 필요하다. 청소년쉼터, 청소년상담복지센터, 청소년성문화센터, 인터넷중독예방상담센터, 학교밖청소년지원센터 등 청소년시설이 함께 참여하고 전문 상담사와 학부모 자원봉사자가 함께 하는 게 무엇보다 중요하다. 그리고 필요하면 온라인 상담도 자유롭게 할 수 있는 방안을 마련해야 한다.

특히 방학 중에 청소년들의 가출·탈선을 예방하고, 건강하고 안전한 방학 생활을 할 수 있게 집중적인 상담 지원이 필요하다. 이밖에도 현장에 있는 학부모 등 지역주민에게도 청소년 관련 시설을 안내하여 청소년 본인이나 학부모가 고민이 생길 경우 이용할 수 있게 정보를 제공하고 가출 등 위기청소년들에 대해서는 적극적으로 대응책을 마련해야 한다.

학부모 참여 식재료, 급식시설 상시 점검체계 구축

학교급식 관리는 학교에서 중요한 부분 중 하나이다. 현재 모든 학교가 직영급식 체제로 운영하고 있어서 학교장의 책임이 막중하다. 급식비 산정부터 식수 관리, 식자재 선정, 조리종사원 관리, 위생, 영양에 대한 체계적인 운영 등 많은 행정이 이루어진다. 학교 급식 문제에서 가장 많이 발생되고 문제가 되는 부분은 식중독이다. 식중독 문제를 해결하기 위해서는 식자재 선정부터 검수, 조리 후 모니터링을 매일 철저히 해야 한다. 맛과 영양, 안전 모두가 만족해야 하는 것이다. 학교 현장에서 한정된 인력으로 지속적으로 모니터링이 쉽지 않다. 학부모의 적극적인 참여가 그래서 필요하다.

뿐만 아니라 정기적으로 급식 관련 컨설팅과 점검 체계도 더 강화하고 철저하게 실시해야 한다. 다만 현재의 학교급식 구조에서 너무 많은 행정이 발생해서 영양사(영양교사) 업무가 과중되는 부분이 많다. 교육청에서 요구하는 공문도 많고 적은 인력으로 처리해야 할 업무도 많다. 전체적으로 학교 급식의 문제점에 대해 점검하고 좀 더 체계적으로 인력을 지원해야 한다. 입찰이나 검수, 조리시설도 더 체계화하고 현대화해야 한다. 더 나아가서 학교 급식에서 생산된 식자재 정보, 학생 만족도, 의견, 모니터링 결과 자료, 운영 평가 정보를 통합관리해서 학교급식의 질을 높이고 재정을 효율적으로 사용할 수 있는 노력이 있어야 한다.

급식도 일종의 교육이다. 단순히 먹거리 문제가 아니다. 식사 예절이나 골고루 영양분을 섭취하는 것, 식사 후 깨끗이 정리하는 것, 편식하지 않는 것, 그리고 잔반을 줄이는 일 등 교육적으로 해야 할 일들이 많다. 학부모의 참여에는 모니터링만 있는 게 아니라 급식 전반에 걸친 개선에 대한 제안, 식재료에 대한 다양한 의견 제시, 학교급식 시식을 통한 맛과 영양 체크 등 해야 할 일이 많다. 학부모에게 부담을 주지 않은 범위 내에서 좀 더 적극적으로 학교급식 개선에 참여할 수 있는 시스템 구축이 필요하다.

주민자치 학교폭력예방단 조직과 학교폭력 전담 변호사제 운영
학교폭력은 날로 강도가 세지고, 이는 단순히 학교 안의 문제가 아니라 사회적 문제이기도 하다. 학교폭력은 학교 차원에서

만 해결하기 어려운 일이다. 학교폭력 전담 변호사가 고용돼 전문적인 법률 지원과 비상상황 시 교육청의 즉각적인 개입이 필요하다. 따라서 학교폭력 전담변호사제를 정착시켜 상시적으로 폭력예방을 해야 한다. 뿐만 아니라 학교폭력 예방지원과 피해 학생 치유, 가해 학생 선도, 학교 폭력 사안에 대한 업무수행 중 담당 교직원이 소송이나 형사피소를 변호사 수임료를 지원토록 하는 실질적인 대책도 있어야 한다.

학교폭력 사안 발생 시 법률 비전문가인 교사와 장학사 등이 겪는 어려움을 해결하기 위해서는 학교폭력을 빙자한 악성 민원을 적극적으로 대응해야 한다. 일부 학부모는 학교폭력으로 신고한 뒤 가해자 학부모나 학교 측에 관리 소홀 등 갖가지 이유를 들어 금품을 요구하는 사례도 심심치 않게 일어나고 있다. 법률적 지식이 부족한 교사나 가해 학부모들이 속수무책으로 당할 수밖에 없는 것이다. 일선 학교 학생부장과 교감으로 구성된 사안 처리 지원단과 주민자치 학교폭력예방단이 적극적으로 협력해서 문제해결을 하고 학교주변 순찰도 강화해야 한다.

학교폭력전담 변호사가 지원단이 개입하고 주민자치 학교폭력예방단과 함께 협조해서 명확한 법률적 해석과 현실적인 지원 방안에 대해 컨설팅할 수 있는 구조를 만들어야 한다. 학교폭력과 관련된 모든 부분에 변호사가 개입할 수 있어서 학생과 학생, 학생과 학교 등 다양한 갈등상황에 조정자 역할을 해줄 것으로 기대된다.

학교폭력 문제는 개인의 문제가 아니다. 학생, 학부모, 교사, 지역사회, 법률 전문가가 유기적으로 협조해서 해결해야 한다. 가해자와 피해자를 잘 분리하고 명확한 절차를 거쳐서 해결해야 분쟁이 생기지 않는다. 학생의 문제가 학부모의 감정싸움이나 갈등으로 번지지 않게 잘 관리해야 한다. 물론 학교폭력은 어떤 이유에도 가볍게 볼 수 없다. 엄격하게 처벌해서 학교에서 더 이상 학교폭력 문제가 발생되지 않게 해야 한다. 담임 선생님의 책임이나 담당하고 있는 부서의 책임으로만 생각하면 더 문제가 복잡하게 꼬일 수 있다. 따라서 학교폭력 문제에 대한 전문성 확보와 명확한 처리 절차, 전문적인 상담과 법률적 처리를 일관되게 해야 신속하게 처리될 수 있다. 그러기 위해서 학교 구성원과 지역사회가 적극적으로 협조했으면 하는 바람이다.

열려라 참깨! 교육 신문고 활성화하자

교육에서 소통의 중요성이 점점 커지고 있다. 일방적인 행정으로는 더 이상 교육정책을 펼칠 수 없다. 교육청이 독점하고 있는 교육주권을 교육소비자에게 과감하게 돌려줘야 한다. 국가나 교육청이 일방적으로 정책을 만들고 집행하는 시대는 끝났다. 학생, 학부모, 교사, 지역사회의 요구에 부응하는 정책을 만들어야 한다. 그러기 위해서는 지역 주민의 참여를 끌어내는 소통의 창구가 있어야 한다. 기존에 형식적으로 있는 커뮤니티에서 탈피해서 다양한 의견을 자유롭게 올리고, 필요하면 오프라인을 통해 제안하는 정책이나 의견을 적극적으로 듣고 교육정책에 반영해야 한다.

교육 신문고를 통해 받은 여러 가지 정책이나 애로사항을 즉각적으로 실행하기 위해서 교육신문고팀을 별도로 구성해야 한다. 즉각 답변이 가능한 것은 메일이나 댓글을 통해서 처리하고, 만나서 협의할 정책이나 의견은 매달 한 번씩 정책 공론의 장을 마련해서 관련 의제에 대한 전문가들이 함께 모여서 실천 가능한 정책으로 만들어 실제로 연간 교육업무계획에 반영해 나가야 한다. 정책의 실패는 독선과 오만에서 나온다. 지나치게 닫힌 사고로 교육문제를 바라보면 안 된다. 다양한 시각, 다양한 방법으로 교육 문제를 해결해 나가야 한다.

교육기관의 부서이기주의나 소통의 장벽을 가로막는 칸막이를 없애야 한다. 열린 시각으로 교육민원을 듣고, 이를 적극적으로 해결할 수 있는 자세를 가져야 한다. 진정한 소통은 듣고, 또 듣고 하는 일을 반복하는 것이다. 뿐만 아니라 교육기관별, 부서별 창의적인 정책 아이디어를 내고, 발표하는 열린 장을 만들었으면 한다. 누구나 자유롭게 정책 아이디어를 쓸 수 있는 정책뱅크 플랫폼을 만들고, 그 안에서 논의되는 많은 정책 아이디어를 지속적으로 공유해야 한다.

마무리하는 글

어릴 적 나의 놀이터는 대구역 광장이었다.

출생지인 대구시 북성로 1가 8번지.

지금은 대우빌딩이 들어서 있는 중앙통 거리.

나무칼을 만들어 동무들과 어울려 놀던 역전 골목.

광장 모퉁이 군인극장. 입장하는 어른들의 손만 잡으면

디즈니 만화나 인디언 서부영화를 맘대로 볼 수 있었던 곳.

때로는 좁은 골목길 모퉁이에서 필로폰을 투약하고 벌벌

떨고 있는 중년의 신사를 보고 "참 많이 아픈가 보다."고

생각하며 연민을 느끼던 곳이다.

내가 노래를 너무나 잘 해서 방과 후에도 나를 불러

당시 유행하던 유행가를 가르쳐 부르게 하셨던 선생님이

계신 중앙초등학교.

지금 생각해 보면 선생님은 한 번만 불러주면 악보도 없이

음정과 박자를 하나도 틀리지 않고 즉시 따라 부르는 아이가

신기했을 것 같다.

아버님의 사업 실패로 수성동1가 421-3번지로 이사를 하게

되었고, 난 서울대 경영학과를 들어간 둘째 형님보다 공부를

잘 못한다는 이유와 통학거리가 멀어 아버님이 자전거로

둘을 태울 수 없다는 이유로 당시는 변두리인

수성국민학교로 전학을 하게 되었다.

소나기가 저 넓은 수성들 멀리서 흰 사선을 그으며 부옇게

빗발치면 죽어라 뛰어 비를 피할 수 있었던 곳.

공부고 뭐고 생각지 않는, 잘 살지 못하는 학교 동무들과

들판에 심겨진 밀 이삭 서리를 하며 '농땡이(학교를 가지 않고

노는 것)'를 놓던 추억이 서린 곳.

사업을 정리하고 변두리에 집을 얻었지만 동네 친구들의

선망을 받던 300평 대지에 하얀 회칠이 되어진 기와집.

그 집의 막둥이는 주변 환경이 교육에 얼마나 심각한 영향을

미치는지 알지 못했다.

맹모삼천(孟母三遷).

고관들, 그리고 강남의 학부모들이 실천하는 자식 교육의

'제 일의 조건'인 주변 환경이 우리의 교육을 황폐화 시켰다.

교육의 '부익부 현상'을 낳은 주범 고교평준화와 학군제.

교육특구, 교육 엑소더스를 야기한 산업화와 평준화.

잠자는 교실을 만든 학생인권조례.

현 정부의 친전교조 교육정책이 변화되지 않는 한 교육의

계층 격차는 더욱 심화되고 4차산업혁명시대를 준비하는

미래교육은 실현될 가능성이 희박하다.

자유주의교육운동 13년.

더 나은 교육 환경을 구현해 보겠다는 의지로 동지들과

결성한 시민운동 단체들.

수없이 써낸 성명서와 각종 집회,

보수정부 10년 동안 우리의 노력은 무위가 되고 진보정부를

맞아 또다시 힘든 싸움을 해야 한다.

다행히 문재인 정부의 교육 정책이 우리가 추구하는
자유주의 교육, 미래교육과 일맥상통하는 부분이 있어
조금의 온기는 느끼고 있다.

여력마저 소진된 우파 교육운동의 불씨를 되살리는
불쏘시개가 '4차산업혁명시대'라 확신한다.

미래교육 시대를 맞아 자유주의교육이 이제부터 빛을
발하리라는 기대를 보듬고, 또 자유주의 교육에 바친
긴 세월의 마무리를 위해 힘든 여정을 '뚜벅이'처럼 가야한다.

이것이 교육운동가의 부질없는 사명이기 때문이다.

진로교육과
학교의 미래교육

-청소년의 성장을 바라보는 진로교육의 방향성 -

이순옥

Ⅰ. 들어가며

진로교육의 사전적 의미는 "개인이 직업적 잠재능력을 최대한 개발하여 직업의 세계에서 개인적 행복과 개인적 성취가 최고에 달할 수 있도록 지원하는 교육활동"으로 네이버백과사전에서는 제시되고 있다. 한마디로 자신의 적성을 잘 파악하여 그에 부합되도록 의미 있는 직업 또는 직업 가치를 선택하도록 도와주는 교육으로 요약될 수 있겠다.

진로교육의 용어 정의에 포함되어 있는 핵심어로 적성, 직업, 직업 가치와 선택이 있다. 많은 변화가 예상되는 이 시대의 진로교육에서는 무엇보다도 미래 직업과 직업 가치가 중요한 이슈로 고려되어야 할 것이다. 2016년 1월 스위스 다보스에서 개최된 세계경제포럼(WEF)에서 '제4차 산업혁명'을 주제로 "일자리의 미래(The Future of Jobs)" 보고서가 발표되었다. 그리고 핵심내용으로 "2020년까지 500만개 직업이 사라지고, 사무행정직이 없어지며, 재무관리와 경영, 컴퓨터, 수학, 건설공학, 판매 관련 직종이 유망하다"고 보고되고 있다. 또한 "올해 초등학교 입학생의 약 65%는 현존하지 않는 새로운 직업을 얻어 일하게 될 것"이며 이러한 변화의 원인은 인공지능, 로봇공학, 사물인터넷(IoT), 자율주행차량, 3D프린팅, 나노기술, 바이오기술 등 새로운 기술들이 몰고 올 혁명적인 변화인 '4차 산업혁명'으로 제시하고 있다.

또한 재무관리(50만개), 매니지먼트(41만개), 컴퓨터·수학(40만개), 건설공학(34만개), 판매 관련직(30만개) 등의 직종에서는 일자리가 새로 만들어질 것으로 보고되고 있으며, 4차 산업혁명으로 발생하는 실업은 경기가 살아나도 회복될 수 없는 구조적·항구적인 실업이라는 데에 그 중요성이 부각되기도 하는 시점이다. 이렇듯 전방위적으로 도래될 직업세계의 급격한 변화 속에서 재능과 기술을 가진 사람과 이를 적극적으로 발굴하고 창조하는 기업은 빠른 속도로 성장할 것이지만 그렇지 못할 경우 도태될 위기에 처하게 되어 곧 우리의 주된 문제가 될 것임이 의미심장하게 보도되고 있는 실정이다.

그럼에도 불구하고 아직도 학교현장은 교사주도 강의수업과 4지선다형 시험 준비에 맞추어 학습하는 데에 모든 에너지가 집중되고 있다. 자신이 무엇을 좋아하고 잘 하는지 충분히 탐색의 기회를 갖지도 못하고 기존의 정보에 의하여 설정된 곳을 향하여 몰려가고 있는 모양새이다. 다가올 미래의 모습을 짐작하기도 쉽지 않은 현실에서 어쩜 우리의 청소년들이 래밍의 무리가 아니라고 그 누가 장담할 수 있겠는가? 우리 교육의 대계를 설계할 어른들이 나라의 명운을 걸고 책임 있는 교육정책을 펼쳐야 되는 이유이다.

그렇다면 어떻게 대비해야 할까? 사안의 심각성을 깨닫고 다양한 분야의 인재 양성과 장기적 접근으로 교육체계 개선으로 나아가야 할 것이다. 하지만 특히 교육의 속성상 변화의 속도가 점진적일 수밖에 없음을 감안할 때 교육의 현장에서 변화의 물꼬를 트는 것이 늦은 감이 있다. 이번 6.13 교육감 선거에서 확실하게 미래의 변화에 대응하는 전환점이 될 공약이 나타나기를 기대해보며 진로교육의 입장에서 교육 변화의 방향성을 제시해보고자 한다.

관심과 동기를 불어넣어 몰입할 수 있는 교육환경으로의 전환이 요구된다.

1. 학생들이 진로를 잘 찾아가고 있는가?

초등학교 단계에서는 막연한 꿈을 키우며 자란다. 흔히 어릴 때부터 '너 커서 무엇이 되고 싶니?'라고 물으면 '가수가 되고 싶어요.', '의사가 되고 싶어요.', '대통령이 될 거예요.' 이러한 대답을 하는 것이 자연스럽고, 그렇게 하면서 꿈을 키워 왔다. 초등학교에서의 꿈과 열정은 고스란히 교수학습에서도 나타나고 교사의 수업혁신 의지와 함께 고급 컨텐츠를 녹여내는 독서, 글쓰기, 토론, 과학창의교육 등 다양한 분야에서의 수업시도가 활발하게 이루어진다. 자유학기제 혹은 자유학년제가 적용되는 중1까지만 해도 어느 정도는 학생들의 흥미와 관심이 유지되는 상태에서 학교생활이 진행되고 있다고 여겨진다.

하지만 중학교 2학년, 자유학기 혹은 자유학년제를 지나면서 학생들의 관심과 흥미는 자의든 타의든 간에 자신의 적성에 맞추어지는 것이 아니라 시험과 고교입시에 맞추어지고 그러면서 학교수업과 사교육의 스케줄에 따라 기계적으로 움직여야하는 삶이 한동안 지속되는 경향성을 보인다. 따라서 학생 자신의 적성에 맞는 분야에 대한 탐구라기보다는 시험 대비 학습에 올인하게 되면서 생기는 부작용을 사춘기시기에 경험하게 된다.

게다가 고등학교에 진학하여 심화된 교육과정에 맞는 학습법을 체화하기도 전에 성적표를 받게 되면서 다시 한 번 자신에 대한 실망감을 경험하게 된다. 열심히 한다고 해도 오르지 않는 내신 성적과 수능대비 공부 그리고 수시 학생부종합전형을 대비하여 다양한 교내활동을 하도록 권유되는 현 상황에서 학생들은 하루하루의 일상이 버거울 뿐이다.

이러한 학습생활패턴이 한동안 고착화 되면서 학업에의 심리적 불안은 상위학년으로 올라가면서 무동기와 무관심으로 일정 부분 회피성 요인으로 작용되고 있다고 보여진다. 일례로 현행 대학입시에서 중심 전형으로 자리 잡은 학생부종합전형에 지원하기 위해서 가장 많이 준비해야하는 고2와 고3의 교실 상황을 보더라도 목표 지향적 행동을 보이는 학생은 30명중에 10명이면 후하게 계산되었다 할 정도이다. 물론 이러한 상황을 모든 학교로 일반화시키기에는 무리가 있다고 할 수도 있을 것이다. 하지만 요즘 학생들의 성향을 고려해볼 때 학교생활에 임하는 얼굴 표정은 다급할 것이 없는 편안한 표정이지만 막상 내면을 들여다볼 때 자기 주도적 목표의식을 가지고 스케줄을 관리하며 생활하는 학생들이 얼마나 될지 의문스럽다.

2. 학습 무력화 원인은?

그렇다면 무엇이 이렇듯 학생들을 무력화시키고 있는 것일까? 첫째, 학생들의 진로 목표 부재이다. 특별히 무엇을 해야 할지, 왜 해야 하는지 정하지 못하고 있다. 본인이 무엇을 좋아하는지 무엇에 흥미가 있으며 무엇에 열정이 있는지 모르기 때문이기도 하다. 학생들 자신에게 책임이 있기도 하지만 대부분의 경우 가정환경에서 부모님들의 관심 밖에 있거나 과도한 관심의 영역에 있어 혹독한 사춘기를 겪거나 그 후유증으로 방치된 경우이기도 하다. 즉, 자기이해를 바탕으로 진로탐색을 할 수 있는 환경에 충분히 노출되지 못한 경우가 대부분일 것이다.

두 번째 원인으로 학교에서 동기를 부여하지 못한 측면이 있다. 각자의 관심과 흥미를 기반으로 하여 선택의 기회를 주는 교육과정이라면 덜 하겠지만, 모두에게 일정부분 의무적으로 이수하게끔 되는 현행의 교육과정 운영방식, 교사의 강의식 수업과 4지선다형 정답을 고르는 평가방식에서 결과가 만족스럽지 않은 학생들 대부분은 학교와 수업에 대한 흥미와 도전의 기회를 상실한 채 그냥 일상생활의 한 패턴으로서의 학교생활을 누리고 있다고 볼 수 있다.

마지막으로 학습동기 저하는 학습방법 부재와 몰입 곤란에 기인한 성적 저하로 귀결 될 것이다. 나름의 노력을 해도 향상되지 않는 성적으로 자신감을 잃고 의욕이 좌절되는 것이다. 게다가 역량강화를 바탕으로 한 단계 발전의 기회를 부여해야함에도 불구하고 현행 교수학습방식은 여전히 학생들의 학습동기를 불러일으키기에는 역부족이다. 이렇듯 공교육에서의 경쟁력을 상실한 교육시스템에서 학생들은 학교에서는 친구를 사귀고 사교육에서 공부한다는 통념으로 시사되는바, 주객이 전도된 형태로 자리 잡고 있다는 생각이다. 따라서 하루 중 학습 가용시간의 많은 부분이 사교육의 공으로 유예되다보니 시간 활용의 효용성이 지극히 낮은 상태로 머물러 있다고 보인다.

3. 학생교육의 선순환 방안은?

이러한 학교교육의 비효율성을 선순환의 효율적 패러다임으로 되돌리는 방안은 무엇일까? 첫째, 학생들에게 관심을 끌 비책이 필요하다. 관심과 몰입을 이끌어낼 수 있는 방법이 무엇일까? Keller는 학습동기를 유발하고 유지시키기 위한 중요한 변인들을 Attention(주의집중), Relevance(관련성), Confidence(자신감), Satisfaction(만족감) 등 네 가지로 제시하고 있으며, 이 네 가지 요소의 첫 글자를 조합하여 ARCS 이론이라고 했다. 존 켈러의 동기전략은 각각의 하위 범주로 셋을 구분하여 동기전략을 구성하고 있다. 즉, ① 주의(호기심과 관심을 유발시킨다), ② 관련성(교수를 주요한 필요와 가치와 관련시킨다). ③ 자신감(성공에의 자신감을 갖도록 한다), ④ 만족감(강화를 관리한다. 조절할 수 있도록 한다.)이다. (존 켈러, 송상호, 1999, 진은제, 2013)

또한 기본 욕구이론(Ryan & Deci, 2000)에 의하면 기본욕구로 자율성(Autonomy), 유능감(Competence), 관계성(Relatedness)등이 있으며 인간 동기와 목표는 이 욕구들을 충족시키는 방향으로 나아가고 있다고 한다. 자율성, 유능감, 관계성의 세 가지 욕구를 충족 할 수 있는 활동은 내적 동기를 증가시키며 탐색 행동, 창의적 행동, 자존감, 인지적 처리, 수행과 끈기 등이 촉진된다고 한다. 또한 의사결정시에도 직접적으로 영향을 미친다(Deci & Ryan, 2000). 자율성이 보장된 상태에서 활동을 하고 그를 통해 유능감을 느끼며 사회에서 타인과의 관계성을 유지하는 활동은 학습, 성장, 발달에 필요한 동기를 제공한다. 하지만 이런 욕구들이 좌절되어지면 내적 동기는 많이 떨어진다. 자기결정성의 핵심인 자율성, 유능감, 관계성은 청소년 시기에도 충분히 기본적 심리적 욕구이다. 청소년들은 스스로 학습행위를 결정하고 있다고 느끼길 바라며, 유능감을 느끼고 싶어 하며, 가장 가까운 사람들과의 관계성에 대한 욕구도 충족 받고 싶어 한다는 것이다.

그 밖에도 자기결정성 이론을 들 수 있다, 학습자는 흥미와 가치를 지각함으로써 스스로 학습하고자 하는 자율적 동기를 가지게 되고, 자율적 동기를 지닌 학습자일수록 다양한 인지전략을 사용하며(최병연, 2009), 학습에 대한 지속성을 보이고(Lavigne et al, 2007), 긍정적인 감성을 경험한다고 한다(Vallerand. et al, 1989)

이러한 이론과 경험을 토대로 볼 때, 학습상황에서 학생들의 관심과 동기를 불러일으키기 위해서는 학습자에게 학습목표를 분명히 제시하고, 호기심을 이끌어내고 흥미를 느낄 수 있도록 학습자의 능력을 고려하여 환경을 조성하는 것이 필요하다. (김희순, 2011)

4. 수업에서 관심과 동기유발 적용 사례

이제까지 학생들의 관심과 동기를 불러일으키기 위한 호기심을 이끌어 내고 흥미를 느낄 수 있도록 환경을 조성할 필요성에 대한 선행이론들을 살펴보았다. 따라서 이러한 변인들을 어떻게 적용을 시키면 학생들에게 수업에 대한 관심과 동기를 유발하는데 유의미한 효과가 있을까? 다음의 수업 모형은 이 질문에 답하기 위하여 시범적으로 기획하여 운영한 프로그램의 한 사례이다.

+ 인문고전 독서 글쓰기로 진로 JOB기 프로그램 사례
  - 질문 중심 하브루타 프로세스 -

1단계 주제 이해	2단계 세부내용 이해	3단계 글쓰기	4단계 발표하기
텍스트 소리내어 읽기 핵심내용 파악하기	질문 하브루타1~5단계	질문 하브루타 결과 글쓰기	짝궁에게 발표하기 조별 발표하기 전체 발표하기

 1단계   주제 이해

논어

2단계　　세부내용 이해

질문내용 만들기❶ | 누가, 언제, 어디서, 무엇을, 어떻게, 왜?

※ 이 단어의 뜻은 무엇일까?
※ 그 사건은 언제 일어났을까?
※ 왜 사람들은 대화가 아닌 전쟁으로 해결하려고 할까?

질문내용 만들기❷ | 만약, 내가 _____했다면?

※ 만약 내가 중세시대에 태어났다면 어땠을까?
※ 마키아벨리가 21세기에 ≪군주론≫을 출간했다면, 사람들 반응은 어땠을까?
※ 지금 우리나라가 공산주의 국가라면 나는 어떻게 살고 있을까?

질문내용 만들기❸ | 이 이야기의 교훈은 무엇일까?

※ 이 책은 우리나라 대통령에게 어떤 교훈을 줄까?
※ 공자의 ≪논어≫가 우리에게 주는 교훈은 무엇일까?
※ 결말에서 주인공의 행동이 상징하는 것은 무엇일까?

질문내용 만들기❹ | 공통점, 차이점은 무엇일까?

※ 토마스 홉스와 존 로크의 차이점은 무엇일까?
※ 후보 1번의 공약과 후보 2번의 공약의 공통점은 무엇일까?
※ 어제 본 영화가 게으른 우리에게 시사하는 점은 무엇일까?

4단계　　발표하기

안양시 소재 인문계 고등학교 3개교에서 신청한 참여희망학생 각 20명씩 선정하여 3기수를 운영했다. 1기수 당 60명이며 3기수를 모두 합하면 총 120명의 학생들이 참여하는 프로그램이다. 그 중에서 2기에 참여한 본교 학생 20명을 대상으로 작성하여 제출한 소감문에서 인문고전독서 프로그램에 기대 반 걱정 반의 심정으로 참여의사를 표했다고 했다. 또한 운영하는 교사의 입장에서도 토요일 격주 2회 실시되었기에 자칫 신청자가 저조할 것이라 우려되기도 하였다. 그럼에도 불구하고 특별한 사정이 없는 한 대다수의 학생들이 성실하게 참여하였다.

이 프로그램의 첫 번째 목적은 동양 철학의 원조인 「논어」를 한번은 읽을 기회를 부여하고자 함이었다. 실제 모 대학 교수님은 입학사정관 전형위원으로 참여하여 학생들의 독서상황을 볼 때마다 읽은 책의 수준이 만족스럽지 못하였다고 했다. 고전을 읽어 사고의 폭을 넓히는 것이 중요한데 현실적으로 어렵기에 하나의 운동으로 저변화의 필요성을 제안하셨다. 그래서 서양철학의 고전인 키케로의 「의무론」은 1학기에 집중하여 프로그램을 운영하였고 2학기에는 「논어」를 가지고 프로그램을 진행하였다.

수업을 하브루타 방식으로 적용하였다. 고전에 대한 선입견이 있고 시대적으로도 쉽게 흥미를 가지고 읽을 수 있는 책이 아니기 때문에 하브루타 학습자 중심의 질문수업 방식이 학생들로 하여금 관심과 흥미를 가지고 수업에 임할 수 있을 것이라 생각했다. 고전중의 고전인 「논어」를 즐겁게 수업할 수만 있다면 다른 교과 시간에도 무리 없이 하브루타 학습자 중심의 질문수업으로 진행이 가능할 것이다.

또한 콘텐츠에 대한 기초지식과 적응력이 있어야 운영할 터인데 다행히 2011년 9월 진로진학상담교사로 부임한 이래로 처음엔 진로상담 분야에 대한 전문성 함양으로 시작하여 액션러닝, 브레인티저, 독서글쓰기, 인지 코칭학, 질문토론, 하브루타 등 청소년들의 학습력 향상을 위한 역량강화가 일정수준에 이르렀다고 여겨졌다. 다양한 연수로 역량 강화 기반 연수를 지속적으로 받고 수업에 적용해 왔기 때문에 용기를 내는 데에는 어려움이 없었다. 무엇보다도 해당 고전에 대한 사전 독서활동을 통한 이해력을 꾀했기에 준비된 상태에서 이루어졌다.

첫날 오전수업에는 인문학이란 무엇인가?, 4차 산업혁명 시대에 어떤 역량이 필요한가?, 시대적 배경 등에 대한 강의와 왜 하필 인문독서이며 하브루타 질문토론 방식인가에 대한 이해를 도모했다. 그 후에 독후활동을 실시하였고 짝꿍과 큰 소리로 읽기, 질문 만들기, 질문과 답하기, 최고의 질문 뽑기, 핵심질문하기 등의 절차로 질문중심 하브루타를 적용하였다.

학생들이 발표자의 강의를 듣거나 본문을 읽은 후, 질문을 만들어서 짝과 함께 일대일로 토론을 하고, 둘이서 가장 좋은 질문을 뽑아 모둠 토론을 진행하며, 대표질문을 선정하여 토론을 한다. 모둠 토론을 통해 대표질문을 정하고 토론을 거쳐 나온 의견과 생각을 정리하여 전체 학생들 앞에서 발표한다. 마지막으로 해당 단원의 핵심요약, 핵심 질문 정리를 바탕으로 글쓰기와 소감 발표로 마무리 하는 수업모형이다.

학생중심의 질문토론 하브루타 방식으로 진행한 '인문고전독서글쓰기로 진로Job기' 프로그램실시 결과를 ARCS 동기모델의 구성범주인 주의집중, 관련성, 자신감, 만족감에 대입하여 그 효과를 분석하였다.

5. 적용이론 핵심내용은?

"학습자중심 하브루타 질문토론수업은 구성주의에 기반을 둔 수업으로 청소년들의 비판적 사고성향, 창의적 문제해결능력 및 협력적 자기효능감에 효과가 있을 것이다." (민형덕, 2017)

"Keller는 동기를 행동에 대한 노력의 방향과 세기로 정의 내리고, 동기의 방향과 세기는 네 가지 동기요소, 즉 주의집중, 관련성, 자신감, 만족감의 상호작용에 의해 결정된다고 보았다. 결국 Keller가 말한 학습 동기란 네 가지 동기요소의 상호작용의 결과로 일어나는 학습행동의 방향과 세기인 것이다. Keller가 말한 행동의 세기방향의 개념인 학습 동기는 학습자의 외부로 드러난 행동의 세기와 방향으로 교사가 그 변화를 파악할 수 있으며 개인의 정의적, 인간적, 행동적 영역에서의 경험과 관련 있는 것으로 본다."

Keller(1987)는 여러 동기 이론에서 나온 결과를 체계적으로 통합하여 인간의 동기를 결정짓는 여러 가지 변인들과 그에 관련된 구체적인 개념과 전략을 제시해주는 이론을 정립했는데 이것이 ARCS 모델이다. 여기에서 ARCS는 Keller가 제시한 요소로 주의집중(attention), 관련성(relevance), 자신감(confidence), 만족감(satisfaction)을 ARCS라고 약칭한 것이다."(Keller & 송상호, 1999, 진은제, 2013)

	구성범주	주요 질문 사항
주의집중 (Attention)	A1. 지각적 각성 A2. 탐구적 각성 A3. 변화성	어떻게 하면 이번 학습경험을 자극적이고 재미있게 할 수 있을까?
관련성 (Relevance)	R1. 목적 지향성 R2. 모티브 일치 R3. 친밀성	이번 학습경험은 어떤 측면에서 학생들에게 가치가 있을까?
자신감 (Confidence)	C1. 학습요건 C2. 성공기회 C3. 개인적 통제	수업을 통해 학생들이 자신의 성공을 이끌어 낼 수 있도록 어떻게 도와줄 수 있을까?
만족감 (Satisfaction)	S1. 내재적 강화 S2. 외재적 보상 S3. 공정성	자신들의 경험이 좋았다고 느끼고 앞으로 계속 학습하고 싶도록 하기 위해 무엇을 도와주어야 할까?

+ 출처 : Keller & 송상호, 1999

6. 결과 분석

가. 주의집중 효과

	개념 및 과정 질문	설문 분석 내용
지각적 각성	흥미 유도	• 논어의 남은 부분들도 읽어보고 싶다는 생각이 들었다. • 공자의 교육철학을 본받고 싶고, 공자에 흥미가 생겼다. • 참여 전에는 재미도 없고 지루할 줄 알았는데 책을 읽고 모둠 활동을 하면서 몰랐던 내용을 알게 되어 재미있었다. • 논어 속의 공자의 가르침과 제자들의 인품 등이 지루하고 어렵다고만 생각했었는데 인문고전독서프로그램을 통해 인문고전이 매력적으로 느껴졌다. • 인문고전프로그램을 통해 고전이라는 독서에 흥미가 생겼다.
탐구적 각성	탐구 태도	• 질문을 직접 만들어 보면서 책에 있는 내용을 넘어 보다 깊은 생각을 할 수 있었다. • 더 나은 친구들과 발표를 통해 의견을 나누다보니 생각의 폭이 넓어진 것 같다. • 공자에 대해서 많이 알게 되었고 많은 제자들이 있었다는 것도 배우고 제자의 생각과 많은 것을 본받고 배우게 되었다. • 어떤 방향성과 가치관을 가지고 나아가야 하는지와 삶의 지혜를 알 수 있었다. • 오늘 배운 것들을 바탕으로 인격함양에 도움이 된 것 같고 직업을 가지고 대학에 가서도 남을 배려하며 군자의 삶을 살아야겠다. • 책을 읽으면서 소인이 아닌 군자의 삶을 살아가야겠다고 다짐했다. • 여러 조의 발표를 들으며 다양한 사고의 가능성을 깨닫게 되었고, 다방면으로 사고를 할 수 있는 계기가 되었다. • 다른 이의 장점을 부각시키고 단점은 상쇄시킬 줄 아는 것은 공자가 말한 군자의 미덕을 본받고 싶다.
변화성	주의집중 지속	• 우리나라 교육이 학생중심의 하브루타 방식의 수업이 많았으면 좋겠다. • 하브루타 수업 방식으로 우리의 수업 방식이 변했으면 좋겠다. • 앞으로 공부할 때 하브루타 방식으로 해야겠다. • 이런 프로그램이 또 생긴다면 다시 참여하고 싶다.

학생중심의 질문토론 하브루타 방식으로 진행한 '인문고전독서글쓰기로 진로Job기' 프로그램실시 결과 ARCS 동기모델의 구성범주인 '주의집중'의 요인에 부합되는 유의미한 동기 유발 효과를 보이는 것으로 나타났다.

나. 관계성 효과

	개념 및 과정 질문	설문 분석 내용
목적 지향성	학습자의 요구 충족	• 하브루타 수업 방식으로 수업을 진행하였더니 학습에 유익하고 효율적이었다. • 글을 읽고 질문을 만들어가는 과정에서 친구와 하브루타 하면서 논어에 대한 이해가 깊어졌다. • 하브루타 수업 방식이 논어를 이해하는데 많은 도움이 되었다. • 친구 및 모둠원들과 질문하고 답하는 과정에서 문제해결능력을 키울 수 있었다. • 논어를 공부하면서 내가 가장 중요시 여겼던 부분은 바로 사람의 도리임을 알게되었다.
모티브 일치	학습자의 학습 방식과 개인적 흥미 연결	• 모둠별 토의와 발표를 통해 협동심을 기를 수 있었다. • 읽지 못한 부분과 내가 미숙했던 부분을 채울 수 있어서 좋았다. • 조원으로서 적극적으로 참여하면서 서로 부족한 점을 채울 수 있었다. • 좋은 질문을 뽑는 과정에서 내가 생각하지도 못한 좋은 질문이 정말 독특하고 기발하다는 생각이 들었다. • 다른 친구들의 의견과 생각을 주고받을 수 있는 기회가 되어 좋았다. • 어렵게만 느껴졌던 논어를 하브루타 방법으로 읽다보니 새로운 방법이어서 쉽고 깊이 이해할 수 있었다. • 공자의 평생의 인생관과 가치관에 대해 자세히 알 수 있었다. • 하브루타를 통해 다 옳은 말로 생각했던 인문고전 내용이 현대 사회에서는 적용하기 어렵다는 것을 알았고, 모순도 있다는 것을 찾게 되었다.
친밀성	수업과 학습자의 경험연결	• 처음 만난 다른 학교의 친구들과 친분을 쌓게 되어 좋았고 앞으로도 이러한 좋은 기회를 다시 가져야겠다고 생각했다. • 처음 본 친구들과 같이 활동하면서 서로 친해지는 경험을 하게 되었고 예전의 잘못했던 관계를 후회했다. • 공자와 논어에 대하여 더 잘 이해할 수 있었고 앞으로 공자가 나오면 반가울 것 같다.

학생중심의 질문토론 하브루타 방식으로 진행한 '인문고전독서글쓰기로 진로Job기' 프로그램실시 결과 ARCS 동기모델의 구성범주인 '주의집중'의 요인에 부합되는 유의미한 동기 유발 효과를 보이는 것으로 나타났다.

다. 자신감 효과

	개념 및 과정 질문	설문 분석 내용
학습 요건	성공에 대한 긍정적 기대감	• 인문고전 프로그램을 통해 자신감과 리더십을 더 향상시킬 것이라는 기대감이 들었다. • 친하지 않은 친구들과도 좋은 관계를 맺는데 하브루타 방식이 효과적이 것이라는 긍정적인 생각을 갖게 되었다. • 여러 친구들과 하브루타 활동을 통해 모둠원들과의 회의를 통하여 협동심을 길렀다. 이로 인해 앞으로 협동을 통해 효과적으로 문제를 해결할 수 있을 것 같다. • 개인별로 발표하는 시간을 자주 가지면서 점점 발표력이 향상되고 있음을 깨닫게 되었다.
성공 기회	역량 향상을 위한 학습경험	• 다른 친구들과 생각을 주고받으며 책보다 더 나아간 질문에 대한 대답과 지식을 습득할 수 있었다. • 다양한 질문, 토론, 작성, 발표 등의 과정을 여러 번 경험하면서 사고력과 발표력이 향상되었다. • 생각한 것을 말하고 쓰는 과정을 통해 다양한 관점으로 폭넓은 시각을 가질 수 있었다. • 자신의 주장을 근거를 들어 논리적이고 자신감 있게 당당히 발표하는 방법도 터득할 수 있었다.
개인적 통제	성공에 대한 스스로의 노력과 능력	• 글을 요약하는 방법을 체계적으로 배워야겠다는 생각이 들었다. • 하브루타 방식으로 질문하고 토론하면서 논리적으로 대화하는 것이 부족하다는 것을 느꼈다. • 인문고전독서프로그램을 통해 처음보는 친구들과 대화를 하면서 상대방의 능력을 발견하는 시간이 되었다.

학생중심의 질문토론 하브루타 방식으로 진행한 '인문고전독서글쓰기로 진로Job기' 프로그램실시 결과 ARCS 동기모델의 구성범주인 '주의집중'의 요인에 부합되는 유의미한 동기 유발 효과를 보이는 것으로 나타났다.

라. 만족감 효과

	개념 및 과정 질문	설문 분석 내용
내재적 강화	학습경험에 대한 내재적 즐거움	• 12시간의 수업에서 많은 점을 배우고 내가 부족했던 점을 알 수 있어서 정말 뜻깊은 시간이었다. • 강연을 그저 듣는 것이 아니라 학생들이 주로 이끄는 수업방식이 새로웠고 덕분에 더 많은 내용을 마음 속 깊이 깨달을 수 있었다. • 논어를 읽으며 공자가 말하고자 하는바, 도덕적인 인간, 바람직한 인간, 추구해야할 인간상을 알게 되어 즐거웠다. • 공자의 논어를 읽고 활동하면서 힘들었던 순간을 위로해주고 좌우명으로 삼을 만한 문장도 생겨 앞으로의 생활을 더 힘차게 할 수 있도록 원동력이 되어준 것 같다. • 토론하는 과정에서 서로의 의견을 듣고 취합하는 과정과 토론의 장점을 직접 체험한 것이 재미있었다.
외재적 보상	학습자의 성공에 대한 보상 (방법적 측면)	• 많은 교훈을 얻고 돌아가게 되는 것 같아 참여를 잘 했다는 생각이 마구 들었다. • 그저 책 한권을 읽은 것이 아니라 그보다 더욱 큰 지식들을 얻을 수 있었던 시간이 된 것 같다. • 발표를 무조건하여 긴장했지만 끝나고 나니 별거아니라는 생각도 들었고 앞으로도 많은 사람 앞에서 발표하는 것이 떨리지않을 것 같다. • 특히 군자와 소인에 대해 정의를 내리며 발표할 때가 정말 좋았다. • 처음 하브루타를 진행할 때는 모르는 사람과 내 생각을 나누는 것이 민망했는데 금방 적응 되었고 내가 생각한 답이 옳았던 것 같은데 상대방의 답이 옳은 것이 많아서 상대방에게 많이 배울 수 있었던 것 같다.
	학습자의 성공에 대한 보상 (내용적 측면)	• 공자의 인(仁)사상에 대하여 많이 배워서 좋았다. • 학교에서 공자에 대해 많이 배우곤 하는데 깊게 공자에 대해선 파고들어 배우진 않았다. 이 부분에서 아쉬웠던 점이 오늘 논어라는 책을 읽고 싹 날아가는 느낌이 들었다. • 논어를 읽으면서 사람을 중심으로 한 문학인 인문학이 무엇인지 조금이나마 이해할 수 있어 좋았다. • 인문학은 문과와 이과를 넘어서서 이과인 나에게도 도움이 될 만한 사람의 기본소양을 갖추는데 필요한 학문인 것 같다는 생각이 들었다. • 이번 '인문고전독서글쓰기로 진로 Job기' 프로그램에서 인문학과 동양철학의 의미와 연관성뿐만 아니라 협동심이나 문제해결력 등을 키우며 나 자신의 역량을 키우며 성숙해가는 좋은 시간이었다. • 평생 한번 접할까 말까한 논어를 이렇게 심층적으로 탐구할 수 있는 계기가 되었고 논어에 대한 내용뿐 아니라 리더십 발표, 논리 정연한 글쓰기, 핵심내용 파악하기 등 나 자신을 좀 더 향상시키는 즐거운 시간이었다. • '논어'라는 책을 읽고 질문을 만드는 과정에서 생각하는 힘도 길렀고, 논어가 말하고자 하는 바를 알 수 있게 되었다. • 논어와 같이하여 더욱 좋은 삶의 길을 밝혀준 것 같다.

공정성	공정한 처리에 대한 학습자의 지각 인식	• 예의를 갖추고 겸손하며 때로는 잘못된 예법을 바로 잡는 공자를 통해 나도 지켜야겠다고 생각했다. • 공자께서 말씀하신 '잘못이 있어도 고치지 않는 것, 이것이 바로 잘못이다.' 라는 문장을 나의 좌우명으로 삼게 된 부분에서 나의 삶의 방식도 달라질 수 있는 계기가 될 수 있을 것이란 생각에 뿌듯하기도 했다. • 이 프로그램을 통해 공자의 제자들의 특성과 가치관을 알게 되었다. • 공자는 많은 제자가 있었지만 그들 하나하나에게 관심을 가지고 제자들 각각의 장점과 단점을 알고 '인'에 나아갈 수 있도록 가르침을 주었는데 나도 배워야겠다.

학생중심의 질문토론 하브루타 방식으로 진행한 '인문고전독서글쓰기로 진로Job기' 프로그램실시 결과 ARCS 동기모델의 구성범주인 '주의집중'의 요인에 부합되는 유의미한 동기 유발 효과를 보이는 것으로 나타났다.

Ⅱ. 마무리하면서

우리가 살아가는 세상은 '4차 산업혁명'시대로 "2020년까지 500만개 직업이 사라지고, 사무행정직이 없어지며, 재무관리와 경영, 컴퓨터·수학, 건설공학, 판매 관련 직종이 유망하다"고 보고되고 있다. 또한 "올해 초등학교 입학생의 약 65%는 현존하지 않는 새로운 직업을 얻어 일하게 될 것"이라고 한다. 이러한 시대에 미래를 이끌어 갈 우리 아이들은 어떤 교육 환경에서 자라야 할지 '인문고전독서글쓰기로 진로Job기' 프로그램 운영 사례를 통해 살펴보았다. 이에 향후 우리 아이들에게 어떤 교육환경을 마련해 주어야 할지 몇 가지 제언을 하고자 한다.

첫째, 인문고전으로 독서를 할 수 있는 기회를 마련해주어야 한다. 많은 학자들의 논문에서 입증한 인문고전의 장점은 다음과 같다.

> '고전 읽기는 기초적인 사고력을 키워 줄 수 있다. 독서는 생각 할 수 있는 힘을 길러 주며 생각의 폭과 깊이를 넓혀 준다.'
>
> '고전읽기를 통해 통합적 시각을 구비할 수 있다. 인류가 어떠한 문명을 이룩해 놓았는가 하는 것을 거시적인 안목으로 보게 한다.'
>
> '고전을 통해서 선인들의 지혜와 혜안을 얻을 수 있다. 고전에는 보편적 지혜가 담겨 있고, 시대를 꿰뚫는 역사의식과 인생의 음양을 통찰하는 지상의 힘이 담겨 있다.'
>
> '고전은 심미적 쾌감을 느끼게 해 준다. 정서가 메마르고 삭막해져가는 현대에 사는 우리들에게 인생의 가치를 발견하게 하고, 정신의 소중함을 일깨워 준다.'
> '고전은 다원화, 세계화 시대에 타 문화를 이해하는 통로이다. 따라서 동서고금의 고전을 다양하게 읽는 것은 세계와 함께 호흡할 수 있는 계기를 마련해 줄 것이다.'
>
> (정인모, 2013)

둘째, 학생중심활동의 질문토론 수업방식으로 교육을 해야 한다. 질문토론 수업 방식으로 탁월한 성과를 내고 있는 유대인의 인재육성법인 '하브루타'가 있다. 하브루타는 하베르라는 히브리어에서 온 말로 둘씩 짝을 지어 질문하고 토론하는 방식이다. 이 방식의 장점은 다음과 같다.

- 하브루타는 주제와 관련된 고차원적 사고력이 향상된다.
- 하브루타는 객관성, 자신감, 건전한 회의성인 비판적 사고력을 길러준다.
- 하브루타는 다양한 아이디어를 생성하고 새로운 방식으로 활용 적용하는 창의력이 향상된다.
- 하브루타는 종합적인 측면에서 지혜롭게 문제를 해결하는 능력을 길러준다.
- 하브루타는 글쓰고 발표하는 활동을 통해 자신의 생각을 명확하게 표현하는 능력을 길러준다.
- 하브루타는 상대방과 원활하게 소통하고 의견을 통합하고 협력하는 능력을 길러준다.

셋째, 교사는 학생이 중심이 되어 수업을 이끌어 갈 수 있도록 지원하고 격려하는 역할을 해야 한다. 교사의 강의식 수업은 학생들의 흥미와 동기 그리고 학생 주도적 참여를 방해한다. 반면 학생중심의 수업으로 진행되도록 지원하는 것은 학생 스스로 적극적으로 수업에 참여하여 동기를 유발함은 물론 학습의 효과도 높일 수 있다.

위의 제언의 내용을 종합해보면, 학생중심의 수업을 통해 학생들이 학습에 관심과 흥미를 갖게 하여 호기심과 열정을 가지고 학습에 임할 수 있도록 교육 환경을 마련해 나가야 한다. 또한 학생들의 각자의 꿈과 끼를 발현할 수 있도록 맞춤형 진로교육 과정으로의 편제가 도입되는 것이 절실하다. 마지막으로 학생들이 문제해결력을 기를 수 있는 인재로 육성할 수 있는 체계적인 교육 시스템 구축이 시급하다.

참고문헌

진은제(2013). Keller의 동기이론에 대한 뇌과학적 이해와 교육적 시사점, 석사학위논문, 서울교육대학교

이숙향(2012). 켈러의 동기이론 적용 문제중심수업을 통한 학습 참여도 및 실천적 태도 신장, 미래교육연구 Vol.2, No.2, pp19~38

김희순(2011). 교사-학생관계 및 학습동기와 학습몰입간의 구조적 관계, 박사학위논문, 숙명여자대학교

이아영(2016). 인문고전독서교육이 청소년의 인성과 역량 증진에 미치는 영향에 관한 연구, 박사학위논문, 경기대학교

강윤성(2015). 고전을 활용한 진로독서교육이 중학생의 진로성숙도에 미치는 효과, 박사학위논문, 가톨릭대학교

나는
더 낮은 곳으로 간다

정호영

그는 아름다운 보물섬 남해를 일찍이 떠나 천릿길 회색도시 서울에 올라와 살면서
별과 바람과 햇살과 하늘, 나무, 시를 통해 꿈꾸고 싶은 철없는 아이다.
그는 교육, 인권, 나눔, 공유, 청소년 상생의 키워드 안에서 죽는 날까지
성장하고 행동하는 삶을 지향한다. 긍정의 에너지를 나누는 리더가 되고 싶은 그는
선한 영향력을 꿈꾸는 사람들과 함께 변화와 혁신을 궁리하고 싶어 한다.

정호영
(비영리 활동가, Creative Servant)

제 1장
나를 말하다

삶은 복잡한 능선을 따라 여러 작은 봉우리를 지나
정상에 도달하고 또 그렇게 내려온다.
삶은 그렇게 올라갔다, 내려갔다 하면서 한 뼘 한 뼘 성장하다가
조용히 소멸해 간다.
그 길에서 만난 나무, 꽃, 풀, 구름, 햇살, 바람, 하늘, 별, 그리고
사람들이 모든 삶의 시작이자 끝이다. 우리는 매일 저녁을 맞이하고
가로등은 또 켜지고 꺼진다.
그것이 곧 삶이고 행복이다.

나는 누구인가?

앞으로 어떻게 살 것인가? 자신에 대한 질문을 던져라. 끊임없이 화두를 던지면서 자기정리를 하라. 그리고 자기경영리더십에 대해서 구체적으로 고민하라. 자기란 무엇인가? 자기는 스스로 일어나는 힘이다. 스스로를 믿는 것이다. 자기가 자신이 될 때 온전한 삶이 시작된다. 자기경영(Self Management)은 내 안에 있는 재능(Talent)과 품성(Character)을 발견하고 키워나가는 것이다. 자신의 강점을 발견하고 그 기반 위에서 자기성장과 조직의 성장을 도모하는 것이다. 우리가 지향해야 할 리더십은 긍정리더십이어야 한다. 나눔의 가치를 소중하게 생각하는 서번트 리더십이어야 한다. 내 안에 재능과 품성을 풍요롭게 만드는 리더십이어야 한다.

내가 가진 재능은 무엇일까? 재능은 타고난 능력과 훈련을 통해 획득한 능력이다. 누구나 태어나면서 가진 달란트(재능)를 소중히 생각해야 한다. 누구나 100달란트 이상의 재능을 타고 태어난다고 생각한다. 거기에 노력을 통해 얻은 것까지 더 하면 최소 500달란트는 될 것이다. 이를 돈으로 환산하면 9,500억(1달란트는 금 33kg=33,000g×5,6000원=18억8천4백80만원) 정도 된다. 우리는 우리가 가진 달란트 중에 얼마나 쓰고 있고, 앞으로 얼마나 쓸 수 있을까? 우리는 자신을 너무 작게, 가볍게 생각하면 안 된다. 자기경영리더십은 우리에게 주어진 달란트를 잘 쓰는 일이며, 우리가 가진 달란트를 세계시민(Global Citizen)의 역량을 가지고 창조적 봉사자(Creative Servant)로서 좀 더 사회적 가치를 위해 나누는데 써야한다.

내 안에 있는 품성을 키우는 일도 중요하다. 나는 원래 이른 놈이라고 자책하면 안 된다. 끊임없이 품성을 갈고 닦아야 한다. CG 융은 '인간은 내부와 내부가 소통하는 생명의 원리를 깨닫고 우주의 에너지와 내 안의 작은 우주가 호흡을 통해 소통하고 더 좋은 에너지를 발산해야 한다.'라고 말한다. 인간은 각자가 가진 독특한 영혼의 능력을 가지고 있다. 우리는 이런 독특한 영혼의 능력을 깊은 성찰을 통해서 키워나가야 한다. 이를 잘 키우기 위해서는 정도를 지켜야 하며, 비전이 있어야 하며, 심미안을 가져야 하며, 열정을 불태워야 하며, 맑은 영혼이 있어야 한다. 정도, 비전, 심미안, 열정, 맑은 영혼을 위해 성찰하고 끊임없이 자신에게 질문해야 한다.

사람은 무엇으로 사는가?

우리는 끊임없이 자신을 향해 원초적인 질문을 해야 한다. 세상의 잡다한 일에 기웃거리지 말고 자신 안으로 더 집중해야 한다. 그것도 매일 가능한 많은 시간을 할애해서 말이다. 톨스토이의 『사람은 무엇으로 사는가』 소설에서 질문에 대한 기본적인 단서를 찾을 수 있다. 우리는 과거와 미래에 대해 다소 집착하는 경향이 있다. 가장 중요한 것 현재인데 말이다. 우리는 현재 함께 하는 사람에 대한 사랑에 집중해야 한다. 우리를 둘러싼 많은 관계들, 지금 함께하는 사람들을 귀하게 여기고, 늘 함께 있음을 감사해야 한다. 우리가 함께 사는 공간 안에는 늘 사랑과 감사, 그리고 고마움이 늘 동반해야 한다.

톨스토이는 부유한 가정에서 태어났다. 하지만 가난한 농민을 위해 소유한 땅을 나눠 주고 농민자녀를 위한 자유학교를 만들었다. 이는 1980년대 러시아의 아름다운학교 운동의 기반이 되기도 한다. "예술은 손끝의 솜씨가 아니라, 그것을 예술가가 겪었던 느낌의 전달이다"라고 한 그의 말에 동감한다. 그가 세운 자유학교의 철학은 자율성과 창의성을 중요시 했으며 개인의 은총과 나아가 인류의 운명에 대해 사랑과 책임을 강조했다.

내가 좋아하는 동시대에 살았던 러시아의 화가 야로센코의 '삶은 어디에나'(1888) 그림도 톨스토이의 나눔의 철학을 담고 있다. 이 그림은 러시아의 차르 정권의 입헌군주제와 농노제 폐지를 주장하며 상떼페테르부르크에서 1825년 '테카브스리스트의 반란'을 일으킨 장교들이 검거되어 유배를 떠나는 호송열차의 한 장면을 담고 있다. '톨스토이'와 '야로센코'의 이 그림은 나눔의 가치를 지향하는 내 삶에 영향을 주었다. "가난할수록 나누고 척박할수록 풍요로운 영혼을 지켜야한다." 이 메시지를 나에게 주었다.

자기경영 기술이 필요하다.

아는 것과 할 줄 아는 것은 하늘과 땅차이다. 배움에 눈이 멀지 말고, 배운 것을 실천하는데 눈이 멀어야 한다. 그렇기 위해서는 기술이 필요하고 그 기술을 끊임없이 갈고 닦아야 한다. 앞에서 말했듯이 매일 성찰하고 내가 누구인지 화두를 던져라. 그리고 그 화두에 답하는 방식이 바로 실천이다. 제대로 된 실천을 위해서는 끊임없는 질문을 통해 자기정리를 해야 한다. 가르친다는 것은 무엇인가? 배운다는 것은 또 무엇인가? 사랑한다는 것 도대체 또 무엇인가? 내가 좋아하는 건 무엇인가? 앞으로 내가 하고 싶은 것 무엇인가? 내 삶을 어떻게 지배할 것인가? 이런 질문에 답하고 실천해야 한다.

내 삶을 지배하는 기술은 그렇게 간단치 않다. 아마도 죽을 때까지 계속 갈고 닦아야 할 것이다. 자기경영노트를 만들어서 늘 체크하고 실천하는 습관을 가질 때 내 삶의 일부가 될 것이다. 그 안에서 자기성장이 일어나며, 사회적 가치를 지향하는 여유도 가질 것이다. 결코 쉽지 않다. 그런데 우리는 습관의 동물이 아닌가. 꾸준히 가다보면 놀랄 만큼 성장할거라는 확신을 한다.

자기 경영은 삶을 보다 풍요롭게 하는 주요한 수단이 될 수 있다. 자기경영의 필수적인 덕목 일곱 가지를 제시해 본다. 첫째, 유(流) - 변화 관리다. 세상은 끊임없이 변화발전하고 있다. 이러한 변화에 적응하기 위해서는 인터넷, 신문, 잡지, 서적, 각종 변화관리 관련 강의 수강 등에 시간과 열정을 쏟아야 한다. 둘째, 인(人) - 인적네트워크다. 사람에 대한 신뢰 구축과 더불어 상생할 수 있는 사람들과의 만남만큼 중요한 일은 없다. 지인이든, 이해관계의 만남이든 지속적인 신뢰로 상생의 만남을 이어가기 위해서는 만남에 대한 철저한 관리가 필요하다.

WAS	IS	WAS	IS
만족을 위한 부서	모험을 위한 부서	모든 부서가 IT를 활용	모든 부서가 웹 안으로
사실을 기록하는 출판	재능을 계발하는 출판	조직의 각 부분 연결	조직 자체가 통합네트워크
오지선다형 업무	개성 있는 업무	반복되는 오프라인 미팅	꼭 필요한 온라인 미팅
고리타분한 표준 숭상	개인의 창조성에 대한 숭상	끊임없는 계획	빠른 실행, 테스트, 수정
정말 조용한 부서	시끌벅적한 부서	안정에 대한 숭배	창조적인 일에 대한 도전
일치를 강조하는 부서	독특함을 강조하는 스튜디오	서열 중심 보상	기여도 중심 보상
순종이 최고의 미덕	독창성이 최고의 미덕	매일 똑같은 사람과의 일	계속해서 동료의 범위 확대
획일성 기준의 가르침	탁월성 기준의 가르침	조직사이 명확한 경계	조직의 경계를 넘은 동맹
최소한의 공통분모	가능한 최고의 성과	먹고 살기위한 일	일이 즐거운 삶
모두의 일치성의 강조	각자의 차이성의 인정	케케묵은 관료주의	민첩한 협력과 소통
지식이 최고인 부서	지성이 미덕인 부서	행정가가 지배한다.	혁신가가 지배한다.
부서 독립주의	부서 사이의 통합	기술이 변화를 지원한다.	기술이 변화를 주도한다.
알아야할 정보	나누고 싶은 정보	가끔 새로운 강자의 출현	계속 새로운 강자의 출현
교육의 삶의 한 부분	교육은 삶의 전부	책에 쓰인 대로 경영한다.	즉석에서 책을 다시 쓴다.
위에서의 일방적인 지시	위에서의 권한을 위임	무거운, 그래서 강력한	가벼운, 그래도 똑같이 강력한
나는 일을 할당받는다.	나는 일을 자원한다.	상하복종을 위해 모인	프로젝트 수행을 위해 모인
정해진 경로의 일	장애물 제거하는 일	움직이는 계급체계	상호의존적인 관계중심그룹
현실에 대한 굴복	세상을 바꿀 준비	시간만 때운다.	폼 나게 일한다.
규칙을 따른다.	새로운 규칙을 만든다.	관료주의적인 일	자신만의 장기를 살리는 일
시키는 대로 한다.	중간에 일을 개선한다.	밋밋하고 개성이 없는	개성이 철철 넘치는
분수를 알라.	자신 있으면 나서라.	직원의 사기를 꺾는다.	행동가의 열정을 불어넣는다.
기껏해야 몇 년 남은 인생	아직 앞날이 창창한 인생	하는 일 없이 나이만 먹는	성장하고 경험을 쌓는
커뮤니케이션의 방해	커뮤니케이션의 장려	리더가 중심이 되는	프로젝트가 중심이 되는
디자인이 엉망인 부서	디자인이 중심인 부서	여기저기 전화한다.	푹 빠져서 일한다.
따분하고 사무적 분위기	흥미진진한 열정적인 분위기	사람을 변화시킨다.	흥미를 이끈다.
최고의 부서에서 인재모집	재미있는 부서에서 인재모집	닥치는 대로 덤벼든다.	핵심에 집중한다.
칙칙한 사무실(일하는 곳)	멋진 사무실(창조하는 곳)	느리고 꾸준한	점점 빨라지는
나홀로 증후군	물샐틈없이 협력하는 조직	일꾼(그냥 있으면 되는 사람)	인재(꼭 필요한 파트너)
경쟁적인 타입 고용	소통하지 않는 타입 해고	빨리만 가라.	방향을 바꿔라.
부서에 대한 충성	솔루션에 대한 충성	안전제일 파트너	모험제일 파트너
한 전문 분야에서 여러 업무	부서를 초월한 일련의 업무	늘 같은 방식으로 가르친다.	늘 다른 방식으로 가르친다.
비용의 최소화	부가가치의 최대화	예, 알겠습니다.	고맙습니다.
남이 시키는 일만 처리	스스로 프로젝트 창출	이미지를 망치면 어쩌지?	생각한 대로 밀고 나가야지
필요한 정보만 활용	모든 정보를 마음껏 활용	남을 바로 잡기	서로를 연결하기
독립이 최고의 미덕	상호의존성이 최고의 미덕	생활을 위한 돈 벌기	나만의 발자취 남기기
오늘과 내일이 같은	오늘과 내일이 완전 다른	언제나 계획하기	언제나 실행하기

+ 자기경영을 위해 꼭 바꿔야 할 것들(톰 피터스의 '미래를 경영하라'에서 언급한 내용 도표화)

셋째, 심(心) - 마음 다스리기다. 출렁이는 마음에 평정심을 줄 수 있는 끊임없는 수행이 필요하다. 독서와 명상을 통한 마음공부, 이기적인 마음을 버릴 수 있는 비움의 마음 부림(?)이 필요하다.

넷째, 신(身) - 건강관리다. 건강을 잃으면 다 잃는다는 말이 있다. 몸의 건강에서 마음의 건강이 비롯됨을 명심하고 적당한 운동과 식사, 일과 휴식의 균형적인 안배를 잘 해 나가야 한다.

다섯째. 자(資) - 자산관리다. 두말할 것 없이 돈은 삶에 필수적인 요소임으로 돈에 대한 관리가 무엇보다 철저해야 한다. 공익이든, 사익이든, 개인이든, 단체든 재정계획에 있어서는 꼼꼼한 관리가 필요하며, 투명한 운영이 필수적인 요소다.

여섯째, 언(言) - 커뮤니케이션이다. 커뮤니케이션은 나로부터 당신에게로 향하는 것이 아니라, 우리 중의 한 사람으로부터 다른 사람에게 전달됨으로써 일어난다. 상호 간의 좋은 경험의 공유, 그 것에 대해 집중하는 관계에서부터 커뮤니케이션의 승패가 좌우된다. 상생하는 소통, 살아 있는 소통을 위해 끊임없이 노력하지 않는 순간부터 소통부재는 시작되는 것이다.

일곱째, 시(時) - 시간 관리다. 시간 관리는 아무리 강조해도 부족함이 없다. 시간 관리를 위해서는 먼저 철저한 기록이 필요하며, 이를 관리하고, 보다 효과적으로 통합하는 과정을 거쳐야 한다. 우리는 쉽게 시간을 쓰레기통에 버리고 아무렇지도 않게 비운다. 가장 희소한 자원인 시간의 낭비요소를 줄이고 소중한 것부터 계획적으로 사용하는 습관을 가져야 한다.

자기경영의 필수 요소인 일곱 가지를 성공적으로 계발할 때 자신의 삶을 주도할 수 있으며, 이러한 역량을 자신의 창조적 재능 계발과 더불어 행복하게 살아갈 수 있는 세계시민으로서의 역량 강화는 물론, 봉사와 나눔의 비전을 세우고 실천하는데 쓸 때 영혼의 풍요로움이 실현되는 창조적 삶을 살아갈 수 있다.

우리 눈에 보이는 것만이 진실은 아니다.
그 내면에, 혹은 그 정신을 봐야 그나마 진실에 접근할 수 있다.
우리가 믿었던 진실이 진짜 진실이 아닐 수 있다는 것을 우리는 알아야 한다.
그래서 우리는 늘 깨어있어야 하고, 새로움을 향해 끊임없이 달려가야 한다.

긍정의 에너지로 변화와 혁신을 이끌어라

개인이든 조직이든 핵심목표를 성취하는 방식은 문제 중심의 해결방법이 아니라, 강점을 기반으로 하는 새로운 변화 프로세서를 접목 시켜, 참여자가 스스로 각 팀의 목표를 설정하고 달성할 수 있도록 촉진하는데 그 목적이 있다. 강점기반은 조직의 핵심가치, 조직문화에 대한 이해를 향상시킬 수 있으며 집단의 에너지를 넘치게 하고 몰입도를 높일 수 있다. 무엇보다 업무관계가 개선되고 갈등이 해결되며 수직적 의사결정이 줄어들고, 수평적 의사결정과 자발적 행동을 할 수 있게 한다.

특히 빠른 속도의 변화를 일으키고 지속가능하며 혁신적인 변화를 불러온다. 문제 중심의 사고에서 가능성, 강점, 긍정적 사고로 바뀌게 되며 문화와 언어에서 전체 시스템의 변화는 물론 관계형성을 통해 상호협조를 증대시켜 준다. 조직의 참여자를 성과를 내기 위한 도구로 보는 것이 아니라 무한한 가능성으로 미래를 함께하는 가치 있는 존재로 바라보는 게 중요하다. 긍정적 미래 이미지를 통한 동기부여와 전략적 설계요소 도출과 실행계획, 추진을 통한 실질적인 변화와 혁신을 만들어 낼 수 있다.

긍정적인 에너지로 변화와 혁신을 이끌어가는 퍼실리테이터(Facilitator)의 역할이 매우 중요하다. 퍼실리테이터는 회의 또는 워크숍과 같이 여러 사람이 일정한 목적을 가지고 함께 일을 할 때 효과적으로 그 목적을 달성하도록 일의 과정을 설계하고 참여를 유도하여 질 높은 결과물을 만들어내도록 도움을 주는 사람을 말한다. 아이디어를 창출할 때, 문제를 파악할 때, 문제를 해결할 때, 전략을 개발할 때, 비전을 만들 때, 조직의 상황을 공유할 때, 조직문화를 탐색할 때, 합의에 의하여 의사결정을 내릴 때, 팀워크를 형성할 때, 사업 계획을 개발할 때, 과제를 찾아낼 때, 실천 계획을 작성할 때 등은 일반적으로 관계하는 사람들이 함께 참여하여 일하는 것이 바람직하다. 이는 여러 사람의 지식, 경험, 의견, 관심사를 한 자리에서 나누면서 합의할 수 있는 이점이 있기 때문이다.

퍼실리테이터가 진행한 회의를 경험한 사람이라면 회의가 얼마나 효과적인 일하는 방식인지 깨닫게 된다. 퍼실리테이션이 잘 이루어지려면 잘 훈련된 퍼실리테이터(Facilitator)가 있어야 한다. 퍼실리테이터는 답을 제공하는 컨설턴트가 아니다. 지식을 전달하는 강사도 아니다. 또한 개인의 성장을 돕는 코치와도 다르다. 퍼실리테이터는 참여자들(Group)이 스스로 답(문제해결)을 찾도록 과정을 설계하고 진행을 돕는 사람이다.

　AI는 'Appreciative Inquiry'로 우리말로는 '긍정탐구'로 주로 번역된다. 이것은 1987년 데이비드 쿠페리더(David Cooperrider)가 그의 논문에서 주창한 것으로 '조직의 역량을 극대화시키는 핵심적 긍정요소(Core positive)를 바탕으로 조직성과를 개선하는 변화관리법'이다. AI는 경제적, 생태적, 인간적 측면에서 조직이 가장 효과적으로 역량을 발휘했던 시기에, 그 조직에 활력을 불어 넣었던 강점이나 긍정적 요소들을 체계적으로 탐색하고 발견하는 것을 의미한다. 긍정혁명은 긍정적인 조직을 구현하기 위한 철학이고 개념이다. 그 안에 구성원들, 즉 사람들과 그들의 에너지 및 관계에 의한 조직의 시너지에 관한 것이다. 동시에 긍정혁명은 조직의 가시적 성과와 직접적인 연관성을 갖고 있는 구체적인 프로세스를 가진 도구이다.

　자신을 향해 던지는 긍정의 메시지가 중요하다. 자신의 긍정적인 변화는 바로 찾아오지 않는다. 끊임없이 자신을 성장시키는 메시지를 되새기고 실천해야 가능한 일이다. 자신의 몸과 마음에 일체화되어야 한다. 찰딱 달라붙어야 한다. 머리로 이해하는 게 아니라, 온몸으로 온 마음으로 느껴야 하는 것이다. 나를 성장시키는 99가지를 매일 읽고 또 읽어라.

1. 단순함이 승리한다.
2. 더 낮은 곳으로 가라.
3. 모두가 서번트 리더다.
4. 봉사와 나눔에 주목하라.
5. 봉사와 나눔의 전략을 세워라.
6. 나눔의 실천가가 돼라.
7. 긍정의 힘을 숭배하라.
8. 일의 중심에 서라.
9. 오늘 일은 오늘에 끝내라.
10. 매일 읽고 또 읽어라.
11. 좋은 습관이 위대한 결과를 낳는다.
12. 1%의 가능성에서 출발하라.
13. 오늘의 석양의 즐겨라.
14. 자기성장에 집중하라.
15. 관심, 또 관심, 관심을 가져라.
16. 실천한 만큼 성장한다.
17. 내일은 없다. 오늘을 살아라.
18. 나만의 역사를 만들어라.
19. 새벽에 빛나는 별을 세라.
20. 나홀로 증후군을 박멸하라.
21. 서번트 리더가 되라.
22. 시간의 소중함, 시간은 진짜 금이다.
23. 바람에 몸을 맡겨라.
24. 자신만의 시간을 즐겨라.
25. 바람이 분다. 배를 띄어라.
26. 마무리가 중요하다.
27. 진정한 휴머니스트가 되라.
28. 끊임없이 진화하라.
29. 미디어 역량을 키워라.
30. 가까이 있는 사람을 소중히 여겨라.
31. 자기경영노트를 써라.
32. 재능과 품성에 집중하라.
33. 스마트 인생을 즐겨라.
34. 작은 힘이 세상을 바꾼다.
35. 인생의 멘토를 만들어라.
36. 돈은 돈일 뿐이다.
37. 멋진 비전을, 진짜 멋진 비전을 세워라
38. 초심을 잃지 마라.
39. 인생의 설계도를 만들어라.
40. 결정 후에는 돌아보지 마라.
41. 자신의 일에 집중하라.
42. 배수의 진을 쳐라.
43. 냉온탕을 즐겨라.
44. 자신만의 스타일을 만들어라.
45. 작은 일이라도 최선을 다하라.
46. 하루 30분 남을 위해 시간을 써라.
47. 새벽을 즐겨라.
48. 달리고, 또 달려라.
49. 엉뚱한 궁리를 하라.
50. 실패는 없다. 실패를 즐겨라.
51. 솔선수범하라.
52. 이유는 있어도 변명은 없다.
53. 독배는 먼저 마셔라.
54. 아프리카로 가라.
55. 친구의 목소리에 귀를 열어라.
56. SNS를 통해 매일 기록하라.
57. 자신을 믿어라.
58. 시인이 돼라.
59. 매일 다른 사람을 만나라.
60. 사랑해, 미안해, 고마워는 돈이 들지 않는다.
61. 함부로 평가하지 마라.
62. 집중만이 살길이다.
63. 책임지지 못할 말은 하지마라.
64. 끝을 준비하라.
65. 이웃을 진심으로 사랑하라.
66. 세상의 모든 것이 스승이다.

67. 고통은 끝나고 만다.

68. 꽃은 지고 만다.

69. 받기 위해 주지마라.

70. 달팽이가 되지 말라.

71. 불편함을 즐겨라.

72. 미래학교를 꿈꿔라.

73. 생기지 않은 일은 걱정하지 마라.

74. 감동을 주는 사람이 돼라.

75. 마음의 소리를 들어라.

76. 결단은 신속하게 하라.

77. 임파워먼트가 중요하다.

78. 함께하는 즐거움을 느껴라.

79. 비움의 소중함을 깨달아라.

80. 웃음을 잃지 마라.

81. 연대를 강화하라.

82. NGO 활동가로 살아라.

83. 아이들이 행복한 교육을 하라.

84. 우리가 만들어 가야할 미래를 준비하라.

85. 삶이란 함께 나누는 것이다.

86. 적정기술을 생각하라.

87. 가난하게 사는 행복을 즐겨라.

88. 혁신의 방법을 찾아라.

89. 현장을 벗어나지 마라.

90. 새로운 도전을 준비하라.

91. 하루에 2시간은 자신에게 집중하라.

92. 과거의 영광은 잊어라.

93. 사회적 가치에 집중하라.

94. 작은 일에도 진심으로 감사하라.

95. 가끔 눈물을 흘려라.

96. 당장 여행을 떠나라.

97. 잎새에 이는 바람에도 괴로워하라.

98. 때를 기다려라.

99. 원망하지 마라.

+ 나를 성장시키는 99가지 메시지

서번트 리더십(Servant leadership)을 가져라!

서번트 리더십(Servant leadership)이란 부하에게 목표를 공유하고 부하들의 성장을 도모하면서. 리더와 부하간의 신뢰를 형성시켜 궁극적으로 조직성과를 달성하게 하는 리더십이다. 서번트 리더십은 리더가 부하를 섬기는 자세로 그들의 성장 및 발전을 돕고 조직 목표 달성에 부하 스스로 기여하도록 만든다.

Greenleaf(1970)는 리더를 다른 사람에게 봉사하는 하인(Servant)으로 생각하고, 구성원을 섬김의 대상으로 보아 명령과 통제로 일관하는 자기중심적 리더가 아닌 신뢰와 믿음을 바탕으로 개방적인 가치관을 지닌 리더로 보았다. 따라서 그는 서번트 리더십을 '타인을 위한 봉사에 초점을 두며, 종업원, 고객 및 공동체를 우선으로 여기고 그들의 욕구를 만족시키기 위해 헌신하는 리더십'이라고 정의했다.

Schwartz(1991)는 서번트 리더십을 조직과 구성원의 목표가 균형을 이루는 가운데 구성원 각자를 팀 리더의 일부로 봄으로써 자율성과 공동체 의식, 주인의식을 갖도록 내재적인 의미를 부여하여 지시보다는 조언과 대화를 중요한 관리도구로 사용하고, 구성원의 일체화와 공감대 형성을 통하여 조직의 목표를 달성하는 리더십이라 정의하였다. Spears(1995)는 서번트 리더십을 모든 사람의 존엄성과 가치에 대한 믿음을 가지고 리더의 권력은 부하로부터 기인한다는 민주주의 원칙에 입각한 리더십이라고 정의한 바 있다.

Robert K. Greenleaf는 1904년 인디애나의 테러 호트에서 태어났다. 그는 1926년에 수학 전공으로 대학을 졸업했으며 바로 세계에서 가장 큰 회사 중 하나인 AT&T에 취직을 했다. 그는 직장을 다니면서 그 당시에는 흔한 생각이 아니었던, "조직은 조직을 위해 존재하는 사람들을 위해 존재하는 것"이라는 생각을 하게 되었는데, 그는 헤르만 헤세의 '동방순례(Journey to the East)'에 등장하는 레오(Leo)라는 인물을 통해 새로운 리더십의 모델로 서번트 리더십 이론을 제안하였다. 소설 속에 등장하는 레오는 순례단의 궂은 일을 도맡아 하는 하인과 같은 존재로서 구성원 중 가장 낮은 위치에 있었다. 여행 도중 레오는 갑자기 사라져 버리고 레오가 없는 순례단은 혼란스런 상황에 처하게 되어 결국은 여행을 중단하기에 이른다. 몇 년 후 레오를 찾았을 때 그는 단지 하인이 아닌 순례단을 후원한 교단의 가장 높은 곳에 위치한 사람이었다는 것을 알게 되었다.

이와 같이 서번트 리더십은 필요한 욕구를 채워주고 지친 영혼을 위로해주며 방향 제시까지 해주던 여행단의 하인인 레오로부터 아이디어를 얻어서 고안되었다. 이런 생각을 가지고 그린리프는 1970년에 "The Servant as Leader"를 출간했다. 이 책에서 그는 최고의 리더는 하인, 즉 조직원들을 첫 번째로 생각하고 서번트 리더를 위한 핵심 도구는 경청, 설득, 직관과 통찰력, 언어 사용, 그리고 결과의 실제적인 측정이라고 주장했다. 그의 연구와 서적들은 관리, 리더십, 조직 개발, 평가 그리고 13개의 다른 규율들에 다양하게 영향을 끼치고 있다. 그는 1990년에 사망하였다. [1][4]그가 사망하고 20년 뒤인 1996년, 미국의 경영 관련 서적 전문출판사인 Jossey-Bass사가 『On Becoming a servant leader』를 출판하면서부터 서번트 리더십은 경영학계에서 주목을 받기 시작 하였다. 서번트리더십의 특징은 다음과 같다.

첫 번째 인내다. 위기상황일수록 인간은 여러 가지 충동을 억제하기 힘들다. 이러한 상황에서 충동이 아닌 원칙에 따른 대응을 할 수 있는 인내심을 함양하는 것은 리더십의 본질이다. 서번트 리더는 그 중에서도 특히 인간관계에서의 인내와 자제를 중시하며 분노를 잘 참을 줄 아는 사람이다. 조직 구성원들은 리더가 마음대로 대해도 되는 대상이 아니다. 서번트 리더는 직원들의 존엄성을 존중하면서 감정을 앞세우지 말고 올바른 방식으로 직원들의 잘못된 부분을 지적해야 한다.

두 번째 친절이다. 친절의 사전적 의미는 '타인을 향한 관심과 이해, 격려의 표현'이다. 그리고 또 한 가지는 '타인에 대해 예의를 갖추는 것'이다. 친절을 베풀기 위해서는 관심을 표현해야 하며 예의를 갖추어야 한다. 원만한 관계는 타인을 인정하고 격려하며 예의를 갖추는 데서 비롯된다. 모든 인간의 내면에는 인정받고자 하는 욕구가 숨어있으므로 친절은 이러한 인간의 욕구를 충족시킬 수 있는 중요한 속성이다.

세 번째 겸손이다. 겸손이란 진실하고 가식이 없으며 거만하거나 뽐내지 않는 것이다. 겸손한 리더는 자신의 가치관과 도덕성에 부합하거나 옳은 일이라고 판단될 때에는 주어진 임무나 목표를 향해 강한 열정과 추진력을 보인다. 겸손한 리더는 자신에게 부족한 점을 있는 그대로 인정하고 그러한 자신의 실체를 비하하기보다는 이를 개선하기 위해 노력하기 때문에 열등감을 갖지 않는다. 그렇기 때문에 겸손한 리더는 언제나 타인의 견해에 귀를 기울이고 반대 의견도 폭넓게 수용한다. 또한 겸손한 리더는 타인의 가치를 인정하고 스스로를 부각시키기 위해 애쓰지 않는다. 자신이 누구인지 명확히 알고 있기 때문이다.

네 번째 존중이다. 훌륭한 서번트 리더는 언제 어떤 경우든 주변 사람들을 소중한 존재로 대한다. 상대방에게 존중을 표현하는 가장 효과적인 방법은 사람들에게 어느 정도의 책임을 위임함으로써 그들의 성장과 자기계발을 돕는 것이다. 적정 수준의 위임은 당사자의 능력과 기술을 인정하고 존중한다는 의미이다. 서번트 리더에게 있어 모든 사람은 소중한 존재로 다만 직무와 책임의 차이, 그리고 그 책임의 달성 여부에 따른 시장의 보상 방식의 차이가 있을 뿐이다.

여섯 번째 무욕이다. 무욕이란 타인의 욕구를 충족시키는 것이다. 서번트 리더는 타인을 위해 봉사하고 희생해야 하며 우리의 기대와 욕구보다 타인들의 최선을 기꺼이 추구하겠다는 의지가 필요하다. 서번트 리더십은 타인을 고치고 변화시키는 것이 아니라 내 자신을 변화, 발전시키는 것을 의미한다. 이는 우리 집 앞마당부터 깨끗이 치울 때 비로소 아름다운 거리가 만들어지는 것과 같은 이치이다.

일곱 번째 용서다. 용서의 정의는 적대감을 극복하는 것이다. 리더의 주변 사람들은 예외 없이 실수를 하기 마련이다. 그러므로 리더는 타인의 한계와 불완전함을 인정하고 인내하는 기술(습관)을 배양해야 한다. 아울러 사람들로 인해 상처받거나 낙담하면서 생겨나는 적대감을 극복하는 기술도 배워야 한다. 용서란 그릇된 행동이 낳은 결과를 당사자들과 충분히 이야기하면서 적대감을 조금씩 극복하는 과정을 말한다.

여덟 번째 정직이다. 정직은 속이지 않는 것이다. 정직은 신뢰를 형성하는 가장 큰 요인이다. 정직한 리더와 일하는 사람들은 자신의 행동에 대해서도 무거운 책임의식을 느낀다. 직원들에게 책임의식을 부여하는 것은 리더의 몫이다.

아홉 번째 헌신이다. 헌신은 선택에 충실한 것으로 정의되어 있다. 강한 의지와 헌신적인 노력 없이는 지금껏 언급한 모든 자질들이 아무 의미가 없다. 최고의 서번트 리더는 자신의 선택을 충실히 실천하기 위해 노력하는 사람이다. 서번트 리더십은 개인과 조직 모두의 지속적인 성장을 위한 헌신과 열정을 요구한다. 약속을 준수하고 시작한 일을 마무리하려는 열정, 올바른 일을 추구하고 최선의 존재가 되려는 열정, 이 모든 것들이 서번트 리더십의 필요조건이다.

팀원들을 위해 묵묵히 헌신하는 것이야말로 서번트 리더십의 본질이다. 헌신이란 올바른 길을 추구한다는 도덕적 용기가 있을 때 비로소 가능하다. 도덕적 용기란 내면의 양심에서 울려나오는 소리를 듣겠다는 의지, 생소하고 개인적인 위험을 감수하더라도 올바른 일을 하겠다는 의지를 말한다. 또한 직원들이 올바른 행동을 하는 데 걸림돌이 되는 것들을 제거해주겠다는 단호한 결의도 여기에 포함된다.

열 번째 타인의 욕구 충족이다. 서번트 리더는 타인의 욕구를 충족시킬 줄 알아야 한다. 이 때 주의할 점은 타인의 욕구와 욕망을 명백히 구분할 줄 알아야 한다는 것이다. 서번트 리더는 일종의 봉사자이다. 그러나 타인의 욕구가 아닌 욕망을 충족시키는 리더는 봉사자보다는 노예에 가깝다. 욕구는 'Need'의 개념으로써 '인간의 진정한 행복을 위해 요구되는 물질적 또는 심리적 요구 조건'을 뜻한다. 욕구의 예는 '자아실현의 욕구', '의미와 대의를 향한 욕구', '존중 받고 싶은 욕구', '뛰어난 조직에 소속되고자 하는 욕구' 등으로 정신적 가치와 관련과 깊다. 반면 욕망은 'Want'의 개념으로써 '물질적 또는 심리적으로 특별한 중요성이 없는 단순한 바람 또는 희망'을 의미한다. 욕망의 예는 봉급, 승진, 휴가 등으로써 물질적 가치와 관련된다.

열한 번째 권위다. 권력의 정의는 '타인의 선택 여부와 상관없이 자신의 지위나 힘을 이용하여 타인이 자신의 의도대로 행동하도록 강요 또는 강제하는 능력'이다. 반면 권위는 '자신의 개인적 영향력을 통해 타인이 자신의 의도대로 기꺼이 행동하도록 하는 기술'을 뜻한다. 따라서 권력과 권위는 엄연히 다른 개념인데 서번트 리더십은 이 중 권위에 기반하여 형성된다. 권력은 직함이나 지위 등으로부터 형성된다. 리더가 권력을 통해 조직 구성원들에게 영향력을 행사할 수 있는 것은 엄연한 사실이지만 권위가 결여된 이러한 영향력은 일반적으로 오래 유지될 수 없다.

권력을 통해 장기간 지속되는 영향력은 리더와 조직 구성원 간의 기본적인 인간관계를 저해시키기 때문이다. 이와 달리 권위는 타인의 욕구를 충족시키기 위한 '봉사'와 '희생'의 정신으로부터 형성된다. 권위를 바탕으로 한 리더는 조직 구성원의 건설적 발전을 위해 노력하고 이를 통해 조직 구성원은 리더의 인격체 자체에 대한 존경심을 갖게 된다. 따라서 권위를 매개체로 한 리더와 조직 구성원의 관계는 서로에 대한 신뢰를 바탕으로 하며 이러한 권위로부터 생성된 서번트 리더십은 조직 구성원에 대해 강하고 광범위한 영향력을 갖는다. (서번트 리더십과 관련된 여러 가지 자료 요약정리)

나는 더 낮은 곳으로 간다.

제 2장
교육을 말하다

모든 시간은 직진 편도주행 하는지 모른다.
우리는 그 시간을 분절해 매일 비슷한 일들을 반복하면서
보내는 경향이 있다. 그렇게 우리 안에 쌓인 시간들은 지나간 기억 속으로
서서히 흩어지고 만다. 우리가 매일 떠나는 시간여행은
하루하루 느끼는 새로운 생각과 깨달음, 우리가 직면한 것들과의
공감의 깊이를 더 할 때 훨씬 가치가 있다. 뒤돌아보지 말자.
지금의 시간을 위해 걷자. 그냥 뚜벅뚜벅 걸어가자.

교육대혁신을 위한 패러다임을 구축하자

최근 질리언 테트(Gillian Tett)의 『사일로 이펙트(The Silo Effect)』라는 책을 읽었다. 부제로 '무엇이 우리를 눈멀게 하는가?'라고 되어있는 이 책은 현대 조직의 생사를 결정짓는 난제인 사일로 이펙트를 파헤친 내용이다. 여기서 '사일로(Silo)'는 원래 곡식을 수확한 후 저장하기 위한 일종의 저장탱크를 의미한다. 각 사일로 사이에는 칸이 나뉘어 있어 서로서로 이동할 수 없다.

이를 현대 사회의 모습에 빗대 다른 조직이나 부서와 교류나 협력을 하지 않고, 자기 팀의 이익만을 추구하는 이기적 현상을 '사일로 효과'라고 부른다. 다른 말로는 '부서 이기주의' 또는 '조직 장벽' 등으로 표현한다. 세계 최고의 창의적인 기업인 소니도 폐쇄적인 환경에 벗어나지 못해 몰락의 길을 걸었고, 마이크로소프트, 제너럴 모터스, 백악관, 영국 국민건강보험, BBC 등도 사일로 관리의 대표적인 실패 사례로 본다.

필자의 경우에도 지난 20년 동안 교육과 인권, 나눔과 봉사, 청소년 등 다양한 비영리 분야에서 활동하면서 '사일로 효과'를 많이 경험했다. 이러한 문제들은 소통과 협치 부재의 문제일 수도 있지만, 변화하는 환경에 대처하지 못해서 생기기도 한다. 문제들은 정부, 지자체, 학교, 민간부문 등에 광범위하게 퍼져 있다. 단순히 시스템과 정책의 변화만으론 해결이 어렵다. 새로운 패러다임 구축과 함께 교육대혁신의 과정에서 다각도로 풀어나가야 한다.

최근 몇 년 사이에 발생한 지하철 구의역 스크린 도어 사망 사고, 강남역 인근 공용화장실 여성피살 사건, 4·16 세월호 참사, 최순실 국정농단 사건 등 우리 사회에 엄청난 반향(反響)을 일으킨 일들이 '사일로 효과'와 무관하지 않다. 협력적 해결방식이 아니라 면피와 적당한 봉합, 은폐 등의 방법으로 사건을 해결해가는 과정이나 이로 인해 생긴 사회적 갈등들이 이를 방증(傍證)한다. 또한 우리 사회가 산업사회와 지식정보화시대를 지나 현재에는 4차 산업혁명(디지털 산업혁명) 시대를 맞고 있는데, 정부의 운영방식이나 법과 제도는 이런 사회 변화를 따라가지 못하는 실정이다. 그뿐만 아니라 정부와 기업의 부적절한 유착, 관료조직 중심의 업무처리, 규제 위주의 정부 정책과 행정조직 운영 구조 등이 새로운 시대를 맞이하는 조직 운영에 걸림돌이 되고 있다.

이제는 바뀌어야 한다. 새로운 시대와 패러다임에 맞게 중앙정부, 지방정부, 민간기구, 기업의 운영이 빠르게 변화해야 한다. 정치·경제·사회·문화·교육·복지·통일 정책 등 모든 분야에서 디지털 혁명 시대에 맞는 기술과 시스템, 운영방식 그리고 법과 제도를 과감히 바꿔야 한다. 이러한 전제하에 교육계에 몸담은 나는 새로운 시대에 적합한 미래 교육 정책을 몇 가지 제안하고자 한다.

대한민국은 어떤 정치적 이념에도 흔들림 없이 미래로 나아가야 한다. 특히 교육 분야에서는 좌고우면(左顧右眄)해서는 안 된다. 우리 교육의 역사를 돌이켜 보면 정치와 이념에 의해 중심을 잡지 못하고 정권이 바뀔 때마다 교육 백년대계(百年大計)가 무색할 만큼 정책을 변경해 혼선을 초래해 왔다. 그뿐만 아니라 진보와 보수로 양분되는 정책의 지속적인 충돌과 갈등으로 교육 현장과는 무관한 교육 정책을 펼치는 경우도 사실 많았다. 앞으로는 이런 소모적인 갈등과 논쟁을 극복하고 오로지 미래세대가 자신이 원하는 진로를 선택할 수 있는 좋은 교육 정책을 만들어야 한다. 또한 학교, 교사, 학생, 학부모의 피부에 와 닿는 정책을 내놓는 것이 매우 중요하다. 이를 위해 우리가 지향해야 하는 몇 가지 정책 방향과 가치에 대해서 생각해 본다.

첫째는 새로운 교육 정책의 틀은 기존의 정책을 일거에 무너뜨리는 것이 아니라, 온고지신(溫故知新)의 정신으로 대한민국의 정체성과 역사, 그리고 보편적 가치를 담아내고 미래 교육에 맞는 정책을 만들어 내는 교육대혁신 기구를 설치해야 한다. 진보와 보수를 초월해서 교육의 본질에 입각한 정책을 펴는 기구가 필요하다. 이 기구는 정권 유지의 수단이나 정치적인 도구로 활용되지 않게 특별기구로 만들어야 한다. 정권이 바뀌어도 교육 정책 기조를 변화 없이 유지할 수 있는 기구로 만들어야 한다. 교육 관료나 교육전문가 위주로 구성하는 게 아니라, 교육과 관련한 모든 분야에서 활동하는 민간 부문과 교육산업과 연관한 기업 부문, 교육현장의 종사자들이 골고루 참여하는 협치와 교육적 가치에 기반을 둔 기구여야 한다.

둘째, 교육 정책의 투명성과 공유 가치를 높여야 한다. 교육대

혁신 기구가 '사일로 효과'에서 벗어나기 위해서 가능하면 모든 교육 정책을 손쉽게 공유하고 누구나 의견을 제시할 수 있는 교육정보통합을 위한 교육 클라우드 시스템과 통합 빅데이터 시스템을 구축해 운영해야 한다. 교육 정책과 관련된 중앙정부, 지방정부, 정부산하기구나 민간 연구소의 모든 데이터를 실시간으로 통합하고 분석하는 시스템을 만들어야 한다. 그렇게 해야 비로소 양질의 교육 정책이 공유되고 혼선과 갈등 없이 실행할 수 있는 투명한 정책 시행이 이루어질 수 있다.

셋째, 정부는 민간영역의 중요성과 가치를 인정하고 파트너십을 강화해야 한다. 그동안 정부나 기업이 민간영역인 NGO(비정부기구)나 NPO(비영리사회단체)에 다양한 방식으로 예산과 교육을 지원해 왔지만, 제 3 조직으로서 인정해 지원한 것은 아니다. 물론 이러한 것은 비영리 부문의 전문성에 대한 문제도 일부 있었기 때문이다. 지금까지 취해 왔던 정부와 기업의 비영리 분야 지원 방식을 혁신적으로 바꿔야 한다. 우선 교육 분야 비영리기구를 중심으로 시범정책을 펴고 모든 분야로 확대했으면 한다. 이를 위해 필자는 교육대혁신 기구와 협력할 수 있는 민간주도의 비영리교육혁신센터 조직과 운영을 지원해야 한다고 생각한다. 먼저 수도권에 중앙센터 건립을 지원하고 지역 센터 건립까지 확대해 나가는 것이다.

정부는 비영리교육혁신센터의 공간과 운영시스템만 지원하고, 센터 운영은 참여하는 교육단체에 맡기는 것이다. 하나의 쾌적한 공간 안에 여러 단체가 공존하면 각 단체가 가진 장점은 나누고 단점은 줄여갈 수 있고, 민간 단위에서 다양한 교육 정책을 안정적으로 만들거나 실천하면서 공유의 가치를 극대화할 수 있다. 그뿐만 아니라 교육 분야에서 민간의 전문성 강화, 자원봉사 통합적 운영, 민간분야 역량교육 시행, 재정의 투명한 운영 등 민간기구로서의 대표성을 확보해 명실 공히 민간교육 정책의 산실이 되며, 건전하고 투명하게 정부의 정책을 감시하고 지원하는 기능을 맡을 수 있을 것이다.

넷째, 교육의 중심을 청소년에게 두어야 한다. 모든 청소년이 어떤 이유로도 차별받지 않으며, 자신의 꿈과 재능과 품성을 선한 가치와 미덕 안에서 마음껏 펼칠 수 있도록 스스로 생각하고 선택하고 행동할 기회의 평등이 주어진 교육시스템을 만들어야 한다. 기존의 교육 정책은 학교에서 교사의 일방적인 지식 교육으로 이루어지고 있다. 그 뿐만 아니라 교사의 열정과 전문성에 따라 더욱 좋은 교육을 받을 기회의 차별이 존재한다. 학생 중심, 현장 중심, 미래 교육 중심으로 교육 정책을 강화하기 위해 교사 본연의 사명인 수업에 대한 전문성과 책무성을 강화해야 한다.

이는 교사가 수업에 집중할 수 있게 행정업무를 경감하고 행정전문교사를 도입하는 정책의 지원도 있어야 한다. 이러한 학교 교육의 정상화는 앞에서 제안한 교육대혁신 기구나 교육 분야 비영리혁신센터에서 논의하고 지원할 수 있다. 여기서 내가 말하고자 하는 것은 청소년이 스스로 생각하고 선택하고 행동할 수 있게 청소년 클라우드 시스템의 도입과 운영을 지원하는 것이다. 이를 위해 정부 차원에서 청소년들이 직접 참여하는 청소년 자치 기구를 설치하고, 청소년들의 의견을 적극적으로 반영한 청소년 클라우드 플랫폼을 구축해야 한다.

청소년들이 스스로 생각하는 정책을 공유하는 미디어의 운영과 올바른 진로와 진학을 선택하는 청소년 이력관리 시스템 구축, 리더십 프로그램의 지원이 필요하다. 또한 청소년이 꿈과 재능을 마음껏 펼칠 수 있는 개인별 오픈콘텐츠 공유 지원, 청소년들이 사회적으로 선한 활동을 할 수 있는 청소년 재능봉사단, 나눔 스토어, 청소년 펀딩 시스템을 지원해야 한다.

결론적으로 필자가 새로운 대한민국을 위해 제안하고 싶은 새로운 교육 정책의 방향은 민·관·학 협치 구조이다. 특히 정권을 초월한 교육대혁신 기구의 설치와 비영리 부분인 제3 조직의 자율적인 기능 강화 그리고 청소년 스스로 생각하고 선택하고 행동할 수 있는 진정한 청소년 자치 시대로 나아가는 미래 교육 정책을 구현해야 비로소 새로운 대한민국이 완성될 것이다. 필자가 제안한 현안 외에도 대한민국을 혁신하기 위한 많은 정책이 있겠지만, 새로운 정부에서는 진보와 보수, 이념과 세대, 계층과 지역을 초월해 보편성과 투명성, 균형과 조화, 미래지향적인 가치를 기반으로 한 교육 분야, 청소년 분야, 비영리 분야가 융합적으로 상생하는 사람 중심, 민관 협력 중심, 현장 중심의 정책을 펼쳐나가길 기대해 본다.

삶은, 우리 앞에 놓인 그 어떤 것에 대해 알아가는 여정이다.
작은 깨달음이 쌓여 성장해 가는 과정이다.
결국, 창조의 주체로 거듭나는 것이다.

학교, 미래를 꿈꾸다!

우리에게 다가올 변화의 파도는 거칠고 높아 보인다. 급격한 인구의 감소 및 고령화, 모든 분야의 급격한 디지털화, 사물인터넷 및 3D 프린터의 보편화, 무인 자동차의 등장, 로봇 노동자의 출현, 공유경제의 확산 등 이 모든 것들이 우리 앞에 곧 다가 올 미래다. 이런 변화 속에 사라질 직업과 새로 생길 직업에 대해, 우리 교육은 숙고하고 대비해야 한다. 높은 변화의 파도 앞에서 좌초될 것인지, 파도를 타고 도약할 것인지는 우리의 행동에 달렸다. 모두가 뜻을 모아 좀 더 냉정하고 정확하게 준비해야 한다. 새로운 변화의 닻을 즉시 올리고 같은 목표로 출항해야 한다. 우리가 직면해 있는 여러 현실을 돌아보면 녹록지 않다. "우물쭈물 하다가는 큰 일 납니다."라는 노래 가사로만으로 끝나지 않을 알 수 있다는 걸 우리는 알아야 한다. 이는 나를 향한 독백이기도 하다.

저는 지난 17년 간 교육운동에 참여하면서 한 번도 잊지 않고 있는 교육운동의 지향점에 대한 세 가지 키워드가 있다. 그 세 가지 메시지는 '좌우통합, 상하소통, 자기혁신'이다. 어찌 교육에 좌우가 있고, 상하가 또 있겠는가. 하지만 그렇지 않은 게 우리교육의 현실이다. 아니 시간이 갈수록 더욱더 교육은 정치화되고 이념화되고 세대 간 계층 간 갈등이 심화되고 있다. 이러한 답답한 현실에서 셋 중에 내가 당장 실천할 수 있는 건 '자기혁신'이다. 내가 묵묵히 할 수 있는 소소한 교육 실천 운동이다. 부족하지만 내가 할 수 있는 나름의 방식으로 지속적으로 교육 운동을 해 왔고 앞으로 계속 하려고 하지만, 무엇보다 '좌우통합, 상하소통'하는 새로운 교육의 길로 가는데 가장 좋은 대안은 '교육미디어 운동'이라는 생각을 오래전부터 해 왔다.

오직 교육만 바라보고, 오직 우리 아이들만 바라보고 그 뜻을 모은 사람들의 마음을 잘 담아서 세상에 나오는 『월간교육』이 우리 교육에 새로운 희망이 되었으면 좋겠다. 아낌없는 열정과 순수함으로 십시일반 그 뜻과 마음, 기금을 내어 준 많은 분들이 변함없이 함께 했으면 한다. 무엇보다 정치적으로, 이념적으로 치우치거나 흔들림 없는 교육정론으로 백 년이 넘어도 푸름을 간직하는 올곧은 나무처럼 '대한민국의 미래교육의 가치와 전략'을 차근차근 설계할 수 있는 올바른 지침서 역할을 했으면 하는 마음이다. 특히 우리교육의 새로운 변화와 혁신을 이끄는 이 길에 함께 더 많은 분들이 동참했으면 하는 바람이다.

수업은 예측되지 않은 과정을 완성해 가는 활동이다

자신만의 좋은 수업을 만들기 위해서는 기존에 가지고 있던 생각과 교과서의 낡은 지식만 전달하는 수업이 되어서는 안 된다. 좋은 수업을 위한 교육과정의 재구성과 그 교육과정에 맞는 다양한 수업방식을 구현할 수 있는 준비를 치밀하게 해야 한다. 무엇보다 너무 많은 것을 가르치려고 하는 욕심을 버려야한다. 가르치는 시대는 끝났다. 학생 스스로 문제해결을 할 수 있게 자기 주도성을 높이는데 집중해야 한다. 학생 스스로 활동하고, 느끼고, 생각하고, 표현할 수 있는 수업을 만들어야 한다. 한마디로 선생님은 교실이라는 그라운드에 생기를 불어 넣어주는 감독과 코치의 촉진자 역할이어야 한다. 이를 다른 말로 퍼실리테이터 라고 부른다.

좋은 수업은 열정과 노력만 있다고 되는 것이 아니다. 끊임없이 수업방식을 연구하고 반복된 연습과 실패를 딛고 완성되어 가는 것이다. 좋은 수업을 만들어 가는 과정은 학생과 교사가 함께 배움을 통해서 성장해 나가는 과정이다. 그렇게 함께 성장해 가는 과정에서 학생과 교사는 수업을 통해서 좋은 관계가 형성되고, 비로소 좋은 수업이 완성되는 것이다. 지속적인 좋은 수업을 위해서는 과정 중심 평가도 매우 중요하다. 그리고 의미 있는 평가를 위한 수업관찰과 기록들이 있어야한다. 이러한 일련의 과정이 모여야 명실공히 정말 좋은 수업이 만들어진다. 그런 의미에서 좋은 교육과정과 좋은 수업, 과정중심 평가, 세밀한 관찰과 기록의 일체화가 매우 중요하다. 수업은 예측되지 않은 과정을 완성해 가는 불확실성의 활동이기 때문이다. 그러므로 좋은 수업은 그 만큼 어렵고, 인고의 노력과 준비가 필요한 것이다.

우리 교실에서 신나는 수업이 가능할까?

학교수업을 신나게 만들려면 어떻게 해야 할까? 새로운 수업을 갈망하는 선생님이면 누구나 강의식, 지식 전달식, 암기식, 문제 풀이식 수업으론 신나는 수업, 행복한 교실 수업이 어렵다고 생각할 것이다. 우리는 모두 알면서도 교과 진도에 쫓기고 입시 준비에 치이고, 행정업무에 묶여서 안타깝게도 신나는 수업 준비는 마음으로만 끝나고 만다. 숨 막이는 교실, 잠자는 교실은 어쩔 수 없는 현실로 받아들여지고 수업을 개선하려는 의지로 불탄 마음은 어느새 식고 만다. 그만큼 재밌는 수업으로, 행복한 수업으로, 감동적인 수업으로 변화와 혁신하는 것은 어려운 일이다. 그래도 우리는 학생이 주인공이 되고, 학생이 참여하고 주도하는 교실수업으로 바꿔나가야 한다. 최근 '거꾸로 교실'의 열풍도 선생님들의 그런 열망에서 시작되었다. 그 열망이 어느 정도 변화의 성과를 내고 있다. 하지만 여전히 학교 현장은 '거꾸로 수업'을 하기 에는 역부족인 부분이 많다.

잠자는 교실 문제를 선생님들 탓만 하지 말고, 학교 구성원 두가 힘을 모아서 학생들이 주도적으로 참여해 토론, 발표, 과제 등을 수행하는 다양한 수업이 이루어질 수 있게 지원하고 협력해야 한다. 너무 주요 교과와 입시 위주의 수업만 하지 말고, 학생들에게 행복감을 줄 수 있는 다양한 수업이 이루어졌으면 좋겠다. 학사 일정에 편성되어 있는 창의적 체험활동이나 정규 수업 이후에 진행되는 방과 후 수업이나 동아리 활동 등을 최대한 활용해서 목공, 도예, 음악, 미술 등 예술체험 등 다양한 진로체험을 할 수 있는 프로그램을 구성해서 운영하는 것도 필요하다.

예전에 샛별중학교 미술실에서 진행된 목공체험에 대해 '거창 구석구석 블로그 기자단' 올린 글과 사진이 인상적이었다. '만들고의 찾아가는 목공체험교실'이라는 이름으로 진행된 프로젝트인데, 지역 사회 전문가들이 자원봉사로 참여한 프로그램이다. 목공체험에 참여한 학생들 모두가 진지하면서도 즐겁게 목공수업에 참여하는 모습이 참 행복해 보인다. 학생들이 수업에 임하는 표정만 봐도 이런 수업이 모두를 위한 수업, 모두가 감동하는 수업, 모두가 주인공인 수업이라는 생각이 든다.

우리 교실에서 이루어지는 수업이 좀 더 창의적이고 다양해졌으면 좋겠다. 학생들이 신나게 참여하는 행복한 수업이 되었으면 좋겠다. 깜깜한 하늘에서 반짝반짝 빛나는 별처럼, 우리교실에 있는 모든 학생들의 눈이 반짝반짝 빛날 수 있는 수업, 깊어가는 겨울, 선생님들이 행복해 지는 교실을 만들기 위해서 치열하게 고민하고 학생들이 주인공이 되는 수업을 위해 작은 변화부터 실천했으면 하는 바람이다.

진정한 배움이란 무엇입니까?

배우며 살아간다는 것은 삶의 의미를 매 순간 깨닫는 것. 자기다운 빛깔과 방식으로 생각하고, 선택하고 행동하는 삶을 그려내는 일 아닐까. 우리에게 배움이 멈추면, 삶도 멈추고 만다. 모든 면에서 우리는 늘 정답 찾기에 몰두해 왔다. 적어도 학교에서, 교실에서, 교육현장에서 교사와 학생의 관계가 회복되려면, 정답의 직선주루로 달릴 것이 아니라, 뻔하지 않은 답을 찾아보는 곡선주루로 달려보기도 해야 한다.

적어도 곡선 주루로 달리면 시야로 들어오는 풍경이 다 다르니까. 칠판을 마주하는 수업보다 친구와 친구, 선생님과 학생이 더 가까이 마주 하는 수업으로 학교현장의 풍경이 변했으면 하는 것이 저의 작은 바람이다. 이러한 작은 변화를 일으키기 위해 관악구와 서울미술고가 손을 잡고 다른 생각, 다른 교육을 지향하는 관악엉뚱한미술학교(different art school, das)를 만들었다. das의 미술교육의 방향은 다양한 미술수업과 더불어 학생을 개별적으로 철저히 관리하고 상담하는 것도 매우 중요하게 생각한다. 특히 학생들이 교육을 통해서 성장하는 모습을 체계적으로 기록해서 진로상담이나 인성 상담 자료로 활용할 수 있게 하는 학사정보시스템 구축도 교육에 있어서 중요한 부분이다.

뿐만 아니라 창의적 미술수업을 하는데 교육환경이 매우 중요하다. 이번에 관악구청과 협력해서 진행하는 다스(das)는 예술적 상상력과 호기심을 키우고 예술적 감성을 충만하게 할 수 있게 유비쿼터스 기반으로 한 최고의 쾌적한 미술교육 공간을 관악싱글벙글교육센터(4층)에 만들었다. 미래지향적 미술 교육에 충실한 공간, 창문의 위치를 이용한 아틀리에(Atelier)에 준하는 작업, IT기기를 이용한 미술수업이 가능한 유비쿼터스 환경을 구축했다.

우리가 추구하는 다른 교육은 호기심과 상상력을 품은 흥미로운 씨앗들이 시끌벅적한 관계 속에서 재미있는 새싹으로 자라나, 의미 있고 가치 있는 나무로 성장해 나가는 과정을 존중한다. 배우며 살아간다는 것은 삶의 의미를 매 순간 깨닫는 것. 자기다운 빛깔과 방식으로 생각하고, 선택하고 행동하는 삶을 그려내는 일 아닐까. 우리에게 배움이 멈추면, 삶도 멈추고 만다.

예술은 시대를 반영하기도 하고, 치유와 위안을 주기도 한다. 하나의 작품이 탄생하기까지 예술가가 보낸 불멸의 시간과 숱한 고민들, 그 깊이와 생각, 가치를 어떻게 다 헤아릴 수 있을까. 이제는 예술가가 진정으로 존중받는 시대가 와야 한다. 그들의 예술적 창작활동이 더 자유로워져야 한다. 이를 위해 국가의 차별 없는 예술가 지원과 혁신적인 예술 산업 육성이 무엇보다 필요하다. 더불어 예술이 생활화될 수 있게 예술작품을 더 많이 소비하는 일반대중의 관심과 지지가 매우 중요하다.

누구나 그림 한 점 자연스럽게 구매해서 자신만의 공간에 거는 시대, 예술교육, 예술창작활동이 대중에게 더 친근하게 다가가는 시대, 많은 예술작품들을 다양한 방식으로 일반대중이 더 쉽게 공유하는 시대가 하루빨리 오길 바라며 관악에서 불어오는 새로운 미술교육이 예술교육과 예술창작활동의 작은 변화에 밀알이 되길 기대해 본다.

소통과 참여가 있는 공간으로 디자인하라

21세기는 디자인문화의 시대다. 디자인이 살아야 국가가 살 수 있다. 디자인을 육성하는 정책, 변화와 새로움을 제공할 수 있는 정보, 세계가치를 만들어 낼 수 있는 문화, 세계 디자인과 경쟁할 수 있는 교육, 이러한 모든 분야가 서로 유기적으로 협력하고 창의적 제안을 돌출하여 이를 실행할 때 우리의 미래가 밝게 빛날 것이다. 학교환경은 계획의 주체가 되는 학교경영자 또는 환경설계자가 학생의 정서나 목표성취도, 성격 및 가치관 그리고 행동방식 등의 형성에 영향을 미칠 수 있다. 현대는 문화적 가치가 중시되는 시대이다. 최근에 문화 경향에 부응하기 위한 디자인경영, 디자인 마케팅, 브랜드디자인 등과 학교환경의 공공성, 문화적인 그리고 행복한 학교 만들기 등 정부의 정책적 움직임으로 다자인 가치와 역할론이 성공 키워드로서 크게 대두되고 있는 실정이다.

문화중시성은 물질적 구조적 현상보다 정신, 감성, 마음 등 과학적으로는 측정되기 힘든 형이상적 가치를 중시하는 시대로 향하고 있음을 보여준다. 과학적 사고관에 따라 발전된 방법적 인식은 20세기에 와서 보다 근원적 부분에서 많은 변화를 낳았다. 하이젠베르크(1925, 양자역학 확립)는 양자이론에서 불확정성원리를 통해 주관이 대상에 대하여 참여하는 작용과 과정(Activity and process)을 과학적으로 입증해 주었다. 불확정성의 법칙을 학교설계행위 과정 및 학교문화시설 형성 및 개선 등에 대입해볼 때,

교육적 생산 활동으로서 디자인, 설계를 통해 나타난 학교환경을 수용하는 학생의 만족과 학생태도에 영향을 주고 있다고 말할 수 있다. 즉, 학교경영자 또는 설계자 디자이너의 주관적 의식이 학교건축 및 환경디자인의 결과로 나타나며, 수용자인 학생의 감성인지 및 행동양식에 영향을 주는 역학적 관계로 나타난다.

디자인 및 설계를 통해 이뤄지는 학교환경은 학교경영자 및 설계자의 마인드가 학교의 설계나 선택을 거쳐 만들어진 환경으로 표현되어지며, 이를 소비하는 학생의 학업성취도, 성품, 행동, 기질 등의 형성에 영향을 미칠 수 있다. 예를 들어 학교 경영자가 학교건물 외관 색채디자인을 결정할 경우 최고 의사 결정자가 좋아하는 특정 색을 선정할 빈도가 매우 높다. 또한 디자인 설계도 마찬가지여서 디자이너의 개인적 취향이 형이나 색의 선택에 주관성이 개입되어질 수 있다. 이러한 가설로 기초해볼 때 계획 및 의사결정 집단은 오류를 범하지 않도록 주의해야한다. 왜냐하면 디자인으로서 학교환경은 만인의 공통적 가치를 두루 만족하려는 목표로서 소유가 아닌 공유로서의 가치가 우선시 되어야하기 때문이다.

디자인 감각이 없는 경영자라면 반드시 디자인에 대해 공부해야한다. 21세기의 여가는 스포츠보다 디자인에 더 많은 시간을 투자하게 될 것이며, 교육 수준과 경제력이 높아질수록 문화적인 특히 디자인에 더 많은 관심을 갖게 된다. 학교경영자는 학교의 아이덴티티를 위한 시각적인 디자인을 꾸준히 향상시켜 나가야 한다. 미래 학교의 경쟁력은 바로 이미지와 디자인에 있다는 사실을 결코 잊어서는 안 된다. 디자인경영은 서비스 환경 및 신상품이나 서비스의 기획에서부터 개발과 유통 등 혁신의 전 과정을 디자인 마인드로 관리하여 총체적으로 기업 및 단체의 경쟁력을 제고 시켜 주는 경영활동을 의미한다.

서울미술고 거침없는 학교혁신 드라이브 성공할까?

ALL4ONE(4자협약) 제도화로 입학에서 졸업까지 학생들의 꿈과 재능 지원

내가 함께하고 있는 서울미고가 추진하는 혁신의 속도와 깊이는 가늠하기 힘들 정도로 빠르게 진행될 것으로 보인다. 2022년까지 향후 5년 간 중장기 계획으로 학교 전체 구성원과 내·외부 전문가들이 힘을 모우고 있다. 서울미고가 장기적인 안목으로 과거 50년의 서울미고 역사를 디딤돌 삼아, 새로운 50년을 야심차게 준비하고 있다. 밖으로는 미술학교다운 공간디자인과 안전한 시설 디자인을 위해 현재 한창 학교 공간 디자인 설계를 하고 있다. 안으로는 학생들의 기본습관, 생활습관, 학습습관을 개인별 맞춤형으로 지원하기 위해 1학년부터 단계적으로 실시 예정인 ALL4ONE(4자협약) 제도화에 박차를 가하고 있다. 이는 4자 협약을 통해 학생, 교사, 학부모, 학교(학교장) 등 네 주체가 입학에서 졸업까지 학생들의 꿈과 재능을 키우는데 지원하기 위해 권리와 의무에 대해 구체적인 약속을 함으로써 모든 학교공동체의 책무성을 강화하고 지속가능한 변화와 실천을 선도하는 학교

로 나가는 것이다.

서울미술고는 4자협약 제도의 성공적인 정착을 위해 지난 몇 년간 수업혁신 제도화 연구, 학생 중심 참여수업 연수, 미술학교 특성에 맞는 학급경영 계획수립, 맞춤형 미술 멘토링 강화, 생각하는 미술 프로그램 운영, 친환경 영양급식, 생각공부법 및 이미지학습법 개발 보급, 스팀(STEAM) 프로젝트, 샤이니 아티스트 라디오 및 매거진 발간, 공공 미술재능봉사, 아트스포츠 등 다양한 혁신과제를 지속적으로 실시해 왔다.

이 뿐만 아니라 학생의 이력 관리를 위한 교육 빅 데이터 프로그램 샘플링, 스마트스쿨 오픈 강좌 서비스 시범운영, 1교사 1저서 지원, 새로운 50년 학교혁신 10대 과제 설정, 학생 중심의 교육역량 강화 사업의 충실한 실행, 책임형 방과후학교 운영, 우수한 신규 교사 선발과 체계적인 교육 등 학교현장 중심으로 교사와 학생이 함께 성장하는 행복한 학교문화를 만들기 위해 지속적인 준비를 해 왔다. 이러한 모든 교육 활동의 통합 솔루션이 서울미고가 시도하고 있는 4자협약 제도이다. 4자협약은 우리 학생들의 장점을 발견하고 학생, 학부모, 교사, 학교 모두가 소통하고 협력해서 그 장점을 꿈과 재능으로 구체화하고 키워주는 제도이다.

현재 다양한 방식으로 추진하고 있는 국내 민사고, 삼성고, 이우학교, 하나고, 제주국제학교 등 다양한 혁신학교 사례, 영국의 럭비학교, 미국의 알트스쿨, 일본의 교육개혁 사례, 유럽의 학교 사례 등도 벤치마킹하고 있다. 단순한 학력향상을 위한 제도가 아니라 기초교육부터 생활교육, 교수학습, 학교환경개선, 학교시스템 정비 등 모든 부분들을 재점검해서 혁신적으로 개선해 나가는 방향을 설정하고 있다. 교육은 작은 정성에서부터 시작된다.

모든 교육주체의 화합과 협력으로부터 시작됩니다. 부정적인 마음보다 긍정적인 마음, 과거 지향보다 미래로 지향해야 한다. "그래, 이만하면 됐어."가 아니라 더 열정적으로 우리 학생들과 함께 더 나은 미래로 나가야 한다. 그 동안 서울미고가 50년간 축적의 시간으로 쌓아 온 교육적 자산을 교직원들과 내·외부 전문가가 적극적으로 협력하면 반드시 성공하리라 확신한다. 변화하는 미래 사회와 진로진학에 맞는 교육 서비스를 구현하기 위한 서울미고의 거침없는 학교혁신 드라이브는 꼭 성공했으면 하는 바람이다.

사람과 사물, 인터넷이 융합한 신문명 세상이 온다.

다가올 10년은 우리 삶의 전반에 엄청난 변화의 물결이 몰려올 것으로 예상된다. 그 변화의 물결을 4차 산업혁명이라고도 하고 디지털 산업혁명, 산업 인터넷 혁명이라고도 부른다. 이는 지난 해 세계 기업인, 정치인, 경제학자 등 전문가 1000여명이 참여한 다보스 포럼의 핵심주제이기도 하다. 사람과 사물, 인터넷이 하나로 결합되는 세상이 빠른 속도로 우리 앞에 다가오는 것이다. 앞으로 3년 내에 정보독점이 사라져 모든 사람들이 빅 데이터를 공유하고 활용하는 시대가 도래되고 5년 안에 로봇 서비스가 일상화 될 것이다. 6년이 지나면 사물인터넷과 웨어러블 인터넷, 3D프린팅이 우리 생활 전반을 지배할 것이다.

7년 이후에는 이식형 기술과 빅 데이터 활용, 새로운 인터페이스의 영상 기술, 주머니 슈퍼컴퓨터, 신체이식형 인터넷 단말기가 생활화되고 8년, 9년 이후에는 유비쿼터스 컴퓨팅, 3D프린팅 의료, IoT(사물인터넷)가 가정에서 상용화되고 인공지능이 사무직을 대체하게 된다. 이렇게 10년이 지나면 무인자동차, 스마트시티를 넘어서 비트코인과 블록체인이 세상을 지배하게 된다는 시나리오다.

이러한 혁명적 변화와 혁신으로 인해서 5년간 선진국과 신흥시장을 포함한 15개국에서 현재의 일자리가 710만개 이상 사라지고 새로운 일자리가 210만개 이상 생긴다는 것이다. 지난 몇 차례 산업혁명을 지나면서 일자리가 급격히 감소 것처럼 다가올 미래에도 로봇과 인공지능이 결합한 디지털산업 시대를 맞으면서 사람들이 설 자리는 더 좁아질 것으로 보인다.

이는 상상을 초월한 변화에 직면하고 새로운 일자리를 찾아야 하는 세대에게 결코 먼 미래의 이야기가 아니다. 현재 초중고 학교를 다니고 있는 우리 아이들이 직면할 미래이다. 그리고 기성시대의 경우에도 이러한 변화에 적응하지 못하면 그 동안 쌓았던 모든 바벨탑이 한 순간에도 무너질 수 있다는 것에 대해 경각심을 가져야 한다. 당장 우리 청년들이 일자리를 찾기 위해 많은 시간을 들여서 쌓은 스펙 중 하나인 토익이나 토플 점수와 영어회화 능력은 앞으로 4차 산업혁명을 지나면서 10년 후에 무용지물이 될 수 있다는 것이다. 월스트리트저널 기고에서 미국 국무부 혁신자문위원인 알렉 로스는 10년 안으로 언어 장벽은 무너질 것으로 예측했다.

현재에도 매일 2억 명 이상이 컴퓨터를 활용해서 10억 건 이상 번역하고 있으며, 이러한 빅 데이터가 축적되면서 기계의 번역 성능이 모든 사람들의 뉘앙스 차이까지 표현하는 정교한 번역이 이루어진다는 것이다. 이는 결코 뜬구름이 아니라 실현 가능한 현실이다. 이러한 혁명적인 변화를 앞에 두고 있는 우리는 얼마나 준비가 되어 있는지 걱정이 앞선다. 특히 지난 해 버락 오바마의 라디오 연설에서 소프트웨어(SW) 교육에 40억달러, 우리 돈으로 약 4조를 투자하겠다는 내용이 눈에 번쩍 들어온다. 이 연설에서 오바마는 컴퓨터 과학은 선택할 수 있는 분야가 아니라 기본 기술이라고 강조하며 모든 학생들이 컴퓨터과학을 접할 수 있도록 '모두를 위한 컴퓨터과학(Computer Science for All) 프로젝트'를 시작하겠다는 것이다.

특히 주목할 사항은 '모두를 위한 컴퓨터과학 프로젝트'로 미국 정부뿐만 아니라 전 방위적으로 주지사, 시장, 기업, 비영리단체, 교수, 언론 등과 협업하고, 더 나가서는 기업인 구글, 세일즈포스와 코딩교육을 이끄는 대표적인 비영리단체 코드닷오아르지도 이러한 정책에 전폭적으로 참여하고 있다는 것이다.

아래는 이러한 내용을 담은 오바마 대통령의 30일 라디오연설 전문 중 일부이다.

"이제 우리는 모든 학생이 미래에 좋은 직업을 가질 수 있도록 도와줘야 합니다. 단순히 컴퓨터를 사용하는 것에 그치지 말고 분석 도구를 개발하거나 프로그래밍 기술을 알려줘 국가 경제에 힘을 불어넣을 수 있게 해야 합니다. 이제 자동차 정비공은 단순히 자동차 오일 만 갈지 않습니다. 그들은 1억 줄이 넘는 소스코드를 보면서 일하고 있습니다. 우주 비행기와 관련된 코드와 비교해서 100배 넘는 양이죠. 간호사는 데이터를 분석하고 전자기기에 담긴 기록을 관리합니다. 기계공도 컴퓨터 프로그램을 만듭니다. 또한 모든 근로자는 큰 문제를 작은 문제로 나눠 생각할 수 있어야 합니다. 문제를 풀기 위해 어떤 과정을 거쳐야 할지 스스로 알아내야 합니다. 새로운 경제에서 컴퓨터과학은 선택하느냐 마냐의 문제가 아닙니다. 아동교육에 필요한 읽기, 쓰기, 산수와 더불어 기본적으로 갖춰야 할 능력입니다."

우리는 인터넷 강국을 자부하지만 이런 4차 산업혁명에 대한 준비가 너무도 부족하다. 특히 우리 교육 현장에서는 아직도 낡은 입시 경쟁에서 한 치도 벗어나지 못하고 있다. 창조적이고 혁신적인 교육 서비스 경쟁이 아니라 소모적인 이념갈등 속에 있다. 뿐만 아니라 우리 교육이 관료화되고 이익 집단화 된지 오래다. 이런 현실에 학생들의 미래 비전과 꿈, 새로운 진로와 직업을 위한 교육은 뒷전으로 밀리고 있다.

산업과 디지털, 사람의 지식이 인터넷과 결합하는 무시무시한 사회가 도래하면서 직업과 삶의 패턴뿐만 아니라 정치, 경제, 사회, 문화 등의 모든 영역에서 획기적인 패러다임의 변화를 가져올 것으로 예측된다. 이에 지금부터라도 우리는 이에 맞는 교육시스템의 준비, 새로운 교사의 양성, 미래를 대비하는 학습방법과 학습 도구 개발, 학교현장에서 컴퓨터와 디지털 교육 프로그램의 전면화, 새로운 사회에 적응할 수 있는 경제교육과 직업교육을 빠른 시간 내에 준비해 실시해야 한다.

우리는 더 이상 과거에 발목이 잡혀서 한 발짝도 앞으로 나가지 못하는 누를 범하는 일이 없어야 한다. 과거의 틀에서 벗어나지 못하는 입시제도, 공장형 교실 수업 시스템과 낡아빠진 교육 방식, 기득권을 지키기에 급급한 교육 관료와 행정이 지배하는 교육기관과 학교 시스템들, 더 나아가 잠자는 교실에 침묵하는 교육기관, 학교, 그리고 학교 구성원들 존재하는 것이 우리교육의 현재 모습이다. 변화와 혁신은 때가 있는 것이고 그 때를 놓치면 더 큰 대가를 치르기 마련이다. 우리는 우리 눈앞에 곧 닥쳐올 디지털 산업혁명을 먼 미래 일이라고, 당장 내일이 아니라고 외면해선 안 된다. 우리는 지금부터라도 교육혁신을 통해 적극적으로 대처하고 준비하면 4차 산업혁명은 우리들과 우리의 미래세대에게 더 큰 선물이 될 것이다.

위기의 공교육 어떻게 살릴까?

우리는 협동조합학교에 주목해야 한다. 협동조합학교는 하나의 교육 시스템이다. 학생, 교사, 학부모, 지역사회가 협력해서 함께 성장하는 학교모델이다. 학생들이 학교 운영에 참여하고, 협동을 통한 학습, 봉사와 나눔의 교육, 문화, 예술, 진로 분야의 동아리를 협동조합 형태로 운영해서 지역사회에 참여하고, 자신이 선택할 진로와 직업 역량을 학생 스스로 높여가는 학교이다.

학생들 간의 과도한 경쟁을 넘어서 협력과 화합, 협동을 통해 함께 성장해 가는 보다 나은 교육적 가치를 지향하는 공동체 학교이다. 영국의 공교육 혁신을 이끌고 있는 800여개의 협동조합 학교 모델에 우리는 주목해야 한다. 변화와 혁신은 단순한 구호만으로 가능한 일이 아니다. 학생이 중심이 되는 학교를 넘어서 학생의 자치권을 강화하고 학생이 주도하는 학교 모델이 될 때 위기에 빠지고 있는 한국의 공교육을 살릴 수 있다. 그런 면에서 협동조합학교 모델이 모든 것을 해결할 수는 없겠지만 새로운 학교, 미래형 학교 모델로 우리의 현실과 여건에 맞게 적용하면 하나의 좋은 대안이 될 수 있을 것이다.

최근에 학교 현장에서 실험적으로 실시되고 있는 학교매점 운영의 학교협동조합, 참여수업, 거꾸로 교실, 협동학습, 지역사회 연계 학습, 마을 방과후학교, 학교운영위원회 등의 성공적인 운영에 적합한 모델이 협동조합학교이다. 가고 싶은 학교, 시끌벅적한 신나는 교실, 학생이 진정한 주인인 학교로 가기 위한 좋은 모델로 한국형 협동조합학교에 대해 지금부터라도 정치적, 이념적 이해관계를 넘어서 학생들을 위한 교육에만 초점을 두고

학생, 교사, 학부모, 학교, 지역사회, 교육부, 교육청이 협력해서
추진 할 수 있는 모델로 검토하고 적용할 수 있는 방안을 모색 했
으면 하는 바람이다.

왜 교사 직업이 사라질까?

첨단기술이 전 세계 약 1억 4000만명의 풀타임 교사를 사라지게 만든다고 예측

영국의 옥스퍼드대 마이클 오스본이 빅데이터 분석을 통해
예측한 <고용의 미래 보고서>에서 20년 안에 사라질 직업들을
살펴보면 현재 유망 직업인 회계사, 교사, 요리사, 의사, 판사, 변
호사, 약사 등등이 포함되어 있다. 교육현장에 있는 터라 교사 직
업이 사라진다는 것이 더 눈에 들어온다.

왜 교사 직업이 사라질까? 생각해 보면 현재에도 뚜렷하게 그
런 조짐은 나타나고 있다. 이는 무료온라인 강의인 '개방형 온라
인대학(MOOCs)'이 급성장 하고 있는 것이다. 무크는 단순한 강
의 플랫폼이 아니다. 그곳에서는 학생들이 토론을 통한 참여 수
업, 자기주도적 과제수행, 강의 수강에 대한 디테일한 피드백, 개
인별 특성을 잘 분석한 성적 결과까지 거대한 데이터가 구축되
고 있다.

이 방대한 정보를 기반으로 한 더 정교한 컴퓨터 강사가 개인
별 맞춤형 학습과 평가, 취업 적성도 등을 도출해 내는 역할을 하
게된다. 맥킨지 글로벌 인스티튜트에서는 이러한 빅 데이터를
기반으로 한 첨단기술이 전 세계 약 1억 4000만명의 풀타임 교사

를 사라지게 만든다고 예측하고 있다. 물론 현재의 가르치는 교사는 종말을 고할 것이 확실하지만 심리상담사, 카운슬러, 어드바이저, 멘토, 퍼실리테이터, 진로 및 학습코치, 컨설턴트 역할을 하는 고도의 전문성과 심리, 감정을 치유하는 교사는 더 인기 있는 직업으로 각광받지 않을까 생각해 본다.

기존의 교사만 살아지는 것이 아니다. 현재의 교실 형태나 학교 캠퍼스도 살아질 것으로 보인다. 그 대표적인 실험이 미네르바스쿨이다. 이 학교는 정해진 캠퍼스가 없다. 샌프란시스코를 거점으로 4개월마다 베를린·런던·부에노스아이레스 등 전 세계 7개 도시를 돌아다니면서 공부할 수 있다. 모든 학생이 정해진 교실에서 정해진 시간, 정해진 방식으로 반복해서 공부하는 낡은 방식은 살아져야 한다. 미네르바스쿨처럼 모든 학교가 자유로운 공간에서 자유로운 시간에 자유로운 방식으로 공부할 수 있는 시스템이 미래학교의 모습이 될 것이다. 학생 스스로 문제를 찾고 해결하는 역량을 키울 수 있도록 '프로젝트 중심 교육(Project Based Learning·PBL)'을 강화하기 위해서는 학교 시스템이 획기적으로 변해야 한다.

똑같은 교실에서 똑같은 시간에 교사가 일방적으로 수업하는 시대는 끝나야 한다. 다양한 온라인과 오프라인 공간에서 자유롭게 원하는 과목과 다양한 교육콘텐츠로 스스로 공부할 수 있는 교육시스템으로 전환해야 한다. 언제까지 낡은 교육방식을 고수할 것인가. 4차 산업혁명 기반의 미래학교는 배움의 자율성을 주는 것이다. 각자의 재능과 학습 역량, 학습 곡선에 맞게 공부할 수 있는 환경을 만들어 주는 것이다.

누구나 평등하게 교육 받을 권리에만 머물면 안 된다. 그것에 더하여 개별화 교육, 다양성 교육, 창의성 교육, 융합 교육, 4차 산업혁명 기반 교육 등을 더 강화해야 한다. 교육과정, 교육공간, 수업방식, 교육행정시스템이 획기적으로 변해야 공교육은 정상화될 것이며, 미래학교에서 살아남을 것이다. 공교육을 내실화하는 변화와 혁신의 시간을 놓치면 공교육은 외면 받을 것이며, 그 피해는 모든 학생과 학부모라는 것을 명심해야 한다.

4차 산업혁명시대 블록체인과 교육혁명

최근에 화두가 되고 있는 단어가 블록체인이다. 작년까지만 해도 4차 산업혁명의 기술하면, ICBM+AI 즉 IoT(사물인터넷), CLOUD(클라우드), 빅데이터(BIG DATA), 모바일(Mobile), 그리고 인공지능(AI) 등이 화제를 모았다. 특히 알파고 등장 이후로 인공지능 시대의 도래와 사라지는 일자리 문제 등이 뜨거운 논쟁을 일으켰다. 학교 현장에 있는 저로선 교육 분야에서 어떤 변화가 있을지 관심이 많았으며, 가르치는 교사의 일자리는 인공지능으로 대체될 거라는 기사도 종종 볼 수 있었다. 개인적으로는 학생들의 모든 이력관리(출결, 수행평가, 성적, 상담기록, 수업참여도, 수업콘텐츠, 내·외부 교육활동, 봉사활동, 동아리활동 등을 통합관리) 빅데이터를 구축해서 학생 맞춤형 교육 서비스를 위한 솔루션을 학교 현장에 도입하기도 했다. 아직은 걸음마 단계이지만 2018년도부터는 좀 더 체계적으로 데이터 분석이 되어서 학교생활과 공부, 진로진학에 적극적으로 활용될 것으로 기대된다.

무엇보다 최근에 핫 이슈로 떠오르고 있는 블록체인 기술이 결합되면 그 폭발력은 상상할 수 없을 정도로 진화할 것이다. 블록체인이라는 개념은 생소하고 어렵다. 블록체인은 비트코인이 부각되면서 가장 많이 언급된다. 가상화폐 비트코인은 세상에 나타난 지 5년 만에 시가총액으로 세계 100대 화폐 안에 들어갈 정도로 폭발적으로 성장했다. 블록체인 기술이 비트코인을 세상에 나오게 했다. 블록체인은 일종의 거래장부다. 최근 거래내역을 적어 놓으면, 새로 만든 거래 장부를 다시 모든 비트코인 사용자가 나눠 가져간다. 이런 작업을 계속 반복해 만든 묶음을 '블록(block)'이라고 부른다. 블록이 모인 거래장부 전체가 블록체인이 되는 셈이다. 비트코인은 처음 만들어진 2009년 1월부터 지금까지 모든 거래내역이 블록체인 안에 쌓여 있다. 그리고 계속 해서 현재까지 전 세계 비트코인 사용자는 비트코인 네트워크에서 만나 블록체인으로 이어지고 있다.

블록체인 기술을 통해 결국 국가가 독점하고 규제했던 정보가 사용하는 사람들에게 분산되어 탈중앙화 되는 것으로, 사용자의 신뢰를 바탕으로 정치, 경제, 사화, 문화, 교육 등 모든 분야에서 확대 적용된다면 새로운 디지털 혁명이 일어나게 될 것으로 보인다. 국가가 무조건 통제하고 규제할 것이 아니라 긍정적으로 블록체인 기술이 발전해 나갈 수 있도록 근본적인 대책이 필요하다.

　UEA 두바이는 2020년까지 100% 블록체인 기반서비스를 갖추겠다고 블록체인 중심 정부를 선언하기도 했다. 새로운 기술의 진화에는 여러 가지 부작용이 있기 마련이다. 그 부작용 때문에 반 시장 정책을 지속적으로 쓴다면 글로벌 경제시대에 우리에게 다가오는 또 다른 기회를 놓치게 될 것이다. 여러 가지 발생할 문제에 대해서는 철저히 대책을 수립하되, 블록체인 시장을 선도할 수 있는 환경 구축에도 힘을 쏟아야 한다. 영국의 자동차 산업 발전을 가로막은 '빨간 깃발법'을 반면교사로 삼아야 한다.

　전자투표, 부동산 중개, 공급망 관리(SCM), 의료서비스, 공공서비스, 보안관리, 비트코인 상용화 등 다방면에 블록체인 기술이 접목되겠지만 무엇보다 필자는 교육 분야에서 블록체인 기술이 어떻게 융합될지 관심이 크다. 블록체인 미래혁명으로 변화하는 환경과 일자리 등에 맞는 교육과정이 설계 되어야 할 것이고 교육관련 입시, 성적, 학생관리, 생활기록부, 문제은행, 과정중심평가, 개인별 활동 관리 등을 블록체인 기술을 기반으로 기록하고 평가한다면 혁신적으로 학교 시스템도 발전할 것으로 기대된다.

　모두가 피부로 느끼지 못하지만 거대한 블록체인 혁명의 파도가 밀려오고 있다는 느낌이 든다. 얼마나 선제적으로 대응하고 주도적으로 다양한 분야에 적용하느냐에 따라 그 결과는 다를 것이다. 지난해 발행한 한국과학기술정보연구원의 마켓리포트에 따르면 국내 블록체인 시장규모는 지난 2016년 201억원에 불과했지만 2022년에는 3천 562억원까지 성장할 것으로 예측했다. 세계 블록체인 시장규모 2016년 2억 달러, 2022년 37억 달러로 증가할 것으로 전망했다. 현재 상황을 보면 이보다 더 폭발적으로 증가할 것으로 예상된다. 예측 불가능한 미래를 살아가는 지금, 미래 산업에 대한 선제적 대응에 실패하면 엄청난 대가를 치를 수 있다. 교육 분야를 포함해서 모든 분야에 4차 산업혁명 기반의 미래혁신을 선도하는 새로운 패러다임을 가져야 한다.

제 3장
비영리 활동을 말하다

문득 누구의 역사를 담고 있는지 모를 낡은 카메라에 담긴 수많은 기록들,
사연들, 평범한 혹은 특별한 장면들은 우리들에게 어떤 의미로 다가올까?
그 누구에게는 사랑으로. 그 누구에게는 뼈아픈 이별로,
또 다른 이에게는 감동의 순간으로 남아 있을 것이다.
'역사를 잊은 민족에게는 미래가 없다'라는 말이 새삼 떠오른다.

비영리혁신센터(NPIC): 엔피크, 함께 만듭시다!

나는 지난 1996년부터 2018년 현재까지 인권, 교육, 봉사, 청소년 분야 등에서 22년째 비영리 활동가로서의 삶을 묵묵히 걸어가고 있다. 이 길은 그냥 좋아서, 내가 해야 할 일이라고 생각해서 지금까지 지속적으로 해 오고 있다. 지금까지 해 온 일들을 밑거름으로 앞으로는 비영리 분야에 관심 있는 여러 청년 활동가들이 엔피크를 통해 지속적으로 함께 성장하고 발전할 수 있게 돕는 일에 힘을 모으고 싶다.

"우리에게 위대한 기업만 있다면, 풍요로운 사회를 건설할 수 있을지 몰라도 위대한 사회를 건설하지 못할 것이다. 경제 성장이나 경제력은 위대한 국가를 건설하는 수단일 뿐 그것만으로 위대한 국가를 건설할 수 있는 것은 아니기 때문이다. 그러므로 우리에게는 위대한 사회를 건설할 위대한 비영리 기관이 절실히 필요하다." (짐 콜린스의 '좋은 조직을 넘어 위대한 조직으로'에서)

비영리 분야에서 함께한 국제앰네스티 한국지부, 아름다운학교운동본부, 아름다운교육신문, 창조적봉사자그룹, 사회공헌뉴스, 좋은학교운동연합, 카페오아시아, 서울미술고등학교, 월간교육, 에듀인뉴스, 관악엉뚱한미술학교 등은 저에게 소중한 경험을 주었다.

그 동안 추진해 온 서울미술고 3.0 시대 프로젝트, 수업혁신 제도화연구 프로젝트, 교육 토크먼스 프로젝트, 해피스쿨 프로그램, 미래형학교 설립 프로젝트, 세계청소년지식포럼, GK 프로젝트, NGO활동가컨퍼런스, 청년리더학교, 샤이니 하이스쿨 라디오, 라라스페이스, 샤이니 아티스트 매거진, 크리에이티브 씽킹 프로젝트, 청소년 꿈과 재능 나눔 프로젝트, 유스클라우드 프로젝트, 청년리더학교 운영, 아트하이스타 플랫폼 구축, 관악엉뚱한미술학교(das) 운영, 청소년미래학교 유스클라우드(Youthcloud) 프로젝트 등 함께했던 다양한 프로젝트들은 삶의 중요한 자산이 되었다.

그 길에서 겪은 여러 가지 어려움과 좌절, 시행착오도 많았지만, 내가 경험한 일에 대한 깊은 애정과 사명감을 갖고 있다. 무엇보다 이러한 일들이 나 우리들을 더 선한 가치로 나아가는 작은 변화를 이끌어 내고 서로를 성장시키는 밑거름이 될 것이라는 확신을 가지고 있다. 이러한 일들이 보다 실질적이고 지속적으로 비영리 영역에서 사회적 가치를 높이고 세상에 선한 영향력을 주기 위한 위대한 조직으로 발전해 나가기 위해서는 대한민국 비영리(NGO·NPO) 분야의 성장과 발전이 무엇보다 중요하다는 생각이 든다.

좀 더 현실적으로 말하면 비영리 영역에서 활동하고 싶은 청년 활동가가 자신의 꿈과 재능을 잘 발휘하고 지속적으로 성장해 나갈 수 있는 여건을 마련해 주는 것이 중요하다. 한국에 있는 수많은 비영리민간단체들이 명확한 비전과 미션, 제대로 된 사무 공간, 재정, 조직, 홍보, 교육 프로그램이 갖춰지지 않은 환경

에서 비영리 분야에서 일하고 싶어 하는 청년 활동가들의 참여
와 열정을 바라는 건 무리한 일이다.

지난 22년간 비영리 활동가로서 겪은 여러 가지 어려움을, 열
정과 희망을 갖고 새로 시작하는 청년 활동가는 겪지 않았으면
하는 바람이 크다. 비영리 분야에서 일하는 자부심과 지속적인 전
문성과 역량을 높일 수 있는 환경과 시스템을 만들었으면 하는
고민을 오랫동안 해 왔다. 그 중에서도 최근 5년간 여러 비영리 활
동가와 지인들이 함께 고민하고 기획해 온 것은 비영리혁신센터
구축에 뜻을 같이하는 비영리단체들의 연대형식으로 센터를 함
께 운영하는 것이다. 센터 운영은 다양한 방식이 있을 수 있다. 비
영리법인이나 협동조합 방식으로 만드는 것도 가능하다.

각각의 비영리민간단체나 법인이 고유한 목적사업을 안정적
으로 추진할 수 있는 사무공간과 공동으로 사용할 수 있는 회의
실, 강의실, 커뮤니티 카페, 통합OA실, 힐링휴게실, 그리고 비영리
단체의 일정을 공유하고, 프레스, 손님응대, 우편물, 관리비, 행사
관리 등을 종합 관리하는 행정지원 데스크를 운영하는 것이다.

특히 통합 SNS 전략과 온라인 통합플랫폼 구축으로 지속적이
고 정기적인 비영리(NGO·NPO) 활동가 역량강화 프로그램을 운
영할 수 있다. 함께하는 비영리 단체에서 운영하는 다양한 프로
그램의 홍보, 국가 재난이나 안전, 국제문제 등을 긴급하게 공동
으로 대응해야 이슈, 공동 펀드라이징 프로그램 등도 함께 운영
할 수 있다. 뿐만 아니라 세무관리, 행정관리, 법률 서비스, 사업

컨설팅, 활동가 양성 교육 등을 공동으로 대응한다면 비용을 줄이고 효율적으로 업무 경감을 할 수 있어서 단체의 목적 사업에 더욱더 집중할 수 있다.

현재 비영리 영역에서 공유모델로 벤치마킹해 볼만한 모델을 살펴보면 우선 영국 '옥스팜'의 비영리 복합 공간 운영 모델이나 국제 앰네스티의 적극적인 회원 모집 및 교육 전략과 지역별, 직능별 그룹핑, 이슈 캠페인 개발 모델, 서울시가 주도하고 있는 공유플랫폼인 혁신파크, 청년청, NPO센터 등이 주목할 만하다.

서울혁신파크는 사회적경제지원센터, 청년일자리허브, 마을공동체지원센터, 인생이모작센터 등 중간지원기관 조직과 다양한 사회혁신 기업들이 사회 문제를 새로운 방법으로 해결하고 새로운 부가가치를 창출하는 혁신적인 방법을 모색하는 새로운 창조 공간으로 거듭나고 있다. 그리고 뉴욕 최대의 자원봉사 단체인 '뉴욕 케어즈'의 2,500개가 넘는 다양한 봉사 프로그램을 성공적으로 운영하는 모델도 벤치마킹해서 각 단체의 프로젝트에 따라서 십시일반 모여서 공동 프로그램 운영도 가능하고, 필요하면 자원봉사자도 공동으로 모집해서 교육하고 운영할 수 있다.

뉴욕 케어즈의 자원봉사는 봉사자들에 의해 자발적으로 봉사가 이루어진다는 것, 봉사 프로젝트를 내 시간에 맞춰 융통성 있게 선택할 수 있다는 것, 그리고 내가 열심히 하면 그룹 리더가 되어 봉사 프로젝트를 이끌 수 있다는 것, 날마다 다양한 봉사활동에 참여할 수 있다는 것, 내가 가지고 있는 능력과 재능에 맞춰 봉사할 수 있다는 것, 내 생활의 일부로서 봉사할 수 있다는 것 등으로 정말 좋은 점이 많다. 뉴욕 맨허튼을 중심으로 자원봉사를 하고 있으나 점차적으로 어려운 지역을 지원하기 위해 뉴욕의 브롱스 등 5개 자치구로 자원봉사를 확대하고 있다. 뉴욕 케어즈의 봉사활동은 인기가 많다고 자랑을 하며 어린이, 어른 교육, 환경, 홈리스, 빈곤, 고령자들, 재난과 재해 등 활동 1,500개 이상의 프로그램을 운영하고 있다.

뉴욕 케어즈는 62,000명이란 많은 봉사자와 상근자 80명을 효율적으로 관리해 내는 비결은 역시 1,300명이 넘는 팀 리더의 자발적인 참여와 헌신이다. 이러한 뉴욕 케어즈의 자원봉사 운영 프로그램을 비영리단체의 공유모델로 필자가 제안하고 싶은 비영리혁신센터에 도입할 경우에 선한 가치를 높일 수 있는 자원봉사자 공유를 효율적으로 할 수 있다.

더불어 최근에 활발하게 진행되고 있는 미국의 'WE WORK'나 한국의 'FAST FIVE'의 기업모델의 공유 하우스나 공유 오피스의 비즈니스 모델의 장점을 최대한 살리고 비영리 특성을 반영한 최적의 모델을 함께 고민해 만들었으면 좋겠다. 위워크는 최근 한국의 공유오피스 시장까지 진출했으며, 패스트 파이브(FAST FIVE)는 최근에 대표적인 공유오피스 성공모델로 지점을 확장하고 있다.

성공적으로 운영하고 있는 몇 가지 중 벤치마킹할 만한 공유

스페이스 사례인 라운지위는 북카페와 코 워킹 스페이스를 결합한 공간이다. 크게 휴식공간, 몰입 공간, 창조공간으로 나눠져 있다. 주로 모임과 책모임을 하는 공유 공간이다. 서로에게 영감을 주며 성장하는 복합 공간인 라운지위는 미지의 곳으로 날아오르기 전 설렘과 준비가 있는 곳인 동시에 소중한 사람들과 함께 휴식과 즐거움을 나누는 곳을 만들고 있다. 이 또한 창의력과 협업, 그리고 최고의 몰입을 할 수 있게 만들어 진 공간이다.

공유경제가 화두인 요즘 우리나라에도 공유오피스 사업자들이 많이 생기고 있다. 위에서 잠시 언급했던 WE WORK는 오피스 렌탈 서비스 회사이다. 또는 코 워킹 스페이스 회사라고도 한다. 2011년 매슈 쌈파인, 애덤 뉴먼, 제시 미들턴 등 3명의 20대 사업가가 설립하고 건축가 미구엘 맥캘비가 협력했다. 설립 4년 만에 워싱턴, 보스턴, 로스앤젤레스, 시카고, 마이애미 등 미국 전역뿐만 아니라 이스라엘, 영국 등에도 진출했다. 뉴욕 맨허튼의 배릭 스트리트에 있는 위워크의 모습도 그렇다.

밖에서 보면 허름한 대형 벽돌창고 같지만 안으로 들어서면 1층에 호텔 로비만큼 넓은 공간에 소파, 탁자 등이 배치되어 있다. 한쪽 구석엔 게임기도 있고 로비 뒤편으로 가면 40~50명이 동시에 일할 수 있는 대형탁자 3개가 있다. 사무실이 몰려 있는 4~6층에는 소형영화관, 바 형식의 간이식당, 무료 맥주코너 등 각종 편의시설이 있다. 맨허튼에만 위워크 사무실은 13곳이나 있다.

위워크는 네 가지 큰 테마로 서비스를 제공한다. 개방형 사무

장 할 수 있는 공유시스템을 만들자는 취지도 포함되어 있다.

'엔피크' 설립의 꿈은 혼자서 이룰 수 없다. 뜻을 같이 하는 여러 단체와 개인들이 함께 뭉칠 때 가능하다. '엔피크'를 통해 한데 뭉치는 방법은 여러 가지가 있다. 첫 번째는 중앙정부나 지방정부가 주도해 센터를 설립하고 직접 운영하거나 위탁하는 방식이다. 직접 운영하는 방식은 서울시의 혁신파크 같은 모델이고 민간위탁형은 서울NPO지원센터나 청소년수련관 모델이다.

두 번째는 민간주도형 모델을 뜻을 같이하는 단체들이 주도해서 재단법인이나 사단법인, 협동조합 등 설립을 통해 공동출자해서 운영하는 방식이다. 이러한 방식은 함께 하는 단체들의 뜻을 가장 잘 반영할 수 있는 방식이지만 의사결정의 투명성과 민주성, 운영 능력의 전문성을 모두 갖춰야 성공할 수 있다.

세 번째는 사회적 가치에 뜻이 있는 개인이나 기업의 기부금으로 비영리 법인이나 영리법인을 설립해서 운영하는 모델이다. 이 경우에는 참여하는 단체에게는 최소한의 비용으로 최적화 된 사무실 제공과 다양한 서비스를 제공받을 수 있다는 장점이 있으며, 운영법인의 경우에는 공유서비스사업을 할 수 있는 단체나 개인의 수와 공유사업의 종류가 늘어날수록 안정적으로 재정을 확보할 수 있고, 여기서 발생한 수익을 참여한 단체나 개인에게 환원하는 선순환 구조를 만들 수 있다.

개인적으로 정부가 지원하고 민간이 주도해 시장에서도 경쟁력을 갖춰 자생적으로 성장할 수 있는 모델을 만드는 게 중요하다. 이 모델은 민간주도의 비영리법인과 이를 운영할 수 있는 영리법인(혹은 사회적기업, 협동조합)이 적절히 결합된 형태가 이상적이다. 비영리 분야의 단체와 개인, 자원봉사자들을 함께 묶을 수 있는 법인설립과 이들에게 최적의 서비스를 제공하는 영리법인이 함께 운영하는 것 또한 중요하다.

특히 운영주체인 비영리법인과 운영위탁을 맡은 영리법인이 공동으로 '엔피크'에 참여하는 단체나 개인, 자원봉사자들의 권익을 신장하기 위한 기금조성, 다양한 수익사업 운영, '엔피크'의 지부 설립 확대 업무를 함으로써 향후 5년 내에 500개 이상의 단체와 5만 명 이상의 자원봉사 네트워크를 만들 수 있으며, 매년 매출 규모도 약 200억 이상 획기적으로 늘릴 수 있을 것이다.

최근 들어 주목 받고 있는 코 워킹 스페이스는 엔피크 모델에 부분적으로 적용할 수 있는 좋은 사례라고 할 수 있다. 코워킹 스페이스에는 샌프란시스코의 햇 팩토리(Hat Factory)에서부터 공유경제 모델로 성공의 반열에 오른 위워크 공동창업자 애덤 노이만, 우버(Uber)의 트래비스 칼라닉, 그리고 영국의 코워킹런던 닷컴, 중국 베이징 이노웨이 거리의 '처쿠카페'와 '3W카페', 발리의 후붓(Hubud) 등이 있다.

그리고 한국의 경우에도 세계적인 트렌드에 맞게 문화, 예술 콘텐츠 기획사 까사 갈라, 사회 혁신가들의 공간 스페이스 노아, 청년들의 창작공간 무중력지대 대방동, 강소기업과 프리랜스 공간 슈퍼에드 플레이스, 디지털 노매드와 창업가 공간 하이브아

레나, 셰어하우스와 소규모 전시, 세미나, 파티 공간인 위드썸씽, 문화 콘텐츠 협업공간인 아이디어 팩토리, 강연과 행사 공유 공간 마이크임팩트 스튜디오, 북카페와 코워킹 스페이스 결합 공간인 라운지위 등 다양한 공간이 강남을 중심으로 확장되고 있는 추세이다.

이는 IT 기술의 발전으로 공간적인 제작이 사라지면서 비싼 사무실을 혼자 임대하는 것보다는 사무실부터 회의실, 세무 등 각 서비스를 공유하는 게 대세가 되고 있는 것이다. 우리가 만들려고 하는 비영리혁신센터는 민간영역에서 확장되고 있는 다양한 코 워킹 스페이스와 공유 페이스 사업의 장점을 최대한 살려 비영리 간 네트워킹을 강화하는 방향으로 공유 부분을 혁신적으로 확대해 나가려고 한다.

그러기 위해서는 '엔피크' 설립은 계획단계부터 사전 계획을 세워 철저히 준비해야 한다. 그 첫 번째는 사람이다. 가치와 방향에 대해 공감하는 사람들이 함께하는 것이다. 코어그룹 내에서는 파트별 함께 작업할 탁월한 사람이 필요하다. 전체 방향과 비전을 설정해 줄 수 있는 총괄기획실을 중심으로 씨드머니와 지속적인 운영기금을 마련해 줄 기금모금팀, 엔피크가 더 넓고 더 깊게 확장하고 변화 발전할 수 있는 혁신적인 사업을 개발해 줄 사업개발팀, 엔피크의 출발점이자 핵심 프로젝트인 공간혁신을 책임져줄 공간디자인팀, 마지막으로 엔피크의 존재의 이유이자 궁극적인 목적인 뜻을 같이 해 줄 개인, 단체, 기관, 기업 등을 네트워킹해 줄 참여공동체팀 등에 멋진 사람들과 함께하는 것이다.

두 번째는 우리가 생각하고 있는 일들을 체계적으로 정리하고 담아 내 줄 수 있는 그릇인 온라인 플랫폼 구축하는 일이다. 이 플랫폼에는 엔피크의 목적과 비전, 운영철학, 운영모형, 주요 사업, 함께하는 사람들, 함께하는 단체들, 후원그룹, 모금캠페인, 엔피크 공간을 소개하는 페이지 등으로 구성하고, 미디어나 SNS 등을 통해 우리가 하고자 하는 일들을 알리고 공유해야 한다.

세 번째 중요한 일들은 엔피크가 정식으로 출범하기 전에 차질 없이 모든 프로젝트가 진행될 수 있게 세부 운영일정을 수립하는 것이다. 이 운영 일정에는 코어그룹 발족부터 모금 활동 준비, 법인화 계획까지 디테일한 일정이 있어야 한다. 6개월 정도 준비과정을 거치고 다양한 사례를 벤치마킹하는 것은 물론이고 사업 컨설팅, 재무 분석은 물론이고 엔피크 준비 사무실부터 코 워크 스페이스처럼 꾸며 운영하는 것이 필요하다. '시작이 반'이라는 말이 있다. 대한민국의 비영리 분야의 발전과 더불어 비영리 청년 활동가에게 꿈의 활동 공간을 만들어 주고 싶은 순수한 마음으로, 그 반의 출발을 TF팀을 통해 함께 시작할 있는 열정 있는 혁신가들과 함께했으면 좋겠다.

"혼자가면 당장 빨리 갈 수 있을지 모르지만 외롭습니다. 함께 가면 조금 느리게 갈지도 모르지만, 행복한 마음으로 더 멀리 갈 수 있습니다. 그냥 즐거운 마음으로 당신이 가진 느낌 그대로 이 일이 마음에 와 닿았다면 함께 합시다." 시간이 지나도 변하지 않은 비영리 영역의 핵심가치를 중심으로 한 비영리혁신센터 구축을 통해 지속적인 변화와 성장으로 나가자. 사람이 먼저인 위대한 조직을 만들자. 겸손한 성품과 창조적인 재능으로 비영리 분야에 헌신할 수 있는 청년 활동가들이 활동할 수 있는 통합적인 커뮤니티를 함께 만들자. 그리고 우리 이제 소통과 협력, 나눔과 공유의 정신으로 함께 나가자. 지나친 경쟁을 넘어 상생으로, 이기적인 소유를 내려놓은 공유로, 승자 독식이 아닌 나눔이 중심이 되는 미래로 지금 바로 함께 나가자.

청소년 재능봉사 온라인 플랫폼이 필요하다

한국아동권리학회가 발행한 청소년 자원봉사활동 실태 연구(2015. 아동권리 4권 2호, 하승민, 임현범)에 의하면 봉사활동이 필요하지 않은 점은 형식적·겉치레 봉사는 진정한 봉사가 아니기 때문(65.2%)과 대입 내신 성적 반영이 싫어서(20.2%)라고 했다. 봉사활동 참여 계기는 학교성적과 관련하여(84.2%), 동아리를 통하여(40.1%), 친구를 통하여(38.6%) 주로 참여하게 되었고, 자발적 참여는 22.9%로 나타났다. 자원봉사활동 분야는 일손 돕기(37.9%), 위문 활동(23.8%), 환경시설 보전(17.9%)등의 영역이었고, 봉사 시기는 주로 방학(47.5%)과 주말(38.3%)을 택했습니다. 자원봉사활동에 대한 교육 유무는 교육받은 청소년들(13.5%)보다 받지 않은 자들(86.5%)이 더 많았다.

청소년 자원봉사의 문제점인 입시를 위한 봉사 점수 따기에 매몰된 형식적 봉사활동 해소와 단순한 일손 돕기, 위문활동 등에서 벗어나 자신의 재능을 발휘할 수 있는 봉사활동을 할 수 있게 하며, 더 나가 방학과 주말에 치중되어 있는 봉사활동이 아니라 청소년들이 일상생활에서 자기 주도적으로 봉사활동을 할 수 있게 해야 한다. 특히 자원봉사 활동 교육이 전무한 우리 현실을 탈피하기 위해 봉사활동 교육부터 자신의 재능을 키우는 자원봉사를 언제 어디서나 자유롭게 할 수 있게 하는 게 중요하다.

청소년 재능봉사 온라인 플랫폼은 청소년들이 각자 가진 재능으로 일상생활에서 언제든지 봉사활동을 할 수 있게 만든 사이트로 청소년 재능봉사 가능 기관과 단체 정보 제공 및 매칭(실시간 봉사활동 기관 정보 제공, 재능봉사 활동 분야 분류 제공, 봉사기관과 청소년 매칭 프로그램 제공), 청소년 자기주도 재능봉사 노트 앱 제공(봉사활동일정관리, 봉사 일기장, 봉사 포토갤러리 등 봉사 이력 관리 서비스), 청소년 재능봉사 콘텐츠 공유 알림장 서비스(봉사활동 우수사례, 봉사활동 이모저모, 봉사활동 빅데이터 분석 자료 등)를 하는 사이트를 만들어야 한다.

한국아동권리학회가 발행한 청소년 자원봉사활동 실태 연구(2015. 아동권리 4권 2호, 하승민, 임현범)에서도 보듯이 청소년의 봉사활동은 이미 대학입시를 위한 도구로 전락하고 말았다. 봉사활동의 참 의미는 없어지고 봉사점수 채우기를 위한 주말과 휴일의 형식적인 활동이 되고 있다. 청소년에게 봉사의 올바른 의미를 깨닫게 하는 봉사활동 교육 정보를 제공 체계적이고 구체적으로 제공하고, 청소년들의 꿈과 재능을 발휘할 수 있는 재능봉사 앱 활용으로 자기 주도적으로 봉사 활동을 봉사일기와 포토 갤러리를 통해 기록하고 재능 봉사 콘텐츠 공유 알림장 서비스 등 실시간으로 봉사활동의 기간과 위치, 내용을 온라인에서 언제, 어디서나 참여 할 수 있는 청소년 재능 봉사 온라인 플랫폼 구축이 필요하다.

한국아동권리학회가 발행한 청소년 자원봉사활동 실태 연구(2015. 아동권리 4권 2호, 하승민, 임현범)에 청소년들이 답한 형식적·겉치레 봉사는 진정한 봉사가 아니기 때문(65.2%)과 대입 내신 성적 반영이 싫어서(20.2%)라고 한 설문조사 지표를 개선하기 위해서 자신의 재능을 잘 발휘할 수 있는 봉사 프로그램을 제공함으로써 자신의 역량을 잘 발휘 할 수 있는 실질적인 봉사활동으로 변화시킬 수 있을 것으로 기대된다. 뿐만 아니라 자원봉사 분야도 자신의 재능 다양한 재능(예술적 재능, 문학적 재능, 전공분야 기술, 학습지원 등)을 발휘할 수 있는 방향으로 나갈 수 있다.

우리 사회에는 봉사의 손길이 필요한 곳이 많다. 특히 재능봉사가 필요한 보육원, 사회복지시설, 대안교육시설, 어려운 처지에 있는 청소년들이 많다. 지역사회에 있는 봉사가 필요한 다양한 시설 정보를 제공하고, 청소년들이 자원봉사 이력관리를 통해 자신의 재능에 맞는 봉사활동과 매칭 할 수 있게 한다면 필요한 시설기관에서 적재적소에 청소년 재능봉사활동이 이루어 질 수 있을 것으로 기대된다. 위에서 언급한 기대효과 및 영향력은 어떻게 측정할 수 있을까.

첫째, 청소년 재능봉사에 참여하는 학생을 청소년 재능봉사 클라우드 사이트를 통해 1차 연도 1,000명, 2차 연도 5,000명, 3차 연도 10,000명 등으로 꾸준히 높이며, 재능봉사 수혜를 받은 지역사회 기관도 1차 연도 50개, 2차 연도 100개, 3차 연도 300개 등 꾸준하게 늘린다. 둘째 청소년 재능봉사 앱 사용을 통해 봉사 일기, 봉사 활동사진, 재능봉사 콘텐츠를 공유하는 인원을 1차 연도 1,000명, 2차 연도 5,000명, 3차 연도 10,000명까지 늘린다. 셋째 봉사활동의 수혜자를 재능봉사자 1명당 3명 이상으로 늘려 1차 연도 3,000명, 2차 연도 15,000명, 2차 연도 30,000명까지 늘릴 수 있다.

이와 같이 청소년 재능봉사 참여 인원, 지역사회 참여 기관, 재능봉사 수혜자를 지속적으로 늘릴 수 있는 것은 온라인 기반의 공유하는 재능봉사 구축과 청소년들의 재능을 키우는 것에 초점을 둔 자원봉사 활동이 모델이기 때문이다. 뿐만 아니라 재능 봉사 활동의 우수 사례를 온라인을 통해 공유함으로써 더 많은 청소년과 봉사 수혜 기관과 대상이 늘어날 것으로 기대된다.

청소년 재능봉사 온라인 플랫폼의 혁신성과 확장성은 무엇일까. 기존의 청소년 봉사 관리 사이트의 경우에는 봉사 점수 관리에 초점이 맞추어져 있지만, 새롭게 개발해서 운영하려고 하는 사이트는 청소년 재능봉사를 효과적으로 할 수 있고, 봉사 앱을 통해 체계적으로 이력 관리할 수 있다는데 기존의 시스템에 비해 혁신적이다. 단순히 봉사점수를 따는 수준이 아니라 자신의 재능을 키우고, 이를 통해 봉사활동에 참여할 수 있는 클라우드 플랫폼이 구축되는 것이다. 그리고 사이트에 등록된 봉사활동 기관의 봉사활동에 필요한 인원, 봉사 종류, 봉사활동시간 등이 실시간으로 오픈되어서 언제든지 봉사활동에 참여할 수 있게 사이트를 구축하려는 것이다.

봉사기관 위치를 알 수 있는 위치 정보 시스템 활용, 봉사 현황, 봉사 이력을 분석해서 보여주는 빅 데이터 분석 시스템을 활용하고, 봉사자 간 협력하고 채팅 앱을 통해 봉사 정보를 공유할 수 있는 프로그램을 개발해서 활용하려고 한다. 뿐만 아니라 봉사활동 이력 포트폴리오를 전자책 형식으로 볼 수 있고 출력할 수 있는 기능을 도입하고, 봉사 활동의 다양한 사례를 키워드 검색으로 찾아볼 수 있는 기능 도입과 봉사일정 관리 기능도 활용해서 만들려고 한다. 특히 봉사활동의 현재 진척도를 이력관리 앱을 통해 알 수 있게 하고, 봉사활동 자체 만족도를 표시해서 봉사활동 성취도를 한눈에 볼 수 있게 하려고 한다.

예전에 모 고등학교 선생님이 자기 주도적으로 봉사활동을 언제든지 할 수 있게 하는 프로그램을 요청해서 3차에 걸쳐 총 10개 학급과 글로벌 캠프 등을 통해 총 430여명을 대상으로 '창조적 봉사자 프로젝트'를 실시 한 적 있다. 이 프로젝트는 학생들이 다음카페와 네이버 카페에 가입한 후, 프로그램에서 제시한 봉사 애칭 정하기(그렇게 정한 이유 설명), 봉사기간 정하기, 하고 싶은 봉사 3가지 정하기(매일 할 수 있는 봉사, 매주 할 수 있는 봉사, 30일 이상 할 수 있는 봉사 등으로 정하고 그렇게 정한 이유 설명), 매주 봉사 실천일기 2회 이상 쓰기(봉사활동 실천하고 있는 내용과 느낀 점 등)를 했다.

또한 봉사활동 포토 앨범 만들기, 봉사 끝내고 봉사에세이 쓰기, 전체 봉사활동 평가 후 봉사점수 부여 등으로 실시하여, 이 모든 활동을 학급 학생들끼리 서로 공유하게 하고 칭찬의 댓글을 달게 했다. 그 때 참여했던 학생들 대부분은 스스로 자기가 하고 싶은 것, 자기가 잘하는 재능으로 하는 봉사에 대해 긍정적인 반응을 보였다. 이번 프로젝트를 통해 이를 좀 더 효과적으로 실천할 수 있는 플랫폼이 구축되면 더 많은 학생들이 즐겁게 봉사활동을 참여할 수 있어 신나는 봉사문화가 형성될 수 있다는 것을 느꼈다.

내가 참여하고 있는 단체인 좋은학교운동연합은 지난 5년간 매년 40여명의 국내외 청소년들이 모여서 글로벌 리더십 캠프를 개최하고 있다. 이 캠프에 참여하는 청소년들은 미국, 일본, 한국, 파나마, 쿠웨이트, 프랑스 등 다양한 국가에서 공부하고 있는 학생들이 한자리에 모이는 것이다. 이 캠프에는 참여한 학생들의 꿈과 재능을 최대한 살릴 수 있는 다양한 활동 프로그램, 지역사회 탐방 프로그램, 환경문제, 국제적인 이슈, 독도 영유권 문제, 난민 문제 등 다양한 문제를 토론하고 대안을 마련하는 활동을 해 오고 있다.

　이러한 글로벌 캠프에서는 팀별로 자신을 재능을 살려서 한국의 다양한 문화와 예술, 역사를 알리는 재능 봉사 프로그램을 지속적으로 운영했다. 지난 2015년도부터 페이스북 페이지나 그룹을 활용해서 봉사활동 미션을 공유하고, 당장 할 수 있는 봉사활동과 친구들과 협력해서 할 수 있는 활동, 자신의 재능을 활용할 수 있는 봉사활동 등을 지속적으로 해 오고 있다. 위에서 언급한 기존의 프로젝트의 경우에는 지역사회의 존재하고 있는 봉사활동의 요구를 체계적으로 반영하고 청소년들의 재능의 적극적으로 살리는 봉사활동 프로그램을 만들어서 실시하기 보다는 기존의 다음과 네이버 카페를 활용해서 학생들이 하고 싶은 봉사활동을 스스로 할 수 있게 동기부여를 하는 방식으로 운영되었다.

　이를 토대로 청소년 재능 봉사 전문 플랫폼을 구축해서 봉사기관과 봉사자를 체계적으로 관리하고, 봉사활동 미션 내용의 이력을 체계적으로 관리하고 분석, 공유할 수 있는 프로그램을 만들어 보자는 것이다. 뿐만 아니라 다양한 캠프나 체험활동에 재능봉사 미션 클리어 활동을 접목시키고, 자기 주도적으로 봉사 이력을 기록하고 평가, 공유할 수 있는 봉사 앱을 개발 활용함으로써 실질적이고 지속적인 봉사활동을 할 수 있는 시스템을 구축하자는 것이다.

　청소년 재능 봉사 클라우드가 활성화되면 청소년 봉사자와 봉사기관의 빅 데이터가 구축되고, 이 빅데이터 구축을 통해 매일, 매주, 매월 잉여시간이 날 때 가까운 거리에서 봉사활동을 쉽게 신청해서 할 수 있게 하는 앱을 개발하고 운영할 수 있다. 뿐만 아니라 긴급 구호활동이나 이슈 캠페인 활동을 가까운 지역에서 신속하게 할 수 있는 긴급 봉사활동 참여 공유 프로그램으로 확장해서 운영할 수 있다. 더 나가서는 청소년봉사은행 개념으로 확장해서 봉사활동을 포인트로 저축하고, 긴급하게 필요한 봉사시간을 대출해서 쓰고 나중에 잉여시간이 나면 상환할 수 있는 은행시스템으로 발전시켜 나갈 수 있을 것이다.

창조적 봉사자가 돼라!

봉사의 사전적 의미에는 국가나 사회 또는 남을 위하여 자신을 돌보지 아니하고 힘을 바쳐 애씀이란 뜻을 담고 있다. 창조적 봉사자란 자신의 진정한 정체성과 사명을 발견하고 자신의 재능과 역량을 자신의 성공만이 아닌 사회를 위한 봉사의 도구로도 가치 있게 사용함으로써 서번트 리더(Servant leader)의 삶을 배우고 체험하며, 작은 부분부터 언제 어디서나 실천하는 사람을 의미한다. 창조적 봉사자에게 맡겨진 역할과 임무로 스스로 자신의 재능과 역량을 발휘할 수 있는 사명을 정하고, 이를 실천하는 것이다.

세상에는 창조적 봉사자로서 실천해야 할 사명이 매우 많다. 당장 실천할 수 있는 작은 사명부터 보다 큰 재능과 역량을 쌓아 실천할 수 있는 사명도 있다. NGO(비영리민간기구)에 자원 활동가(유니세프, 월드비전, 굿네이버스, 앰네스티, 분트, 그린피스, 국경없는의사회, 기아대책, Make A Wash 재단. 환경단체 등등)로 할 수 있다. 뿐만 아니라 인터넷기자로 환경(예를 들어 지구온난화), 교육(예를 들어 왕따, 학교폭력 등), 복지(기아, 다문화 가정, 빈곤 등), 정치(국제분쟁 등), 문화예술(전 세계 문화예술의 이해), 역사(전 세계 국가의 역사 인식 등) 등등 다양한 이슈에 대해 취재해 알릴 수도 있다.

자신의 블로그나 카페를 만들어 자기 나름의 방식으로 우리 사회가 좀 더 좋은 방향으로 나아갈 수 있게 캠페인 활동을 벌린다든지, 우리 사회의 불합리한 부분을 인터넷으로 고발해 개선의 밀알을 만든다든지, 한 달 동안 자신의 용돈 씀씀이 계획을 세워서 절약한 용돈의 일부를 자선기관에 기부할 수 있다. 그 이외에도 우리 교실, 학교, 지역, 나라, 지구촌을 아름답게 만들기 위한 창조적 아이디어를 만들어 작은 부분이나마 실천해 나간다든지, 아니면 가까운 친구에게, 가족에게, 선생님에게 봉사(편지 쓰기, 선물하기, 노래 불러주기, 일 도와주기 등)하는 것도 봉사일 수 있다. 단지 창조적 봉사에 걸맞는 자신의 재능(글, 그림, 유창한 말, 운동, 공부, 음악, 디자인, 인터넷, 사진, 동영상, 노래, 춤, 운동 등등)으로 봉사함으로써 사명을 실천했으면 한다.

워싱턴, 뉴욕에서 재난과 안전, 자원봉사를 배우다

시민사회단체 해외연수단이 드디어 미국 시간으로 2014년 10

월 22일 11시 30분쯤 댈러스공항 도착하기 직전이다. 하늘에서 본 댈러스 주변 풍경은 숲과 집, 그리고 잘 정비된 도로로 광활한 미국의 영토를 실감하게 한다. 공항에 도착하고 입국 수속이 꽤 철저하게 이루어지고 있다. 입학 수속의 긴 줄이 좀처럼 줄어들지 않고 있다. 비가 간간이 내리는 날씨 워싱턴은 쌀쌀한 가을 날씨 느낌이다. 공기는 꽤 상쾌해서 기분은 좋다. 점심식사로 든든하게 속을 채우고 드디어 워싱턴 심장부로 들어가고 있다. 생각보다 사람들이 많지 않은 거리 풍경이다. 서울과 다른 건물, 거리의 신호등, 컬러풀한 철제 휴지통, 간간히 보이는 카페, 워싱턴 사람들의 일상적인 풍경에서 여기가 미국이구나 하는 느낌을 받게 한다. 첫 방문지인 월드뱅크그룹으로 가는 길이 가볍다. 사람들의 표정도 밝고 활기차 보여 더 큰 기대를 하게한다.

월드뱅크그룹은 186개 회원국을 가지고 있는 비영리국제기관이다. 주로 회원국들의 경제 개발 및 빈곤문제 해결, 재난 구호에 대한 자문 및 경제적 지원을 담당한다. 세계를 움직이는 씽크탱크라고 할 수 있다. 다 알겠지만 이 기관 총재가 한국 사람인 김용이다. 한국 재정경제부에서도 직원이 파견되어 있다. 월드뱅크그룹에서 하고 있는 일 중에서 재난과 안전에 대한 이슈에 대해 소개해 줄 분으로 Prashant Singh, Boe Ine Lee 두 분이 나왔다. Prashant Singh는 법과 제도의 틀을 갖추고 중앙정부와 지방정부 등이 연계를 해야 한다고 하며, 한국의 세월호 참사에 대한 위로의 말과 다시는 일어나지 않기를 바란다는 말을 덧붙였다.

국제기구라서 그런지 체계적이고 디테일한 계획과 실행, 예방 중심의 구체적인 매뉴얼 제시, 그리고 중앙정부와 지방정부의 협력체제를 구축하고 재난과 안전에 대해 전폭적으로 자원하려는 노력이 인상적이었다. 잘 디자인된 도시 워싱턴은 박물관 공공기관이 많고 건물에는 간판 하나 없으며 대부분 오랜된 건물이라 고풍스러운 느낌을 더해 준다. 각지에서 온 관광객이 많지만 워싱턴은 차분하고 엄숙함 분위기가 있는 곳이다. 첫날 방문한 미국의 워싱턴은 수도로서의 위용을 충분히 느낄 수 있는 곳이었다. 우리의 행정복합도시인 세종특별자치시도 앞으로 100년을 생각하며 행정뿐만 아니라 '문화, 예술, 전통, 한국의 역사가 살아 숨 쉬는 도시로 디자인하면 어떨가'하는 생각이 든다.

7월 23일의 첫 번째 행선지는 링컨기념관이다. 링컨 워싱턴 내셔널 몰(National Mall)에 위치해 있다. 미국의 제16대 대통령 에이브러햄 링컨을 기리기 위한 대통령 기념관으로 1922년 5월 30일 지정되었다. 멀리서 본 기념관은 마치 신전처럼 보인다. 기념관 맞은편에는 워싱턴 기념탑이 한눈에 들어온다. 구름을 배경으로 보이는 워싱턴 기념탑이 멋지다. 기념관 내부에는 워싱턴 동상이 중앙에 크게 자리 잡고 있고 벽면에는 그 유명한 링컨의 게티즈버그 연설문이 새겨져 있다. 링컨기념관을 뒤로하고 두 번째 공식 방문기관인 연방재난관리청(Federal Emergency Management Agency, PEMA)로 갔다. PEAM는 지방정부나 주정부가 처리하기 힘든 재난을 대비하기 위해 1978년에 위기관리 통합 조직으로 만들었다고 한다.

PEMA는 재난, 대응, 복구들 기술적인 일을 하고 있다고 소개하며 직접 대응하는 기관이 아니라 협력, 조정하는 기관이라고 한다. 다양한 위기 상황을 잘 대응할 수 있게 연방정부, 주정부, NGO 단체 등과 협조체제를 구축, 지원하는 기관이다. 다양한 기관과 단체, 사람들과 함께하는 데 어려움이 있지만, 그 자체가 매우 중요한 일이라는 말이 공감이 간다. 긴급사안 발생 시 문제 해결에 있어서 즉각적으로 협력하려면 평소에 긴밀한 협력 시스템이 없으면 불가능한 일이다. 그리고 재난과 재해는 언제든지 일어난다는 생각 하에 대비하고 대응하는 훈련이 필요하다는 생각을 하게 된다. 그러 면에서 연방정부, 지방정부, NGO단체 등과 긴밀하게 재난과 재해를 대응할 수 있는 시스템을 구축하고 끊임없이 개선 발전하는데 노력하고 있는 PEMA가 부럽기도 하다.

오늘 점심메뉴는 이탈리안 레스토랑에서 피자와 샐러드, 스파게티로 해결했다. 식사를 준비하는데도 꽤 오래 걸린다. 빨리 빨리 식사문화에 익숙한 우리에게 맞지 않지만, 천천히 기다리면서 대화를 나눌 수 있는 여유가 있어서 한편으로는 좋은 것 같다. 식사를 든든히 하고 다음 행선지인 브루킹스연구소로 출발했다. 브루킹스연구소는 1916년에 설립된 미국 사회과학연구소로 오바마 정부 출범 후 급부상한 싱크탱크다. 보수성향의 헤리티지재단과 쌍벽을 이루는 진보성향의 연구소라고 한다.

연구원만 100명이 넘을 정도의 대형 연구소로 미국기업연구소(AEI), 헤리티지재단과 함께 미국의 정책 입안에 가장 큰 영향을 미치는 3대 연구소로 꼽힌다. 이 연구소는 가장 주요한 일은 정책연구와 출판 보고서라고 한다. 연구자들은 3년에 한번 책을 출판한다고 한다. 특히 질 관리, 독립성, 파급효과에 대해 강조했으며, 연구자들이 자유롭게 연구할 수 있는 분위기가 장점이라고 했다. 연구소의 기금은 정부에서 일절 받지 않고 있으며 기업의 기부금으로 충당하는 비영리 민간 기구이다.

워싱턴 날씨는 완연한 가을을 이다. 숙소로 돌아가기 전에 제퍼슨 기념관이 있는 공원에서 약간의 여유로운 시간을 보냈다. 포토맥 강을 끼고 있는 공원이 해가지는 노을과 어우러져 아름답게 물든다. 워싱턴에서의 7월 24일 마지막 일정이다. 오전에 방문할 기관은 촛불재단(POINTS OF Light)이다. 1990년대 설립되었으며, 미국 비영리 자원봉사구기 중에 세계 최대 규모를 자랑한다. 현재 미국 내에 250개의 센터와 16개의 해외 지부를 두고 연간 400만 명 이상의 자원봉사 프로그램에 참여하고 있으며, 7만 여개 기업으로부터 후원을 받고 있다고 하니 정말 대단하다.

촛불재단의 브리핑 룸에 도착했을 때 수동으로 충전하는 플래시가 선물로 놓여있었다. 잠시 후에 스마트한 차림의 여성 두 분과 남성 한 분이 밝은 표정으로 인사를 했다. 자신감 넘치고 행복한 표정을 한 분들이라 덩달아 기분이 좋아진다. Jennifer Lawson, Teri Johnson는 촛불재단에 대해 설명하는 내내 웃음을 잃지 않고 정성껏 설명해 주었다. 조직도를 직접 그려가며 설명해 주는 모습이 인상적이었다. 촛불재단은 자원봉사를 하고 싶은 사람들에게 자신의 재능에 맞게 할 수 있게 지원하고 있다.

50개 기업들의 자원봉사를 하는데 교육과 매뉴얼을 제공하고 있다. 10월 콘퍼런스에서는 자원봉사 교육과 사례발표가 있으며 청소년, 가족자원봉사 프로그램으로 매년 11월 가족봉사의 날을 운영하고 있고 기업의 직원들도 봉사할 수 있는 기회를 제공한다고 했다. 촛불재단 일정을 마치고 점심 식사 후 스미소니언박물관 주변 공원에서 커피타임을 가졌다. 한가롭게 가을 햇살을 즐기는 관광객들, 그리고 엄마 손잡고 소풍 나온 아이들, 그리고 공원 주변을 조깅하는 사람들을 보니 조금은 여유가 생긴다.

오후에 방문할 국가·지역사회봉사 공사(Corporation for National and Communitiy)는 1993년에 설립된 연방정부기구다. 500만 명이 넘는 미국인이 참여해 서비스와 자원봉사를 하는 최대 규모 단체이다. 봉사자의 재능과 경력을 개발해 주는 탈 빈곤 프로그램, 재난구호, 저소득층 및 장애아동 멘토링 등 프로그램 서비스 개발과 18세 이상의 청년층 봉사조직인 AmeriCorps와 55세 이상의 노년층 봉사조직인(Senior Corps)으로 운영되고 있다. 프리젠테이션을 해준 주신 Dave Premo는 효과적이고 혁신적인 모델을 공유하는 것이 매우 중요하다고 생각하며 NGO에 지원하는 재원은 25% 매칭펀드 형태로 지원하며 매년 1%씩 부담률을 올리고 있다고 했다.

우리 연수단은 워싱턴의 3일간의 일정을 마치고 7월 26일 뉴욕에서의 첫 탐방지인 워싱턴광장의 워싱턴 스퀘어 아치로 향했다. 마치 파리의 개선문을 축소한 느낌이다. 왼쪽은 조지 워싱턴의 장군시절의 모습이, 오른쪽은 대통령 시절의 모습이 새겨져 있다. 하늘에 뜬 뭉게구름을 따라서 허드슨 강으로 이동하고 있다. 허드슨 강에서 본 뉴욕의 빌딩 숲은 장관이다. 길게 뻗은 조각품처럼 다양한 모양으로 솟아 있는 빌딩 모양이 이채롭다. 하늘과 강, 그리고 바람, 구름이 어울려져 다양한 그림을 그려내는 풍경이 아름답다. 허드슨 강을 뒤로하고 1928년 존 D. 록펠러 2세 (John D. Rockefeller Jr.)가 지은 록펠러센터로 갔다. 록펠러센터는 정말 거대한 빌딩 숲이다. 목이 아파 쳐다보기 힘들 정도로 높은 빌딩이 즐비하다. 빌딩 숲 중앙에 최근에 만들어졌다는 스케이트장에서 아이들이 가을 스케이트를 즐기는 모습이 여유롭게 보인다.

　　다음 탐방지로 뉴욕의 중심인 타임스퀘어로 가고 있다. 건물 전체에 붙어 있는 화려한 광고판이 타임스퀘어에 왔음을 실감나게 한다. 타임스퀘어 광장에 모인 사람들의 표정은 정말로 밝다. 타임스퀘어의 느낌은 자유, 장조, 도전, 열정, 젊음, 생동감이라는 단어가 딱 들어맞는다. 타임 스퀘어에서의 짧은 추억과 다시 방문할 날의 아쉽게 기약하고 샌트럴파크로 향했다. 가을 햇살이 낮게 드리우고 약간은 쌀쌀한 바람이 상쾌함을 더해 준다. 비틀즈의 존레논의 추모하는 장소도 보고 바이올린과 퍼포먼스 공연, 색소폰 연주 등 다채로움을 경험할 수 있어서 자연과 예술이 어우러진 샌트럴파크의 멋을 느낄 수 있었다. 특히 대리석 건물을 배경으로 한 작은 호수, 그리고 우거진 나무의 풍경은 영화 속의 그림 같은 장면이다. 그 속에서 배를 타는 연인들의 모습들이 살짝 부럽기도 하다.

7월 27일 미국에 온지 6일째를 맞고 있다. 시차 적응은 다 되었지만 바쁜 일정에 지쳐서 10시 전후로 잠들어서 그런지 새벽 5시면 눈이 번쩍 뜨게 되는 아침형 인간으로 바뀌었다. 덕분에 아침 호텔 숙소 창문으로 장엄하게 뜨는 일출을 볼 수 있다. 오늘은 공식적으로 방문하는 일정이 많아서 꽤 바쁜 하루가 될 것 같다. 재난 대응 관련 연구, 정책 수립, 수행을 담당하고 있는 콜롬비아대학 재난대응센터(The National Center for Disaster Preparedness, NCDP), 뉴욕 시민들을 대상으로 한 체계적인 자원봉사, 시민들이 직접 참여하는 자원봉사를 지원하는 뉴욕시 자원봉사센터(NYC Service Center), 정부 재정과 일반인들의 추모 기금 7억달러로 설립해 운영하고 있는 911 MEMORLA 추모폭포 등을 방문할 예정이다.

NCDP에서 운영하는 이동형 병원 운영의 경우에는 삼성에서도 지원하고 있다고 한다. 재난은 지역적이기 때문에 즉각적으로 대응하기 위해 주정부에서 주도적으로 하고 연방정부에서는 지원하는 체제라고 한다. 우리 정부도 이런 면은 배워야 할 것 같다. 긴급하게 발생한 재해의 경우에 지자체를 중심으로 한 컨트

롤 타워를 만드는 것이 빠른 시간 내에 피해를 최소화하고 재해를 대처하는 효과적인 방법이라는 생각이 든다.

뉴욕은 현대적인 건물도 많지만 오래된 건물과 박물관, 미술관이 많아서 천천히 걸어 다녀도 볼거리가 많다. 특히 가을 단풍이 물들어가는 뉴욕 시내는 변화무상한 가을 날씨에 구름과 바람과 오래된 도시 건물이 잘 어우러져 운치 있는 풍경으로 다가온다. 뉴욕의 브로드웨이에 있는 오늘 공식 방문기관 두 번째인 뉴욕시 자원봉사센터(NYC Service)에 도착했다. 8층에 위치한 사무실은 가끔 하게 정리되어 있어서 편안한 느낌을 준다. 뉴욕 서비스에서 재해 이후에 개인과 가족에 대한 지속적인 지원을 복잡한 법적 문제와 세금 지원을 위해 케이스 매니저, 교통 전기, 배관공, 보험, 법, 마케팅, 세금 관련 문제 해결을 위한 전문적인 봉사자를 지속적으로 지원하고 있는 부분은 우리나라의 지자체 자원봉사센터에서도 지원할 수 있도록 검토해 볼 만 한 것 같다.

역사적인 아픔과 상처를 가진 한 911 메모리얼 추모 폭포로 향하는 길에 세인트 폴 대성당을 지났다. 세계무역센터 붕괴 과정에서 3,000여 명이 목숨을 잃는 참사가 있었다. 그때의 흔적은 주변에 곳곳에 지금까지 남아 있다. 911 메모일얼 추모폭포로 옮기는 발걸음은 무겁고 침통하다. TV로 접한 참혹의 현장에 있다는 것이 실감이 나지 않는다. 수백 명의 추모객들이 조용히 쏟아내리는 물을 바라보는 광경은 엄숙하다. 분수의 대리석에 새겨진 3000여 명의 희생자 명단이 마음을 뭉클하게 만든다. 쓸쓸한 가을 느낌을 주는 911 테러의 그리고 그라운드 제로는 하루를 숙연하게 만든다.

그들을 잊지 말아야 한다. 다시는 비극의 역사가 반복되지 않게 말이다. 살아있음을 감사하며 새로운 희망을 안고 묵묵히 걸어가야 한다. 사실상 공식 일정 마지막 날인 7월 28일이 눈 깜짝할 사이에 다가왔다. 더 깊이 보고 더 깊이 생각하고 더 많이 봐야 할 것들이 많지만 다음을 기약해야 하는 아쉬움이 조금씩 밀려온다. 하지만 함께 한 사람들, 함께 한 공간과 시간들이 더없이 소중하니 마지막까지 함께한 소중한 분들과 즐거운 마음으로 배우고 느끼려고 한다.

뉴욕에서의 4일째라 뉴저지 에디슨에서 워싱턴 브릿지를 지나 뉴욕 시내로 들어가는데 조금은 익숙해진 느낌이다. 간간히 보이는 공장의 굴뚝, 갈대밭과 강으로 내리쬐는 햇살, 그리고 허드슨강을 따라 운동하는 뉴욕 시민들의 풍경들, 뉴욕의 가을 일상이 조금씩 눈에 들어온다. 딱 봐도 미국 적십자라는 것을 알 수 있게 건물 외벽의 한 부분이 빨간 십자가로 디자인 되어 있다. 그리고 정문 상단에 RED CROSS라는 빨간 글씨가 선명하게 다가온다. 실내에 들어가도 빨간 칼라를 중심으로 세련되게 디자인된 공간에 미국 적십자에서 활동하는 사람들의 사진들을 볼 수 있다. 브리핑룸에서는 Alex P. Lutz, Kelly McKinney, 두 분이 우리를 반갑게 맞았다. 정장 차림의 스마트하고 자신감 있는 모습이 인상적인 세 분이 여러 가지 설명도 잘 나눠해 주었다.

최근 뉴욕에 에볼라 출현으로 대책회의로 뉴욕지부 CEO는 바쁜 모습이다. 미국의 적십자는 위급 환자 구호활동을 꾸준히 해 오고 있다고 했다. 특히 미국의 대형 재난, 재해 피해를 받은 사람들 구호활동에 힘쓴다고 했다. 미국 적십자 활동의 성공요인으로는 재난현장에 있는 분들과 직접 만나서 현실적인 지원과 다양한 방식으로 적극적인 정보 제공하는 것을 꼽았다. 허리케인 샌디의 경우에도 3억 달러의 성공을 통해 즉각적인 지원과 지속적인 지원을 병행하고 있다고 했다.

미국 적십자의 장점은 역시 현장과 소통하면서 빠르게 대처하는 시스템과 여러 기관과 NGO의 유기적인 협력을 통해 효과적으로 구호활동을 펼치는 것이다. 건물 내에 있는 상황실의 경우에도 현재 발생하고 있는 재해 사항을 실시간으로 모니터링하고 있으며, 재해나 재난 상황에 따라 대처할 수 있는 파트너를 나눠서 즉각적으로 대처할 수 있게 시스템화한 것이 인상적이었다. 오늘 일정이 빡빡한 관계로 점심은 뉴욕 피자와 햄버거로 해결하고 오늘의 마지막 공식기관 방문지인 뉴욕 케어즈로 출발했다.

뉴욕 케어즈 사무실로 들어가는 복도에 빨간 사과가 그려진 로고와 영문 글씨 New York Cares, THE WAY TO VOLUNTEER 가 눈에 띈다. 넓은 사무공간과 회의실은 아니지만 참 깔끔하게 잘 정돈되어있고 80명이 넘는 직원들이 각자의 맡은 일에 집중하는 모습이 아름답다. 뉴욕 케어즈 자원봉사가 인기가 많고 성공적으로 이루어지고 있는 것은 자원봉사자의 시간과 취향에 맞게 다양한 봉사활동을 선택할 수 있는 것이 아닐까 생각된다. 62,000명이란 많은 봉사자가 상근자 80명이 효율적으로 관리해 내는 비결은 역시 1,300명이 넘는 팀 리더의 자발적인 참여와 헌신해 있는 것 같다.

뉴욕 케이즈의 운영방식과 다양한 프로그램, 그리고 온라인을 통해 철저하게 관리하는 시스템은 분명히 배워서 당장 한국에 돌아가서 적용하고 싶은 부분이 참 많다. 지역에 꼭 필요한 서비스, 그리고 봉사자의 니즈에 맞는 자원봉사 프로그램 매칭, 그리고 팀 리더를 통한 철저한 관리, 그리고 80명의 내부 상근자들의 철저한 NGO 활동가 마인드, 그것은 오랜 시간을 거치면서 생긴 자연스러운 노하우가 아닌가싶다. 뉴욕 케어즈가 부럽지만 우리도 충분히 할 수 있다는 확신과 믿음을 가져본다.

공식일정을 다 끝내고 자투리 시간에 맨허튼 다운타운에 위치한 세계 금융의 중심지인 월스트리트를 둘러보기 위해 갔다. 월스트리트의 이름은 뉴욕이 뉴암스텔담으로 불렀을 때 1653년 이민 온 네덜란드인이 인디언을 침입을 막기 위해 성벽을 WALL으로 쌓은데 유래됐다고 한다. 바닥에는 wall의 흔적을 그대로 남겨두고 있다.

마지막 방문지는 원래 예정에는 없던 일정이었지만 특별히 1754년 설립한 아이비리그의 콜롬비아대학을 방문하기 위해서 뉴욕 맨허튼으로 가고 있다. 콜롬비아대학의 미국의 명문대학으로 미국 대통령 오바마 대통령, 시어도어 루스벨트, 프랭클린 루스벨트, 유명 투자가 워런 버핏, 미국독립선언을 기초한 로버트 리빙스턴, 작가 J.D. 샐린저 등 저명인사들을 배출한 학교이기도 하다. 넓은 캠퍼스는 아니지만 중앙으로 확 트인 광장이 여유로움을 준다.

이렇게 미국의 워싱턴, 뉴욕에서의 재난과 안전, 자원봉사를 키워드로 한 연수의 모든 일정이 끝나고 마지막 만찬과 연수에 대한 평가지를 작성하기 위해 Mosom Madrid 레스토랑으로 갔다. 뉴욕에서의 마지막 식사, 그리고 연수 평가지를 작성하면서 만감이 교차한다. 아쉬움과 뿌듯함, 그리고 새로운 경험과 여러 기관에서 배운 것들을 한국에 돌아오면 잘 정리해서 현장에 적용해야겠다는 생각이 들었다.

'아는 만큼 보인다' 라는 말이 있듯이 '보는 만큼 성장'한다는 말이 떠오른다. 긴 시간은 아니었지만 충분히 의미 있고 가치 있는 경험이었다. 배움은 끝이 없는 것 같다. 함께 한 분들에게서도 배운 게 많고, 한국에 돌아가서도 그 분들과 함께 할 수 있는 일들이 많았으면 좋겠다. 그렇게 뉴욕의 마지막 밤은 지고 있다. 이번 연수가 끝이 아니라 한국에 돌아가서 지속적으로 함께 할 수 있는 일들이 더 많았으면 좋겠다. 귀국길은 피곤해서 그런지 14시간의 비행이 조금은 수월하게 지나간 것 같다. 인천공항 도착, 처음 만난 자리에서 해단식을 기약하면 아쉬운 작별을 했다. 그렇게 연수는 끝났다.

기업의 사회적 기여(CSR)는 어떻게 할 수 있는가?

성공한 기업의 중요한 전략 중에 하나는 기업의 사회적 공헌(CSR)이다. 사회적 가치를 지향하는 것은 최근 기업경영의 필수적으로, 삼성, LG, 현대, SK, 국민은행, 기업은행, 포스코 등은 CSR 전략을 핵심 전략으로 삼고 있다. 삼성의 꿈장학재단, 현대의 아산재단, SK의 행복나눔재단, 코스포의 청암재단 등 대한민국의 대표기업들은 대체로 매출의 일정부분과 개인기부자들 기금으로 1조에서 100억 이상 기금을 조성해 교육사업, 장학사업, 복지사업 등을 진행하고 있으며, 실제로 기금 중에 매년 1000억에서 100억까지 사회기여 사업에 쓰고 있다.

마케팅 전략의 목적으로 하는 것은 아니지만, 실제로는 절세효과 공익마케팅으로 많은 도움이 되고 있다. 뿐만 아니라 사회적 공헌 사업으로 인해 이미지 제고가 되어 주식가치가 오르는 경우도 많다. 모 은행의 경우에는 중소기업지원을 위한 다양한 사회공헌사업을 하고 있는데 이로 인해 연간 1000억 이상 예금이 늘어났다는 분석도 있다.

필자는 지난 15년간 사회공헌 분야에서 중앙일보, 포스코, SKT, 꿈장학재단, 유민문화재단, 강원랜드 사회공헌위원회, 공동복지모금회 등과 많은 일을 했는데 향후 사회공헌 전략과 마케팅이 기업의 성공전략임을 확신하고 있다. 잘 아시다시피 빌케이츠의 마이크로소프트, 구글, 페이스북이 전략적으로 사회공헌을 하고 있다. 국내에는 네이버의 해피빈, 다음의 다음세대재단, 구세군, 월드비전, 굿네이버스, 유니세프 한국위원회, 기아대책, 스토리펀딩 등으로 성공적으로 사회공헌 활동을 하고 있다.

　기업의 사회공헌 활동의 방식은 대체로 세 가지 방향이 있다. 첫 번째는 기업 내에 부서 형태의 사회공헌위원회 설치이다. 대기업은 대부분 사회공헌위원회가 있으며, 위원회 업무는 기업의 직원들이 맡는다. 위원회 사업은 대부분 외부에 있는 재단법인이나 사단법인, 비영리민간단체와 협력해서 업무를 진행한다. 업무범위는 광범위하다. 구호활동, 학교지원 활동, 정책지원 활동, 일자리 지원 활동, 금연, 인권, 학교폭력 등 캠페인 활동, 청년 리더십, 교육CEO 교육을 교육지원 활동 등 각 기업이 지향하는 공익활동 방향을 정해 진행하고 있다. 대부분 기업의 마케팅에 기여하고 있다.

　두 번째 방식은 재단법인, 사단법인 등을 설립해서 운영하는 방식이다. 이 방식이 중장기적으로 지속 가능한 이상적인 모델이다. 재단법인은 자본금 중심으로 설립해 이사장과 이사회 중심으로 운영 하는 조직이다. 아름다운재단, 삼성재단, 아산재단, 환경재단, 초록우산재단 등이 대표적이다. 지정기부재단이라 기부금에 대해서는 세제혜택이 있다. 사업 방법은 조성사업(기금모금)과 배분사업(기금 지원사업) 등으로 나뉜다.

　법인 설립은 사업성격에 따라서 교육부, 보건복지부, 환경부, 문화체육부, 재경부, 외교통상부, 서울시, 행정자치부 등등에 등록 인허가 받아서 자격요건(사업 구성, 이사 구성, 재정계획)을 갖추면 설립 운영할 수 있다. 사단법인의 경우에는 사람중심 법인으로 100인의 발기인 구성과 사업, 재정이 있으면 한 달 이내에 설립인가 받을 수 있다. 사단법인의 경우에는 재단법인에 비해 자본금이 적으며, 대신 의사결정이 총회에 있다. 회원 중심 커뮤니티 사업을 주로 하게 되고 대표적인 형태가 참여연대, 경실련, 국제앰네스티 등이다.

세 번째 방식은 기업에서 타 단체 등 공동복지금회 기부하는 방식이다. 이러한 방식으로 재해등 특정한 사안이 발생할 때 수시로 기부할 수 있는 방식이다. 대부분의 기업이 하는 방식이며, 재단법인이나 사단법인을 설립한 기업의 경우에는 법인에서 다른 단체와 연계해서 한다.

결론적으로 기업의 마케팅과 사회적 기여의 두 마리 토끼를 잡는 사회공헌전략은 재단법인이나 사단법인을 설립하고 이사회를 구성해 기업의 경영철학에 맞는 독자적 인 사회공헌 사업을 펼치는 게 가장 좋다. 특히 교육 분야에 학교나 학교법인과 연계한 교육 사업을 할 경우 학교법인 이사장, 교장, 각계 성공한 학교의 동창회장, 학부모회장, 학교운영위원장 등과 긴밀하게 네트워크 할 수 있어서 성공적으로 법인 운영을 할 수 있다. 기업의 신뢰와 가치도 높일 수 있다. 법인설립 비용은 재단법인을 5억 내외 자본금이 필요하며, 자본금은 현금과 부동산 둘다 할 수 있고, 사단법인은 3억 내외 자본금으로 동일하게 현금과 부동산으로 가능하다.

법인을 설립해 운영하게 되면 기부금 조성, 정부지원금 유치, 정부사업 유치, 타 재단과 연계, 유명인 홍보대사 위촉, 방송과 신문을 통해 공익광고를 할 수 있으며, 매년 후원회의 밤을 개최해서 사회 각계 지도층과 교류할 수 있다. 무엇보다 어려운 사람들을 지원할 수 있어서 사회적으로 기업의 브랜드를 높일 수 있다. 재단의 사업 방향은 재단의 목적에 맞는 조성사업과 배분사업, 두 가지로 나눌 수 있다.

조성사업은 한마디로 기금을 모금하는 것이다. 기금모금 방식은 다양하다. 기업후원금, 개인후원금, 크라우드펀드, 해피빈, 다음카페를 통한 모금, 기금모금 캠페인, 착한상품 펀드, 공유오피스사업기금, 물품공동구매 수익금, 공공콘텐츠출판 수익기금, 공익광고모금, 착한카페운영수익금, 사랑의 보험금, 물품판매, 기금조성 플랫폼 운영 등 다양하다. 조성사업은 애초의 설립자본금을 10배, 100배, 1000배까지 조성할 수 있는 치밀하고 전략적인 계획이 필요하다. 다른 한 사람은 법인의 목적에 맞는 배분사업을 하는 것이다.

배분사업은 목적에 따라서 다양한 사업을 할 수 있다. 장학사업부터 복지사업, 교육사업, 문화사업, 공모사업, 캠페인사업, 국가가관이나 지역사회, 기업 사회공헌 협력사업, 학교설립사업, 민간단체 목적사업 및 공간 지원사업, 블런티어 뱅크 사업, 청년 리더학교 지원사업 1인 창업자 온라인 플랫폼 지원사업, 재능기부사업, 교육콘텐츠 지원사업, 글로벌 인재 지원사업, 뉴미디어

지원사업 등 다양한 방식으로 다양한 사업을 진행할 수 있다. 지속가능한 공익마케팅 및 공익 콘텐츠, 공유스페이스로 확장해 나가는 비영리사업 전략을 통해 따뜻한 자본을 조성해 선순환적으로 배분함으로써 사회적 가치를 성공적으로 수행함과 동시에 착한 경제, 착한 기업, 착한 소비문화를 재단법인 운영을 통해 선도할 수 있다.

우리는 지금 어디로 가고 있는가? 우리는 지금 무엇을 하고 있는가? 우리는 왜 그 일을 하는가? 우리가 가진 모든 것, 우리가 꿈꾸는 모든 것, 좀 더 멋지게 공유하고 나눌 때 더 행복해 지고 풍요로울 수 있다. 적어도 비영리 분야에서 꿈꾸는 일들, 함께하는 사람들은 우리를 더 낮추게 만들고 더 즐겁게 만든다. 일과 사람, 시간과 공간을 더 의미 있고 가치 있게 만들어 준다. 그것이 사회적 공헌 활동이고 비영리 활동이다. 진심으로 국가, 기업, 지역사회가 함께하는 사회적 가치를 키울 수 있는 일에 동참했으면 하는 바람이다. 작은 일에도 소홀하지 않고, 작은 변화를 위해서 정성을 다하는 활동들이 많았으면 좋겠다. 우리가 함께하는 일들이 모두에게 작은 기쁨을 주고 모두가 행복해졌으면 한다.

아동학대, '부모와 자녀 관계 회복'으로 풀자

그동안 정부가 부모의 아동학대 사건 발생에 따른 여러 가지 대책을 발표해 왔다. 주요한 내용은 부모교육을 강화하고 위기 아동 발굴 시스템을 구축하는 아동학대 방지 종합대책을 마련하는 것이다. 대책의 핵심 내용은 '부모교육'이다. 학창 시절부터 결혼, 육아에 이르는 시기까지 지속적으로 부모교육을 받도록 하는 방안을 마련하겠다는 것이다. 자세한 내용은 아래와 같다.

1) 고교를 졸업하는 시기에 예비부모 교육을 실시
2) 초·중·고 부모교육 관련 내용을 반영
3) 대학에서도 교양과목에 부모교육 내용을 포함하도록 권고
4) 혼인신고를 할 때 부모교육 정보를 제공하고 참여를 유도
5) 산부인과와 산후조리원의 내부 프로그램에 부모교육을
   넣도록 권고

최근에 아동학대 문제에 대한 심각한 우려와 부모와 자녀 관계 회복의 필요성에 공감하는 여러 부모와 선생님들이 함께 진지하게 논의한 내용을 토대로 부모와 자녀 관계 회복을 위한 몇 가지 방안을 제안 하고자 한다.

첫째는 부모와 자녀 관계 회복 운동이 필요하다. 우리는 늘 문제가 발생하면 어떤 식으로든 축소하거나 땜질식 해결에 몰두한다. 이는 정부나 개인 모두 마찬가지다. 여론에 몰려서 일종의 호들갑만 떠는 것이다. 이렇게 해서는 근본적인 문제 해결이 어렵다. 아동학대 문제는 정부가, 민간이, 개인이 각자 따로 해결할 수 없다. 정부, 민간, 개인이 협력적인 관계를 형성하고 해결 방식에 대해 충분히 논의하고 공감대를 형성해야만 해결의 실마리를 풀 수 있다.

무엇보다 문제해결에 있어서는 문제의 원인 분석과 해결 방향과 방법이 중요하다. 부모의 문제, 자녀의 문제, 사회 구조적인 문제, 정책의 문제, 정책을 집행하는 사람의 문제, 유관기간의 문제 등 문제 중심으로 보면 끝이 보이지 않을 것이다. 물론 문제에 대한 진단이 매우 중요하다. 하지만 좀 더 본질적이고 가치 지향적인 방향과 방법에서 출발할 필요가 있다.

즉, 부모와 자녀 관계의 반성적 성찰이 필요하다. 부모와 자녀 관계회복의 관점에서 문제를 바라보고 해결 방안을 모색하는 것이 필요하며, 이는 특정 개인의 문제가 아니라 모든 부모, 모든 자녀의 문제에서 출발할 필요가 있다. 이러한 측면에서 부모와 자녀의 관계 회복 운동이 필요한 것이다. 이번 기회에 각자 스스로를 돌아보고 부모와 자녀의 관계 회복 운동에 모두 함께 동참했으면 좋겠다. 이러한 운동이 확산되고 다양한 운동 방식으로 실천될 때, 올바른 방향으로 사회적 분위기가 형성되고 우리 사회에 산적해 있는 아동학대의 문제도 점점 사라질 것이다.

둘째는 부모와 자녀 관계 회복을 위한 사회적 시스템 구축을 해야 한다. 먼저 부모와 자녀 관계 회복 민관협력위원회를 만들어야 한다. 사건 발생 시 마다 땜질식 정책, 실효성이 적은 정책을 남발하는 것을 방지하기 위해 현장 전문가, 학부모, 각 기관 전문가가 참여하는 위원회를 구성해서 장기적으로 다양한 형태로 발생하는 문제를 해결할 수 있는 대안을 마련해야 한다. 이를 위해서는 민간협력 시스템 구축이 무엇보다 필요하다. 정부, 지자체, 시도교육청, 지역교육청, 학교, 유치원, 어린이집, 병원, 민간기구 등과 함께 협력체제 구축하고 민간협력 시스템 운영을 위해 빅 데이터를 구축하여 각 부처, 기관, 민간에서 수집한 교육 프로그램, 아동정보, 아동학대 사례 등 각종 정보를 취합하고 분석해 공유할 수 있게 해야 한다. 뿐만 아니라 민간협력 시스템 앱 개발 운영해야 한다. 안전정보 앱 등 사례를 벤치마킹해서 웹에서 교육을 받을 수 있거나 각종 교육정보, 대처요령, 아동학대 발생 등 정보를 공유할 수 있게 해야 한다.

셋째는 부모와 자녀 관계 회복을 위한 법안 및 조례 마련을 빠른 시일내에 시행해야 한다. 부모와 자녀를 계도의 대상으로만 삼지 말고, 부모와 자녀의 관계를 회복할 수 있는 긍정적인 프로그램 운영과 관계회복 관련 기관들이 소통하고 협력할 수 있는 프로그램, 시스템, 예산을 충분히 지원할 수 있는 법안 마련을 국회에서 검토할 수 있게 각계 전문가가 참여해 법안을 만들어야 한다. 지자체에서는 지역사회에서 부모와 자녀 관계 회복에 필요한 사업을 시행할 수 있게 조례를 만들어 시행할 수 있게 해야 한다. 현재 정부가 마련한 대책만으로는 시행방안과 예산 턱없이 부족하다.

넷째는 부모와 자녀 관계 회복 프로그램을 보급해야 한다. 각종 프로그램과 매뉴얼을 만들어 놓고 제대로 관리하거나 운영하지 않았기 때문에 생긴 문제가 크다. 부모의 아동학대 사건이 사회적 문제로 부각되고 있는 이때, 우선 기존의 부모교육 프로그램이나 운영관리 프로그램 점검과 효과적인 운영 방안 마련이 우선되어야 한다.

현재 정부에서 추진하고 있는 부모교육 프로그램을 보면 필수 교육이 아니라 권고 수준이기 때문에 실효성이 매우 떨어진다. 정부가 내세우고 있는 프로그램은 고교 졸업 시기에 예비부모 교육 실시, 대학에서 교양과목 권고, 혼인신고 시 부모교육 정보 제공, 산부인과와 산후조리원 내부 프로그램 권고 등 하나같이 선택 사항이다. 이렇게 해서는 현장에서 착근되기 어렵다. 특히 부모와 학생의 계도의 대상으로 삼는 교육은 실패할 가능성이 높다. 부모와 자녀의 회복적인 관계를 만들어 주는 교육 프로그램이 필요하다.

즉, 어린이집, 유치원, 초중고, 대학교, 혼인신고 시, 직장생활 등에서 권고가 아니라 자연스럽게 필수화(그때그때 꼭 필요한 요소를 반영한 교육이 필요함)할 수 있는 관계 회복에 초점을 준 교육 프로그램이 필요하다는 것이다. 우리가 운전면허를 취득하고 어느 시기마다 갱신하듯이 학부모면허 같은 것을 만들어서 지속적으로 관계를 회복할 수 있도록 교육을 시켜야 한다.

다섯째는 부모와 자녀 관계 회복을 위한 정부와 민간기금을 운영하는 것이다. 모든 정책이나 프로그램에 재정이 없으면 실현 가능성이 떨어진다. 따라서 충분한 예산 마련을 위한 법안 마련이나 지자체 조례 제정이 필요하며, 이를 꼼꼼히 관리할 수 있는 전담부서 신설과 각 부서 간 협력 체제를 구축할 수 있는 종합적인 시스템 구축이 필요하다. 이렇게 하려면 역시 중앙정부나 지방정부에 충분한 예산을 편성해야 한다. 뿐만 아니라 뜻이 있는 기업이나 개인의 민간기금도 적극적으로 조성해야 한다.

위에서 제시한 내용들이 충분한 토론과 협의 과정을 거쳐 보다 나은 방향과 방법으로 공론화되어, 부모와 자녀 관계 회복을 위한 긍정적인 사회 분위기로 확산시키는 것은 물론이고 정책과 시스템, 프로그램 등에 잘 녹아들어 실행될 수 있길 기대해 본다. 그리고 매번 사건이 발생할 때마다 냄비처럼 끓어다가 수그러드는 정책과 대책이 아니라 지속적으로 실질적인 문제를 해결할 수 있는 방안이 마련되었으면 하는 바람이다.

왜 좋은학교운동인가?

모두가 대한민국 교육이 좋은 방향으로 바뀌길 원한다. 우리 교육의 변화와 혁신을 통해 청소년들이 행복해지길 소망한다. 좋은 학교들이 많아져서 학생들이 꿈과 재능을 마음껏 펼치길 바란다. 좋은 선생님들이 우리 교실에서 재밌고 친절하게 수업을 할 수 있길 원하며, 좋은 교육정책이 만들어져 청소년들에게 좋은 교육 서비스를 해 주길 바란다. 더 좋은 교육 콘텐츠들이 만들어져 모든 학생들이 좀 더 평등하게 교육받기를 원한다. 함께 각자가 가진 능력으로 공정하게 경쟁하되, 좀 더 적극적으로 협동하고, 교사와 학생들 각자가 가진 꿈과 재능을 발현하여 성장함과 더불어 조직의 성장도 함께 해 나가도록 돕는 것이 좋은학교운동이 존재하는 이유이고, 이를 우리교육현장에서 실천하는 일이 곧 사명이다.

❶ 우리 교육을 지속적으로 바꾸는 일.

❷ 우리 교육의 변화와 혁신을 이끄는 일.

❸ 우리 청소년들을 더 행복하게 만드는 일.

❹ 우리 선생님이 더 재밌고 친절하게 수업하게 하는 일.

❺ 모두에게 더 좋은 교육 서비스 해 주는 일.

❻ 모두가 평등하게 교육을 받을 수 있는 기회를 만들어 주는 일.

❼ 모두가 협동하면서 개인과 조직이 동반 성장하게 만드는 일.

❽ 더 좋은 교육 콘텐츠를 개발·발굴하고 확산하는 일.

그럼 '좋은학교운동'의 사명을 실천하기 위해서 우선 무엇을 해야 할까?

첫째, 좋은 사람을 많이 모으는 일이다. 좋은 사람들과 함께 훌륭한 조직을 만드는 것이다. 그 조직 안에서 투명하고 건강하며, 즐겁고 행복하게 만나는 것이다. 정기총회, 이사회, 워크숍, 초청강연회, 번개모임에서도 만나고, 운영위원회, 정책위원회, 실무회의, 소모임에서도 끊임없이 만나는 것이다. 이러한 좋은 사람들과의 만남과 소통을 통해서 우리의 사명과 비전을 고민하고 하나하나 실천해 나가야 한다.

둘째, 좋은 정책과의 만남이다. 좋은 정책이 있어야 좋은 교육을 할 수 있다. 그래서 우리는 정기적으로 정책 세미나를 하고 각자의 역량을 발휘해서 좀 더 길게 보고 좋은 정책 백서도 만들기 위해 고민하고 또 고민한다. 더 나아가 좋은학교운동의 관점에서 좋은 정책이 뭔지를 심도 있게 생각하기 위해서 좋은 교육 정책 철학을 총론과 각론으로 나눠서 정립해 단행본을 출판하는 일도 꾸준히 해야 한다. 특히 이러한 정책들이 현장 중심에서 바로 서고 적용될 수 있게 현장 선생님들이 함께 수업혁신(잠자는 교실 해소를 위한 학생중심 수업 개선) 및 4자협약(학생, 학부모, 교사, 학교장의 각자의 권리와 의무를 약속해 3년간 목표와 비전을 달성하는 정책 실시) 제도화 연구도 함으로써 현장에 바로 접목 할 수 있게 하려고 한다. 이러한 현장 교육정책을 반영해 실질적인 교육정책을 연구하고 제도화하기 위한 노력을 게을리 하지 않은 것이 중요하다.

셋째, 우리가 꿈꾸고 실천하는 일들을 좀 더 널리 알려서 더 많이 확장될 수 있게 좋은교육 미디어 운동을 펼쳐 나가는 것이다. 이 운동은 교육정책전문가와 현장 교사들이 함께 소통하고 협력할 수 있는 커뮤니티 공간을 만드는 것이다. 예시로는 각자의 생각을 언제든지 솔직히 쏟아낼 수 있는 에듀인뉴스 플랫폼과 좀 더 다듬어지고 깊이 있게 사유해서 쓴 글을 공유하는 공간으로 월간교육을 만들어 운영하는 것이 있다. 이러한 교육 플랫폼들은 교사와 교수, 정책 전문가들이 우선해서 참여하지만, 무엇보다 학생과 학부모들의 목소리를 언제든지 들을 수 있게 학생과 학부모 기자단을 운영하고, 그들이 쓴 기사와 기고문, 칼럼 중에서 모두에게 호응을 많이 받은 글을 시상하는 기회도 만들고 좋은 교육은 누구나 참여하고 누구나 공유할 수 있는 미디어를 지향한다.

넷째, 청소년의 꿈과 재능을 키우는 일을 무엇보다 우선해야 한다. 좋은학교운동의 핵심은 교육현장의 변화를 통해 학생들의 꿈과 재능을 키우는데 있기 때문이다. 이를 실질적으로 실천하기 위해서 청소년들에게 에코리더십, 드림리더십, 액트리더십, 아트리더십, 글로벌리더십, 컬처리더십, 소셜리더십 등 7가지 리더십과 자신의 꿈과 재능을 키우는 '청소년 꿈과 재능 나눔 멘토스쿨'을 개최하고 더 나가서는 우리 청소년들의 꿈과 재능, 자신들이 만든 창작물을 공유하고 보호하기 위한 유스클라우드 플랫폼 구축운영을 하고 있다. 뿐만 아니라 청소년들이 가진 꿈들이 실현 가능한 꿈이 될 수 있게 '진로체험 프로그램을 운영'하고, 자신의 꿈과 비전을 실질적으로 세우고 발표할 수 있는 청년리더학교 운영을 운영할 계획이다. 그 밖에도 좋은학교운동이 지향하는 사회적 기여의 기회를 청소년 때부터 습관화하고 실천할 수 있게 '청소년재능봉사단'도 지속적으로 운영해 왔다.

좋은학교운동이 하려고 하는 것은 매우 단순하다. 우리 교육현장에서, 그 주인공인 교사, 학생, 학부모가 함께 힘을 모아서 청소년들의 꿈과 재능을 자유롭게 펼칠 수 있게 교육현장의 변화와 혁신을 긍정적으로 이끄는 것이다. 또한 이를 지속가능하게기 위한 좋은교육정책 개발에 참여하고, 교육의 변화와 혁신의 사례 및 미래형학교 사례 발굴과 좋은교육 미디어인 '에듀인뉴스'와 '월간교육'을 통해 공유하고 확산하는 것이다. 좋은학교운동의 5대 원칙과 기조는 월간교육과 에듀인뉴스가 편집방향으로 세운 원칙과 동일하다. 그 내용은 다음과 같다.

❶ 정치적인 중립성을 지킨다. 교육의 본질적 가치와 기능을 보호하기 위하여 제도적 정치단체나 비형식적 정치세력과 그 노선들에 대하여 편중됨이 없는 합리적인 균형을 유지한다.

❷ 교육수요자의 보호에 앞장선다. 제도적 학습자의 정당한 권익과 교육적 성장을 보호하는 데 특별한 노력을 기울인다.

❸ 교육의 갈등구조의 해결에 최선을 다한다. 교육의 이념적, 이론적, 실천적 쟁점을 중심으로 발생하는 갈등적 상황을 해결하면서 이를 발전적으로 승화시키기 위하여 개방적으로 합리적으로 중재하고 조정하는 데 역점을 둔다.

❹ 교사, 학생, 학부모의 교육적 경험의 공유한다. 이론적 탐구, 실천적 현장, 실험적 시도 등에서 경험한 바를 넓게 공유할 수 있도록 하는 대화와 소통의 장을 체계적으로 조성한다.

❺ 미래형 교육을 위한 전망을 게을리 하지 않는다. 한국 교육의 미래상을 탐색하는 데 관심을 경주하며 연구와 비평과 담론의 장을 만든다.

이러한 좋은학교운동에 참여해서 대한민국의 좋은 교육의 미래를 함께 열어가자. 정치적, 종교적, 이념적, 경제적 독립성을 유지하면서, 교사, 학생, 학부모, 시민사회와의 관계를 강화하가 위해서 뜻을 같이 하는 사람들이 함께했으면 좋겠다.

에필로그

"가르친다는 것은 희망을 이야기하는 것이며,
배운다는 것은 자신을 낮추는 일이며,
사랑한다는 것은 같은 곳을 바라보는 것이다."

– 어린왕자의 생텍쥐페리

삶을 돌아보면 누구나 그렇듯이 시행착오도 많고 후회와 회한이 생긴다. 시간이 내가 원하는 바대로 나아가면 좋겠지만, 그렇지 않다. 가끔은 빙빙 돌아서 제자리로 오기도 하고 한참 후퇴하기도 한다. 그렇지만 후회는 없다. 아직 걸어가야 할 시간이 남아 있고, 그동안 여러 길로 돌아왔던 시간들이 나를 더 단단하게 만들어 줬다. 특히 비영리 활동가로서, 인권 운동, 봉사활동, 청소년 교육, 학교현장의 교육혁신, 그리고 교육단체에서의 다양한 교육실험들이 새로운 도약과 도전의 원동력을 만들어 줬다. 앞으로 하고 싶은 것도 많고 해야 할 일도 많다.

더 단단해지기 위해 공부와 내적 성장을 해야 한다. 길이 없으면 만들어서도 가야한다. 조금은 느리더라도 생각을 같이 하는 사람들과 함께 가야한다. 그 길에서 만난 사람들이 행복해야 한다. 서로를 신뢰하고 존중하는 공동체가 돼야 한다. 그들과 함께하는 시간들이 우리 사회에 선한 영향력을 줄 수 있으면 좋겠다. 언제나 겸손한 마음과 식지 않은 열정으로 나아가야 한다는 다짐을 해 본다. 그리고 앞으로는 그 동안 해 온 일들이 결실을 맺을 수 있도록 더 몰입하고 성찰하고, 더 많이 연구하는 시간을 갖고 싶다.

우리에게 배움이란 무엇인가? 나는 끊임없이 이 질문을 한다. 배움은 호기심과 상상력을 품은 흥미로운 씨앗들이 매일 시끌벅적한 관계 속에서 자신만의 독특한 열매가 열리는 나무로 성장해 나가는 과정이다. 이것이 진정한 배움의 모습 아닐까. 배우며 살아간다는 것은 삶의 의미와 가치를 매 순간 깨닫는 아름다운 성장과정이다. 자신다운 빛깔과 방식으로 스스로 생각하고, 선택하고, 행동하는 삶을 그려내는 일이다. 배움이 멈추면, 결국 삶도 멈춘다. 그런 배움을 청소년들이 스스로 깨닫게 하는 미래학교의 모습을 늘 꿈꾼다.

내가 꿈꾸는 미래학교는 이런 모습이다. 세상의 모든 청소년들이 어떤 이유로도 차별받지 않으며, 자신의 꿈(Dream)과 재능(Talent)과 품성(Character)을 선한 가치(Good Value)와 미덕(Virtues)안에서 마음껏 펼칠 수 있도록, 스스로 생각하고 선택하고 행동할 수 있는 기회의 평등이 주어진 세상을 함께 만들어 것이다. 또한 3가지 선한 가치인 진리, 사랑, 용기와 8가지 미덕인 정직, 동정, 용맹, 정의, 희생, 명예, 영성, 겸손 안에서 성장해 나가는 것이다. 생각할 수 있는 기회의 평등, 선택할 수 있는 기회의 평등, 행동할 수 있는 기획의 평등이 보장된 학교이다. 이것이 내가 꿈꾸는 청소년미래학교의 모습이며, 사람을 중심으로 디지털기술과 아날로그 기술이 융합하는 4차 산업혁명 기반의 플랫폼학교이다. 이를 청소년들이 주도하는 유스클라우드(Youth Cloud)라고 부른다. 이는 누구의 강요도 없이, 누구의 통제도 없이 자신의 꿈과 재능을 시공을 초월해 무한히 펼칠 수 있는 공간이다.

청소년 헌장에 이렇게 명시되어 있다. '청소년은 자기 삶의 주인이다. 청소년은 인격체로서 존중받을 권리와 시민으로서 미래를 열어갈 권리를 가진다. 청소년은 스스로 생각하고 선택하며 활동하는 삶의 주체로서 자율과 참여의 기회를 누린다. 청소년은 생명의 가치를 존중하며 정의로운 공동체의 성원으로 책임 있는 삶을 살아간다. 가정, 학교, 사회 그리고 국가는 위의 정신에 따라 청소년의 인간다운 삶을 보장하고 청소년 스스로 행복을 가꾸며 살아갈 수 있도록 여건과 환경을 조성한다.' 이런 선언적 의미를 청소년들이 주도적으로 실현하는 것이 유스클라우드의 방향이자 가치이다.

청소년 미래학교 플랫폼인 유스클라우드는 꿈의 강연을 통해 청소년들이 스스로 자신의 꿈에 대해 고민해 보고, 자신의 삶의 가치와 비전을 담은 TED형 강연을 직접 제작해 다양한 SNS 채널 공유를 통해 청소년드림네트워크를 구축하고 있다. 이 프로젝트는 나의 꿈을 넘어 우리의 꿈을 만드는 청소년, 자신의 진로와 비전에 관심 있는 청소년이면 누구나 참여 가능하다. 앞으로 다양한 방식의 꿈의 강연을 통해서 청소년들이 꿈을 자유롭게 펼칠 수 있게 할 계획이다.

절대 꿈꾸는 것을 멈추지 말자. 좋은 것은 더 늦게 오는 법이다. 지난 시간의 실패와 좌절에 주눅 들어서도 안 되며, 지금의 편안함에 안주해서도 안 된다. 매일 꿈꾸는 것을 게을리 했어도 안 되고, 오늘 일이 잘 풀린다고 방심해서도 안 된다. 묵묵하게 자신의 길을 걸어가는 게 아름다운 삶이다. 내가 꿈꾸는 학교는 낡은 패러다임을 과감히 던지고 세상에 없는 오늘이 신나고 내일이 행복한 청소년미래학교이다.

이 학교를 통해 청소년들이 스스로 변화와 혁신을 이끌 수 있게 지원하고 싶다. 물론 개인이든 국가든 그만큼 '변화와 혁신'을 갈망하지만, 원하는 대로 바꾸는 일이 쉽지 않다. 잘 짜인 틀에서 벗어나는 것은 그만큼 어려운 일이다. 창조는 파괴에서 시작된다는 말에 주목해야 한다. 사람이든 사회든 안전지대를 벗어나야 새로운 창조가 시작되기 때문이다. 따뜻한 껍질을 벗고 혹한의 추위에 눈바람을 맞는 일이 어찌 쉬울까. 낡은 것에 대한 결별, "틀에서 벗어나라고? 틀을 아예 부숴 버리고 다시 창조하라!" 이 말이 나에게는 늘 화두이다.

에필로그의 에필로그

모두가 철인 3종 경기를 잘 할 필요는 없다. 모두가 철인일 필요는 없다. 우리 모두는 속도와 깊이, 빛깔이 조금씩 다르다는 것을 인정해야 한다. 우리의 꽃다운 시절 그 꽃이 쉬 꺾이고, 뿌리를 튼튼히 내려야 할 화려한 시절 뿌리를 몽땅 썩게 하는 지나친 속도경쟁은 이제 그만해야 한다. 서로가 어깨동무는 못할지언정 조금은 천천히 함께 걷고 가끔은 쉬어가자. 잠시 템포를 늦추고 주위를 둘러보면서 천천히 걸어가자. 우리가 가진 풍부한 상상력과 호기심을 잘 발현할 수 있어야 한다. 그래야 비로소 모두가 자신만의 빛깔로 온전히 빛나는 삶을 살 수 있다. 지금 바로 우리 모두가 빛나는 삶을 위해 천천히 걸어가야 한다. 천천히 더 천천히 걷자. 그게 바로 나다운 삶이다. 우리다운 삶이다.

우리의 꽃다운 시절 그 꽃이 쉬 꺾이고, 뿌리를 튼튼히 내려야 할 화려한 시절 뿌리를 몽땅 썩게 하는 지나친 속도경쟁은 이제 그만해야 한다. 서로가 어깨동무는 못할지언정 조금은 천천히 함께 걷고 가끔은 쉬어가자. 잠시 템포를 늦추고 주위를 둘러보면서 천천히 걸어가자. 지금 바로 모두의 빛나는 삶을 위해 천천히 걸어야 한다. 천천히 더 천천히 걷자. 그게 바로 나다운 삶이다. 우리다운 삶이다.

'알베르토 자코메티'의 말로 이 글을 마무리하고 싶다. '우리는 걸어가는 사람. 우리는 실패하였는가? 그렇다면, 더욱 성공하는 것이다. 모든 것을 잃었을 때, 그 모든 걸 포기하는 대신에 계속 걸어 나아가야 한다. 그렇다면 우리는 좀 더 멀리 나아갈 가능성의 순간을 경험하게 된다. 만약 이것이 하나의 환상 같은 감정일지라도 무언가 새로운 것이 또다시 시작이 될 것이다. 당신과 나, 그리고 우리는 계속 걸어 나가야 한다.'

오늘 함께 걸어온 사람이어야 비로소 내일을 함께 걸어갈 수 있다. 오늘을 묻으면 어찌 내일로 향하겠는가. 오늘을 섬겨야 내일을 얻을 수 있다. 바람의 방향은 언제나 바뀌기 마련이다. 지금 하지 못한 일들을 어찌 내일이라고 할 수 있을까. 오늘 작은 물꼬를 터야 비로소 내일 더 큰 강을 만날 수 있다.

예술교육의 미래 그리고 음악의 어울림

권순태

저자의 이야기

권순태
(케이원예술단 단장, 경희대학교 아트퓨전디자인대학원 겸임교수)

저자는 문화예술기획가이며 뮤지컬 및 오페라, 공연 제작자이다. 독일에서 약 10년 정도의 유학을 하며 오페라 전공으로 석사과정을 졸업하고 오페라 극장에서 활동을 하다가 귀국하여 현재 공연계에서 소위 열정적으로 살아가는 젊은 기획가들 중 한명이다.

저자에게 부르는 수식어들이 몇 개 있다. 포천 오페라단 단장(최연소 오페라단 단장), 경기도 교육청 소속 경기 뮤지컬 꿈의 학교 교장, 성악가, 문화예술기획자 등인데 나는 이 여러 개의 직책들을 나만의 언어로 한 단어로 통일하였다. 'Director' 신문이나 언론사에서는 편집장과 같은 역할이고 음악계에서는 Musical Director라고 하면 음악감독과 같은 뜻으로 해석되고 방송사에서는 방송사 사장 혹은 단체장과 같은 뜻으로 해석이 된다. 그런데 어느 장르에 따라서 조금 다른 해석이 가능할지라도 나에게 해석되는 디렉터는 그림을 그릴 때 주제는 무엇인지를 결정하고 어느 곳에 그릴지를 정하는 사람이라고 생각한다. 자세히 말하자면 동물을 그리는 것인지 사람을 그리는 것인지에 대한 주제를 정하고 스케치북에 그릴지 벽에 그림을 그리는지 그 그림을 그릴 하드웨어를 정하고 가져오는 일이라고 생각한다. 그러면 디렉터가 가져온 주제로 스케치북에 스케치를 하는 사람, 색을 입히는 사람 등을 나는 Player라고 칭한다. 저자는 사실 Director 활동을 하며 Player를 겸하고 있다 라고 말하고 싶다.

저자가 사실 이러한 작은 이력들을 가지고 나서는 "당신의 학창시절 때는 모범생이셨을 것 같고 어려운 삶을 살아본 적 없었을 것 같아요." 라는 흔한 질문을 받는다.

아무래도 저자가 클래식 전공이라서 그런 선입견을 가지시는 것 같다고 생각했다. 그러나 나는 가수 싸이가 했던 인터뷰를 들으면서 공감할 수 있었다.

"선생님이 '너 한마디만 더 해봐' 야단치면 '한.마.디.'라고 그랬어요. 죽도록 맞았죠. 그런데 재미있잖아요."

저자는 이 문장에서 한가지가 다른 것이 있다. '너 한마디만 더 해봐' 야단치면 '한,마,디'하고 죽도록 맞은 것 까지 인 것은 같다. 재미는 없었다. 재미를 주기 위해 그랬던 것도 아니고 그냥 나의 삐딱한 부분들이 밖으로 표출되어지기를 기대하고 내뱉었던 것에 만족했었던 것 같다.

사실 조금 불우하고 어려운 학창시절을 겪었다. 집안 사정이 갑자기 어려워졌던 부분들, IMF라는 큰 국가 경제적 위기에 봉착해서 다른 많은 사람들처럼 회복하기 어려운 가계 그리고 개인적으로 ROCK 이라는 장르에 빠져서 학교 밴드 동아리 연습실이 있는 체육관 지하 1층에 수업도 빠진 채 담배 한 대 물고는 선배들이 노래하고 밴드 연습하는 것을 학교 수업보다 즐거이 여겼으며 당구장과 독서실이 제 집처럼 잠을 자고 밤을 새우는 곳으로 여겼었다. 사실 학창시절이라는 것이 누구에게나 어려운 부분일 것이다. 내가 하기 싫었던 공부도 해야했을 테고 머리가 나쁘다고 생각하는데 자꾸 너는 머리가 좋으니까 희망을 가져. 방송에서 강사들이 나와서 하는 말도 듣기 싫었었다. "학생들이여! 희망을 가져라!"

젠장! 나는 희망이라는 단어도 모르고 희망을 가지는 방법도 모르고 뭐가 내 희망인지 누가 가르쳐주지도 않고 배울 방법도 없는데 무턱대고 희망을 가지라고 하면 내가 가질 수 있는 것인가?

그렇게 반항심으로 가득 차있던 학생에게 대학교를 입학했던 것은 기적과 같은 일이었고 그렇게 삶과 성격의 변화가 일어났다. 그 변화를 주었던 것은 어떤 물질적인 것도 아닌 결국 사람이었다. 나의 스승님이었다. 나의 스승님은 오페라 가수로 우리나라에서 대표적 성악가중에 한명이며 그 스승은 대한민국 오페라 역사를 새로 쓰고 계시던 젊은 성악가였다. 국제 콩쿨을 휩쓸고 다니다 귀국해서 내가 첫 제자였고 그분이 직접 몸소 보여준 열정은 나에게 동기부여를 해주었다. 아직도 기억나는 것이 내 삶의 변화를 일으켰던 한마디가 있다.

"순태야! 나는 너 나이때 10시 음대 연습실에 올라가고 밤 10시에 내려와서 경비원 아저씨와 퇴근 인사를 나누었단다"

　그 한마디를 듣고 어찌하면 저 분처럼 될 수 있을지 연구하다가 결국 9시 음대 연습실에 올라가서 밤 10시에 내려와서 경비원 아저씨와 눈인사를 마주쳤다.

　이후 다시 얘기하겠지만 저자가 뮤지컬 학교를 하고 대학교에서 후학을 양성하는 일에 매진하게 된 이유이다. 저자를 변화시켰던 그 스승 혹은 그 분이 없었다면 저자가 이 책을 쓰고 있는 일 또한 있지 않았을 것이며 디렉터니 플레이어니 하는 말 따위도 생각하지 않는 삶을 살고 있을 거라고 생각한다. 그래서 저자와 같이 많은 청소년들과 젊은 학생들에게 저자가 받았던 메세지를 그대로 전달하고자 하는 것이다.

　각각의 대학교 그리고 각 과목마다 다르겠지만 대학교는 전문지식을 배우는 곳이다. 그러나 중·고등학교 때 어려운 수업들과 시험들을 헤치고 넘어서고 치열한 입시 스트레스를 받고 들어와서 이미 지쳐버린 신입생들에게 또 공부하라고 강요하고 피로에 지친 대학생들은 대학교 수업을 입시 공부하듯이 받아들인다.

　그리고 대학교 교수님들 중에서도 학습방법을 여전히 주입식으로 다루는 경우가 존재한다.

　저자는 대학교 교수님들로부터 MBC 모 프로그램에서 유행하던 단어인 '돌+아이'처럼 전혀 일반적이지 않은 돌아이 같다라는 이야기를 많이 들었다. 저자는 대학교 평균학점을 거의 4.0으로 졸업했다. 축복과도 같이 저자의 창의적인 작품들을 인정해

주셔서 감사하다고 생각한다.

　이렇게 저자처럼 기초교육이 다소 모자른 학생도 사회에 진출시켜줬던 교육방식은 '자기주도적 예술교육'이었다고 생각한다.

　'학습자가 직접 수업을 주도하고 수업에서 자신의 주장을 내세우고 주장을 관철시키기 위해 가정을 두고 실험을 하고 결과물을 만들고 또한 수정, 보완을 하며 학습자가 발전되는 부분들을 관찰하고 학습자가 발전하여 교육 전체가 조금씩 변화해 나간다' 라고 저자는 이 단어를 해석한다.

#1
독일 교육의 자율성
그리고 학습자의 직접참여

"학교 종이 땡땡땡과 내가 작곡한 노래 땡땡땡 학교"
- 자기주도적 예술교육 -

기존의 예술교육은 엘리트 예술가를 양성하는 시스템과 반대로 피아노 학원에서 1년 후 바이엘 하권을 끝내는 것을 목표로 두고 가는 예술교육이었다. 20년 후 피아노 학원에서 체르니 몇 번을 끝냈느냐에 대해서 서로 논쟁하고 자기 자랑하다가 피아노 쳐보라는 말 한마디에 유일하게 칠 줄 아는 곡은 솔솔라라 솔솔미 솔솔미미레 로 시작하는 학교종이 땡땡땡 이라고 답변하는 상황이다.

학습자들에게 자기 주도적 관점에서 창의적 예술교육을 제공하면 새로운 예술교육의 질을 제시할 수 있다고 생각하고 「대부분 지금까지 예술교육은 개인의 획일화된 수업으로 개별 학습에 중심을 두고 경쟁 학습으로 누가 더 빨리 체르니를 끝내고 누가 더 빨리 드로잉을 배우고 누가 더 빨리 스케치 구도를 이해하고 얼만큼 똑같이 따라 그리는지에 대한 부분을 인정하고 높은 점수를 부여한다. 학습자의 잠재의식을 전혀 고려하지 않고 만들어낸 교육 시스템이라서 자기 주도적 사고를 이끌어 내지 못한다.」 현재 대부분의 문화예술 교육은 결국 재능을 선천적으로 타고나거나 습득력이 빠른 학습자들이 성과를 내기가 유리하다. 그러나 예술교육이라는 것은 감성교육 그리고 창의력 증진을 위한 미래교육으로서 실패와 좌절을 경험하여 흥미를 잃어버리고 도중 포기해버리는 상황들이 발생한다. 체르니 40번을 끝내고 나는 다 배웠다라고 생각하는 것과 비슷한 상황이 되는 것이다.

그리하여 저자는 자기 주도적 학습을 위해 학습자 개개인들의 잠재력의 존재에 대하여 이해를 시켜주고 학생들 협동 수업 등을 통하여 창의력을 가지고 예술교육에 참여하도록 유도하는 것을 시작했다. 독일 음악 교육에서 느끼고 체험하고 배웠던 것처럼 한국에서 자기주도적 문화예술교육을 뮤지컬 학교, 꿈다락 토요문화학교, 진G학교와 같은 이름으로 차별화된 공교육 예술교육을 시도했다.

무용, 음악, 연극 수업을 이끌고 가야 하는 뮤지컬은 청소년 각자의 색깔과 능력의 차이를 생각하지 않고 기존의 획일화된 수업으로 진행된다면 몇몇 청소년들은 실패와 좌절을 경험하여 흥미를 잃거나 자기 주도적인 예술을 하지 못할 수밖에 없다. 이러한 청소년들의 자기 주도적 학습을 위해 개개인의 잠재력을 끌어주고 기존의 수업과 달리 청소년 중심의 협동수업으로 진행하여 자신감과 자기 주도적인 창의력으로 예술교육에 참여하도록 유도하여야 한다.

그래서 저자가 교육 받고 교육시스템을 연구했던, 자기 주도적 예술교육이 세계에서 가장 활발하게 정착시키며 선구자와 같은 역할을 하고 있는 문화선진국 '독일'의 교육을 예를 들고자 한다.

문화예술교육운동이라는 생소한 단어를 알아보자.

이 말을 처음으로 쓴 사람은 독일에서 미술과 교육학을 전공한 사회 교육 전문가 리히트바르크라는 사람이다. 그를 대한민국 실정에서 보면 교육학을 조금 더 공부한 그리고 미술 전공을 한 예체능 교사일 뿐이라고 생각할 수도 있다. 그는 주입식 교육이었던 1900년대 초반의 독일 교육이 창의력이 떨어지는 매우 부정적인 교육이라 생각을 했고, 그가 연구했던 논문들, 책들을 통해서 비판에 메시지를 전달했다. 후에 그것이 교육개혁으로 이어졌는데 드레스덴이라는 독일 동부에 있는 문화예술이 발전하고 정치인들과 유명인사들의 발이 끊이지 않는 도시에서 개최된 '문화예술의 날' 행사를 기점으로 많은 교사들이 그의 창의적 교육사상을 긍정적으로 받아들이고 그 교사들을 통해서 독일 전역으로 퍼져나갔다.

이 운동의 중점은 '청소년들의 내적사상, 잠재의식 등을 밖으로 끌어 내주고, 예술교육의 장점들을 통해 정서적 변화의 기회를 제공한다.' 라는 것에 있는데 이 내용들을 지켜보면 1990년대까지 변화가 전혀 없었던 대한민국 교육의 모습을 보는 것 같았다. 그리고 나서 점차 대한민국에도 이런 개혁이 필요하다 라는 것이 대두되었고 현재 21세기 들어와서 관찰 해보니 방과 후 활동이라든가 비교과 과목 특성화라든가 여러 가지 예술적 가치를 인정하면서 도전하고 있는 듯 한 모습을 보았으나 선진화 되어 있는 커리큘럼을 가져와서 행한다고 해서 많은 변화를 일으키지는 못했다. 앞에서 저자가 얘기했듯이 어떤 식의 예술교육이 따라와야 하냐는 것이다. 그렇게 독일의 문화예술교육운동은 오늘날까지 독일 교육 선진화를 만들었던 개혁운동이라고 판단되고 있다. 그 후 덴마크, 핀란드등 우리가 생각했던 교육선진국들은 대부분 독일의 이 예술교육운동의 핵심을 뽑아내서 자신의 나라

특성에 맞게 커리큘럼을 만들고 발전 시켰다고 보면 될 것 같다.

당시의 독일 교사들은 학교가 지식 주입 수업 그리고 계산 활동에 중점을 둔 수업에서 벗어나서 예술, 체육 교육등을 통해서 창의적이고, 창조적인 역량을 높여 주기 위해 노력해야 한다고 판단 했으며 이론 중심에서 행동 중심으로 그리고 호기심 자극을 통해서 동기유발을 일으키는데 중점을 둬서 학습자가 직접 판단 할 수 있게 도와주었다.

그렇다면 문화예술교육 운동은 예술교육에만 변화를 주었을까?

전혀 아니다. 이 운동은 스스로 교사의 주도하에 발전해서 결국 역사, 국어, 수학, 과학 등 교사의 주도하에 이론과 소수의 실험으로 진행되었던 기존 수업의 형태를 넘어서 수학시간에는 수학적 공식을 사용해 직접 무대를 디자인하고 소품을 만들어 보고, 과학시간에는 오페라 무대에 들어갈 인공 호수를 만드는 등 다양한 예술교육 접목 수업을 진행하게 되었다.

그리고 강사 양성 시스템도 다양해졌다. 사실 지금 이야기 할 부분은 현직 교사들에게 반감을 일으키거나 조금 오해를 살 수 있는 부분이기도다.

이 시스템은 현직 수학 교사를 어린이집이나 유치원 (KINDERGARTEN)과 같은 곳에 출장을 보내서 아이들과 함께 놀이 수업을 진행한다던가, 과학교사가 어린이집에 있는 강사들과 협업을 하게 한다던가 하는 방법으로 진행된다. 사실 중·고등학교 교사는 유치원 교사나 어린이집 교사보다 더 전문 지식을 다루는 직업이지만, 창조적인 틀을 넘어서는 곳은 사실 중·고등학교 보다 발전 되어있다 라는 판단이었는가보다.

사실 이 부분은 앞서 오해가 있을 수 있다고 얘기했던 것처럼 완벽한 정답은 아니겠지만 독일의 교육자 양성시스템의 일부분이고 그들은 이를 아주 중요하게 생각하고 있다.

독일의 문화예술정책 시스템

시, 군과 같은 지방자치단체들은 각 지역의 행정 책임이고, 주정부는 지방도시들의 예산을 지원하며, 연방정부(국가)는 외교적 부분과 학교가 국가적으로 추진을 할 때 필요한 부분들만 적극적으로 참여하고, 교육과정이나 여러 가지 강사 양성등과 같은 부분들은 매우 소극적으로 참여한다.

독일의 공교육 과정 중 어린이집, 초등학교까지는 자연 속 문화활동이 중점이다. 기초과정인 만큼 여러 사물을 관찰하고 연구하는 것보다는 자연 속에서 스스로 행동하며 자신의 관심분야를 스스로 결정할 수 있게 해주고, 그것을 예술적인 형태로 표현 할 수 있도록 도와준다.

이후 초등학교 고학년 부터의 예술교육 학교 내 오케스트라, 합창단, 회화, 연극, 영화 제작 모임 등에서 이루어 지는데, 외부 강사는 투입을 거의 안하고 학교 교사들이 직접 담당하는 경우가 대부분이다. 이는 현직 독일 교사들이 어렸을 때부터 독일 교육 역사의 긴 시간동안 예술교육을 준프로페셔널 하게 배워오다 보니 이런 시스템을 계속 구축할 수 있었기 때문이라고 생각한다.

그러나 대한민국에서 이를 시행하려면 이 부분에 대해서 집중해야만 한다.

음악학교(Musikschule) : 60대 이상 노인들 그리고 청소년

음악학교는 지방 시 또는 군과 같은 지방자치단체에서 지원을 하기 때문에 청소년은 거의 무료 교육을 받고 어른들은 아주 작은 기부금 형태의 등록금만 내고 음악을 배울 수 있다.

이 음악학교는 마을 교육 공동체와 같이 어른들이 학생들을 가르친다라는 뜻이 아니고 어른들이 함께 학생들과 배움을 공유한다라는 의미를 가지고 있다.

물론 현직 음악교사들이 투입되어 기초 음악과정을 가르치긴 하는데 어른들과 청소년들이 친구처럼 서로의 취미생활과 특기적성을 함께 하여 작은 마을을 함께 만들어 나가는데 의의를 둔다.

이 음악학교처럼 마을이 함께 참여 할 수 있는 예술학교들이 대한민국에도 펼쳐졌으면 하는 것이 저자의 희망이다. 이 학교가 각 시·군 당 한 개 씩만 존재한다고 하면 대규모 공연팀이 와서 시와 군의 예술복지를 책임지지 않아도 된다. 그리고 시·군의 여성합창단, 아마추어 어른 합창단, 실버합창단등 선거나 정치적 목적을 두고 만들어지는 표몰이(?) 형식의 예술단체들이 아니라, 실질적으로 창의력 활동을 하며 온 마을이 함께 웃고 예술적 가치를 느끼면서 나아 갈 수 있는 대한민국형 예술학교를 만들어 낸다면, 어른 알기 우습다고 야단치는 어른도 어른들 눈을 피해 건물 구석에서 몰래 담배 피다가 야단맞는 청소년들도 이 예술활동 속에서 서로를 인정하고 서로의 다름을 알게 되어 세대간 간격차를 줄일 수 있지 않을까 라고 생각한다. 이런 예술활동을 통한 개혁이야말로 진정 사회를 긍정적인 측면으로 이끌 수 있지 않을까 라고 생각한다.

이제 국가가 모든 것을 지배했던 시대는 지난 것 같다. 앞으로 마을 사람들이 그 지방자치단체를 이끌고 나아가야 하는 시대가 온 것이 아닌가.

청소년이 어른이 미래이고 현재이며 아이들이 세상이다. 어려운 말인 듯하지만 이해 할 수 있는 말이라고 생각 한다.

독일에 남서부쪽을 향하여 가다보면 프라이부르크라는 도시가 있다.

+ 자유분방한 뮤지컬 교육 사진

그 도시에는 'FMU'라는 프라이부르크 뮤지컬 학교가 있는데 학생들 스스로의 예술 발전을 돕기 위해 개별 부서에 따라 진행되고, 음악 공연과 배우로서 갖추어야 하는 기본적 소양을 가르치는 것을 넘어서 다양한 훈련들을 접목시키고 적용하여 예술적 능력을 자신의 직업에 활용할 수 있도록 지원한다.

프라이 부르크의 학교 수업 방식에 관한 부분들은 다음과 같다.

독자들이 생각한 뮤지컬 학교, 예술학교는 보편적으로 개별 능력 향상에 초점을 맞춰났다면, 프라이부르크가 생각한 부분은 인간의 기본적 본성과 철학 그리고 인문학에 맞춰져 있다.

나는 우리가 이러한 전문적으로 보이는 교육을 과연 공교육 예산으로 실행하는 것이 가능하냐는 질문을 받는 것을 좋아한다. 독자들도 의문스러울 것이다. 이 많은 교육들에 예산 충당이 가능하냐는 질문. 나는 이것을 중점으로 두고 싶다.

그래서 하고 싶은 이야기가 있다. 예술교육이라는 것을 엘리트 교육에 대한 성과가 아닌 창의력 증진에 중점을 두어 저 표 안에 있는 내용들 중에 몇 개를 선택해서 교육 커리큘럼을 만들고 꾸준히 교육을 실시한다면 가능하다.

연기 과목 중에 '상상력 증진과 분리 주의 인식을 위한 운동, 정서적 유연성과 집중 트레이닝 교육'을 예로 들어보자. 과연 현재 중·고등학교에서 실시하는 음악교육 혹 방과후 활동 지원 방안에서 저런 개념을 생각하고 프로그램을 기획하고 있을까? 상상력 증진과 분리 주의 인식을 위한 운동을 뮤지컬에 빗대어 보

구분	교육 내용
연기 및 공연	· 상상력 증진과 분리 주의 인식을 위한 운동, 정서적 유연성과 집중 트레이닝 교육. · 공연할 수 있는 능력 개발. · 파트너와의 앙상블 연주와 상호 작용. · 인물을 해석하고 복잡한 구조를 이해하는 훈련. · 테크닉 및 노래, 음악, 춤, 언어, 얼굴 표정과 몸짓의 표현을 다른 수단과 접목.
음악 교육	· 뮤지컬 현장 작업. · 자신의 음악적 창의성 개발. · 고전음악(발성법)을 기초로 한 개인 레슨. · 호흡 기술과 음성 훈련. · 음성 교육. · 말하기와 노래 사이의 원활한 연결. · 앙상블과 합창 노래. · 음악적 표현의 교육. · 노래 해석. · 음악 이론과 조화의 기초.
안무 교육	· 춤의 개발과 특정 기술 훈련, 음악 장르 별 표현 훈련. · 복잡한 춤의 안무 순서와 단계의 조합 훈련. · 다른 시대와 문화의 춤의 모션과 특징. · 무대 스테이지 투입 · 개별 신체 훈련과 공동 훈련 작업.
이론 교육	· 음악, 연극, 뮤지컬의 역사. · 음악의 요소와 형성. · 문체의 성분과 해석하는 방법.
오디션 교육	· 인식, 학생들의 환상과 상상력 촉진. · 오디션으로 인한 스트레스 대응 능력 훈련. · 서바이벌 콘서트를 통해 자신의 역할을 수행하고 자신감 증진. · 동료들과의 팀워크를 통한 규율과 인내 훈련. · 관객과의 상호 작용 훈련. · 감독, 전문가와의 공연 후 피드백과 리뷰를 통한 자신의 성가를 평가하고 개선.

+ 논문 인용 ; 류승희 ; 청소년 자기 주도적 예술교육 방안에 관한 연구

자. 교사가 30주차 수업 중에서 학생이 연기를 하기 위해 필요한 연기발성과 동작 완성에 초점을 두어 공연의 완성도에 중점을 둔다면 반복된 연습을 통해 목표를 달성할 수 있다. 그런데 그 학생은 연기 전공을 위한 학생도 아니고 단지 학습의 다양성을 위해 연기 수업을 듣는 것이라고 가정해 보자.

그렇다면 자신의 미래 전공을 위해서라도 연기 발성만을 배워야 할 몇 주차 동안 정서적 유연성 그리고 상상력 증진을 위한 자기 연기발표를 만드는데 교육을 둔다면 그 학생의 감성적 표현 방법이 발전하고 자신의 전공에 대해 보다 폭 넓은 사고로 바라볼 수 있지 않을까? 라고 필자는 판단해 볼 수 있다.

#2
문화예술체육관광부의
문화예술교육 사업 사례

저자는 지난 몇 년동안 문체부에서 지원하는 주말 예술교육을 진행했었다. 많은 예술교육인들이 아는 '꿈다락 토요문화학교'라는 교육이다.

저자의 전공을 살려서 오페라 교육을 실시했었다. 이 사업에서 오페라 교육이 거의 전무후무 하다보니까 처음에 오페라 교육으로 주말 예술교육을 하겠다 했을 때 이 내용을 접한 공무원들은 눈을 크게 뜨면서 말이 안된다고 생각을 했던 것 같다. 어른들도 어려워하고, 장르 자체가 소수를 위한 장르인 듯한게 오페라인데 특히 자신들에게도 어려운데 무슨 어린이들을 위해 오페라 교육을 하느냐 하는 듯한 반응이었다. 그러나 나는 자신이 있었다. 오페라를 이해시키고 외국어로 되어있는 오페라를 그대로 청소년들에게 보여주고 가르치면 절대로 변화할 수 없다라는 것이다. 저자의 단체 내 기획팀은 나에게서 '오페라는 무엇인가?'라는 질문을 받았다. 그들은 연구해서 한문장으로 대답을 했다. "오페라는 무대에서 이루어지는 복합 예술입니다."

바로 그것이다. 오페라는 복합 예술이다. 오페라는 외국어 가사로 통통한 배우가 올라와서 큰 목소리로 노래하는 것이 아닌 아주 오래전부터 음악, 미술, 연극, 무용이 함께 무대에서 펼쳐지는 복합예술이라는 것이다. 그 대답을 얻고 나서야 비로소 프로그램을 만들 수 있었다.

오페라 「마술피리」의 중요 소품인 새장을 활용해 자신만의 새장을 만들어보는 무대미술과목, 자신의 이야기를 짧게 극작을 하면서 감성적으로 연기하며 전달 하는 과목, 자신이 상상해낸 무대 안무 과목, 자신이 정한 노래를 불러보는 발성 과목의 공통점은 무언가를 보다 비슷하게 혹은 똑같이 만들어보는 작업이 아니라 학습자가 직접 선택하고 직접 느껴볼 수 있는 개인의 취향을 존중하며 개인만의 방법을 선택할 수 있게 한 예술교육이라는 것이다.

저자가 단장으로 속해있는 포천오페라단의 교육 내용이었다. 이 교육을 진행하면서 아쉬웠던 부분은 구체적 교육 프로그램을 공교육이 아닌 문화체육관광부 산하기관에서 주도해 적은 예산으로 각 시군의 문화예술회관을 통하여 진행했기 때문에 소수의 청소년들에게 주말 동아리 활동정도의 규모로 짧은 교육 일정동안 시행할 수 밖에 없는 규정을 만들어놨던 것이었다.

음악	무대 미술	안무
· 기본 발성 훈련을 통해 소리 내는 법을 알아본다. · 학습자가 선택한 곡 (동요. 가곡)을 통해 오페라 발성을 알아본다. · 전문 강사들의 연주나 동영상을 보고 오페라의 구성을 알아보고, 오페라 진행에 대해 파악한다. · 오페라 마술 피리에 나오는 합창곡을 배워보고 , 전문가들의 오페라 공연에 직접 참여하여 연주해 본다.	· 오페라 무대에 올려 보내고 싶은 간단한 소품들을 만들어 본다. · 무대 미술에 필요한 요소들이 무엇인지 오페라 영상을 통해 알아본다. · 자신이 생각하는 오페라 무대 소품과 구도를 생각해보고 그룹으로 직접 만들어 본다. · 그룹으로 만들어진 소품들을 전문가들의 오페라 공연에 무대 미술로 구상하고 사용한다.	· 기본 발레 수업을 통해 신체의 균형감각을 익힌다. · 무대 위에서의 올바른 자세와 표현들을 익혀본다. · 오페라 안무를 배워 보고 자신만의 오페라 안무를 하여서 발표해본다. · 군무를 통한 협동심과 창의적인 안무를 자신만의 무대를 만든다.

+ 오페랄라랄라 세부 내용(크라이스 엔터테인먼트 / 포천오페라단)

그러나 나름의 성과도 있었다고 생각한 것은 처음에 오페라 교육을 어렵게만 생각했던 선입견들이 깨지기 시작했던 것이다. 어린 청소년들이 오페라 무대를 직접 경험 해보고 미술에 대해 소질이 없다고 생각한 학생들이 자신들의 능력으로 작품을 만들고 그 완성도에 대한 평가가 아닌 어떠한 생각과 상상으로 만들어진것인지에 대한 토론을 했으며, 강사가 보완을 위해 학습자와 대화를 하면서 결과물을 만들어 내가는 것이 이 교육의 핵심이었다.

저자는 이와 같은 예술교육 시스템이면 오페라, 뮤지컬, 실용음악, 댄스, 한국무용, 판소리 등 장르를 불문하고 이해시키려 애쓰지 않아도 상상력, 창의력 증진이 되어지고 그 장르의 관심도가 생기도록 도울 수 있어 저절로 개별 장르를 이해할 수 있게 될 것이라고 판단한다.

#3
경기 뮤지컬 학교의 방향성
그리고 긍정적인 효과

청소년들 – 이준 그리고 이회영을 만나다.

+ 포천 역사 / 뮤지컬 학생들의 연습 사진

+ 포천 역사 / 뮤지컬 학생들의 외부 공연

　　저자의 단체가 여러 가지 형태의 오페라 학교 / 오페라 교육 /
뮤지컬교육등 으로 전국을 돌아다니며 미래형 예술교육을 전파
하고 있을 때 였다. 독립운동가들의 초상화를 전시하는 전시회
에서 역사 콘서트를 기획해줄 수 있느냐고 문의가 들어와서 의
정부 예술의 전당에서 콘서트를 진행하게 되었다. 그 당시만 해

도 내가 공연을 통해 대한민국 독립역사에 대한 메세지 전달이 가능할까 라는 부정적인 생각을 가지고 있었다. 저자가 많이 하는 연출 중에 연극과 성악 그리고 퓨전 국악 밴드와의 콜라보레이션이 있었는데 그 당시에 백명 정도의 경기북부 청소년들이 관람하러 왔었다. 공연을 마친 후 학생들에게 직접 다가가 물어봤었다.

"역사 이야기라 지루하지 않았나요? 내용을 이해할 수 있었나요?"

청소년들은 "공연은 매우 흥미로웠고, 이회영, 이시영과 같은 분들을 오늘 처음 들었지만 이해할 수 있었어요." 라고 대답해줬다.

저자가 이런 대답을 기대하고 작품을 작업했던 것은 아니었는데 뜻밖의 대답을 듣고 나니까 욕심이 났다. 학생들이 직접 제작하고 직접 대본을 쓰고 직접 배우를 선별하고 역사 속 캐릭터를 분석해서 뮤지컬 작품을 만들면 어떨까? 라고 생각했었다.

그래서 바로 경기도 교육청과 협업을 하여서 경기도 포천시의 역사 전공 교수님과 함께 학교를 만들어나가기 시작했다. 50명 정도의 포천 청소년들을 대상으로 역사 교육을 하기 시작했다. 본격적인 역사 뮤지컬 작품을 만들기 전 독립운동가인 이회영, 이시영부터 안중근에서 유관순까지의 역사 수업을 시작하고 학생 스스로 위인들의 성격을 찾아가는 등 기본적인 역사 교육을 통해 기본소양을 배워갔다. 그리고 나서 다같이 대본을 만들기 시작하는데 학생들이 우선 위인을 선택하게 하고 선택된 위인들을 자신들이 직접 해석해서 가져올 수 있게 과제를 내주고 대본에 참고를 했다. 연출가로 신청한 연출리더 학생이 직접 연출 플랜을 만들고 기획을 하며 진행을 했다. 앞서 말씀드린 것처럼 역할 나누기라는 것이 엘리트 예술교육이라면 입시를 두고 전문적인 기술을 배워야 하는 학생들에게는 적합하지 않다 라는 것을 저자도 오페라를 전공 하면서 충분히 잘 알고 있다. 그러나 공교육에서 전혀 장르에 대한 이해가 없는 학생들에게 이러한 경험을 통해 자신의 미래 직업 희망에 폭 넓은 가능성을 부여하도록 지원해 준다면 이러한 교육이 학생들에게 도움이 된다 라고 생각하고 진행하였다. 결과적으로 역사를 보다 쉽게 이해한 인문계 학생들 그리고 예술계통을 하고 싶었지만 어떤 부분들이 적합한지 전혀 모르던 학생들에게 다양한 기회를 줄 수 있었다 라는 점을 매우 긍정적으로 생각한다. 교육 이후 어떤 학생들은 연출전공, 연기전공, 뮤지컬 전공으로 대학교 입학하게 되면서 진로를 그대로 유지해 사회로 진출하게 된 결과를 얻게 되는 등 경기뮤지컬 학교를 세우기 전에 1년 동안의 성과를 만들어 냈다.

이제 저자는 『학교, 미래를 꿈꾸다』라는 제목의 책에서 가장 이야기 하고 싶은 경기뮤지컬 학교를 이야기 하겠다.

저자는 위에 포천시의 역사 / 뮤지컬 학교를 시범 운영하면서 보다 폭 넓게 경기 북부 청소년들에게 기회를 제공하고자 경기뮤지컬학교를 운영하게 된다.

기본적인 틀은 학습자 / 자기 주도적 교육이지만 좀 더 교육 체계가 있고 심화적인 교육을 실시하게 된다.

경기 뮤지컬 학교의 이념이란?

우리의 일은

청소년들의 삶 속의 문화를 읽는 것이며, 그 문화를 풍요롭게 하는 방법을 찾아주는 것입니다.

우리의 자산은

음악을 사랑하는 사람과의 연대이며 이를 통한 창조적 헌신입니다.

우리의 가치는

어우러져 살아가는 삶의 전달입니다.

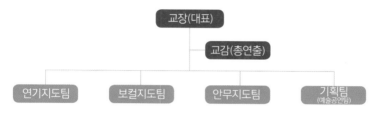

+ 경기뮤지컬학교의 강사 시스템

+ 60대 이상 시민들과 뮤지컬 학교 학생들과 현직 배우들과의 협동 공연 '맘마미아'

구분	활동 사항
교장	카셀 오페라 극장 오페라 가수, 포천 오페라단 단장 뮤지컬 새야 새야, 빠딱하게, 오페라 사랑의 묘약, 마술피리, 헨젤과 그레텔 제작
교감	중앙대학교, 숙명여자대학교 (박사과정) 외래교수 뮤지컬 [사랑해 톤즈] 주역 출연 오페라 카르멘, 오페라 속 세여인 주역 출연
연출	보스 아카데미 대학로 본원 연기 코치 서울 시립 대학교 영문학과 영어 뮤지컬 지도 극단 담백 수석 연기 코치
예술경영	창조융합센터 공연부분 업체 '모던 한' 대표 전통 라운지 파티 '모던 한 파티' 기획자 2015 자라섬 막걸리 콘서트 총 책임자
실용음악지도	경희대학교 포스트모던음악학과 겸임교수 크라이스엔터테인먼트, 크라이스 문화대표 YB꿈의 학교 대표 지도자
연기지도	현직 탤런트, 동아방송대학교 연기 전공 <영화> 단 한 번의 시선, 연애 상담 센터, 월광 소나타 <드라마> 사랑을 믿어요, 정글 피시, 밤을 걷는 선비
안무지도	성균관대학교 연기전공 안무코치 2015 뮤지컬 <신 명성황후>안무 감독/세종국악당 2015 뮤지컬 <꿈의 학교-세종 꿈>안무 감독 /세종국악당

+ 경기뮤지컬학교 강사진

    강사진 표를 읽으면 강사진의 화려한 측면에서 내뿜어지는 사립학원의 향기를 느낄 수 있으나, 학교 내부 예산과 현실을 만나보면 전혀 다르다는 것을 알 수 있다.

    그 이유는 강사진 대부분 본래 받는 강사비의 50%를 받고, 본 뮤지컬 학교를 운영 대행하는 뮤지컬 제작 단체가 병행하여 본 단체 공연에서 활동하는 조건으로 남은 강사비를 지원받았기 때문이다. 교육청과 민간기업이 청소년을 위해서 함께 공생하는 것으로 비용적 측면의 문제를 해결했다는 것이다.

　대한민국 청소년 예술교육을 위해서 모두가 한마음으로 도전하면서 갈등을 해소했다는 데 가치와 의의를 두었다고 생각한다.

경기 뮤지컬 학교 수업 프로그램

　첫째, 보컬 과정 - 기본 뮤지컬, 성악 보컬을 기본으로 기존에 가지고 있던 안 좋은 습관을 바로 잡고 노래에 대한 두려움을 없앨 수 있도록 도와준다. 앙상블 속 학생들과의 하모니를 통해 협동심을 깨우칠 수 있다.

　둘째, 안무 과정 - 안무의 기본자세, 유연성을 강화하고 친숙한 뮤지컬 넘버 등을 가지고 안무훈련에 쉽게 다가간다.

　셋째, 연기 과정 - 기본 연기 발성, 생활 연기를 익히고 내재되어 있던 감정 표현을 할 수 있게 도와준다.

　넷째, 예술 경영 과정 - 기본 홍보 마케팅 이론을 습득하고 뮤지컬 공연의 모의 기획, 마케팅을 통해 실전 연습을 할 수 있다. 세부적인 뮤지컬 교육 프로그램은 다음과 같다.

　경기 뮤지컬 학교의 프로그램은 크게 경쟁형 프로그램, 참여 및 토론형 프로그램, 치유형 프로그램, 외부 협력형 프로그램, 공연 제작형 프로그램, 기타 프로그램 총 7가지로 분류할 수 있다.

경쟁형 프로그램은 초급, 중급, 고급반으로 구성하여 동기를 부여하고 학업 성취도를 극대화하는데 목표를 두고 있다. 이는 서바이벌 게임식 교육 방법으로 주 2회 이상의 기초 연기, 보컬 트레이닝, 시창과 청음, 뮤지컬 대본 작업, 연기 발성법 등의 수업을 받고 고급반으로 가기 위한 선의의 경쟁을 유발한다. 또 음악에 관련된 게임과 미션 수행 등 수시로 오디션 및 인터뷰를 시행하여 각 반의 구성원을 선발한다.

참여 및 토론형 프로그램은 음악과 뮤지컬을 만들고 공연을 상연하는 과정을 통해 동료와 협업하는 과정을 이해하고 상연될 공연에 대한 객관적인 시각을 가지고 창의적인 해결책을 모색하는 능력을 배양하는 데 목표를 두고 있다. 다음과 같은 교육방법으로 진행된다.

1. 방송 동아리 활동
- 라디오 팟 캐스트 (3층 녹음실/몽실 학교)
- 월 1회 공개 팟 캐스트 (2층 홀/몽실 학교)

2. 공개 음악 토론 진행 (2층 홀/몽실 학교)
- 음악에 관련된 주제별
- 예술경영 전문가 초빙

3. 전공별 녹음 실습 (3층 녹음실/몽실 학교)
- 전공 레슨 영상 제작
- 자신의 연주 모니터를 통한 객관적인 평가

치유형 프로그램의 교육방법은 자기 감정을 적극적으로 표현하도록 유도하고 이를 통해 심리적으로 해소되지 못한 문제점을 드러내고 치유할 수 있는 계기를 제공하는 데 목표를 둔다. 이는 위기의 청소년들을 위한 음악 프로그램 (교육연구회와 논의된 사항)을 통해 연극 치료 및 뮤지컬 교육, 드림 뮤지컬 기획단을 운영한다. 또한 수업이 없는 고등학교 음악 교사들을 중심으로 오케스트라와 합창단을 운영하여 정체성을 확립하고 활동 영역을 확보, 학생들과의 소통을 통해 꿈의 전도사 역할을 한다. 길거리 캐스팅을 통하여 가정 및 학교를 이탈한 위기의 청소년들을 모집하여 청소년 뮤지컬 프로그램을 통하여 심리적 치유를 돕는다.

외부 협업형 프로그램은 다양한 음악 장르에 대해 이해할 수 있는 기회를 제공하고 문화적 배경이 다른 국가별 전문가와의 협업을 통해 열린 시각을 갖춘 청소년을 배양하는 것에 목적을 두고 있다. 방법으로는 방학 기간을 이용하여 음악 캠프를 실시-약 1주일간의 집중 트레이닝을 통하여 집중 교육을 받을 수 있도록 하여 실력 향상, 집중력을 극대화 한다. 또한 실용음악 학과의 대학교와의 협약으로 대학교 수업을 청강하고 실용 음악 교육을 받을 수 있도록 제공한다. 외국의 기관-중국 상하이 아카데미, 미국 ARIZONA주립음악대학, 헝가리 코다이 음악학교 등의 연수 및 교환 학생 협약으로 클래식 및 영상 음악, 음향, 녹음 기술 등의 교육을 통해 시야를 넓힐 수 있다.

공연 제작형 프로그램은 다양한 음악 장르에 대해 이해할 수 있는 기회를 제공하고 문화적 배경이 다른 국가별 전문가와의 협업을 통해 열린 시각을 갖춘 청소년을 배양하는 데 목표를 두고 있다. 경기 뮤지컬 학교의 광화문 거리의 길거리 음악회를 기획하여 강사 및 뮤지컬 학생들이 함께하는 에피소드 뮤지컬, 헤이그 특사를 주제로 한 근대사 뮤지컬 등을 제작하여 공연을 할 수 있는 기회를 만든다. 또한 뮤지컬 학교 학생들의 길거리 음악회 (버스킹) 및 대강당 등의 대규모 홀에서의 연주를 통해 직접 제작하고 기획, 홍보하는 등의 자기 주도적인 활동을 할 수 있도록 돕는다.

그밖에도 다른 기관들과의 연합 플래시몹 등의 공연들과 SNS를 통한 경기뮤지컬 학교의 학생 모집, 강사 모집 공고, 각종 공연 행사들의 홍보 마케팅, 학생 및 학부모가 참여하는 교육 평가, 지역 사회 및 기업들의 참여를 유도하여 정형화된 프로그램을 탈피하고 다양하고 창의적인 실험을 할 수 있는 기회를 제공한다.

이러한 경기 뮤지컬 학교의 프로그램은 초등학교부터 고등학생까지의 다양한 학년 계층 화합을 이루어 학생들 서로간의 협동심과 자립심을 향상 시키고 학생들의 활동에 있어 결과물보다 공연 준비단계에서 실수하는 과정들을 수정하며 최선을 다하는 것과 열정을 다하는 것에 대해 탐구해가며 스스로에게 자긍심을 길러주는 효과를 가지고 온다. (참고 논문 인용 – 류승희 ; 청소년 자기 주도적 예술교육 방안에 관한 연구)

예술교육을 저자와 함께 공동으로 연구했던 류승희 교수의 논문을 인용한 이유는 저자가 운영한 학교의 프로그램과 그 프로그램의 활용성, 교육의 활용성 등을 제 3자의 평가로 같이 이야기 하고 싶었기 때문이다. 프로그램 중에서 특히 치료형 프로그램을 집중해서 설명해보고 싶다. 현직 교사들과 마을의 뮤지컬 또는 예술에 대한 취미를 가지고 싶은 마을 어른들이 다 함께 모여서 뮤지컬을 배웠다. 시민 뮤지컬단을 결성하면서 이 일들을 진행했는데 모든 것은 마을안에 있는 학생들을 위한 것이었다. 그 이유는 마을 어른들 자신이 예술을 경험하면서 직접 부딪혀야지 학생들의 자신의 삶을 위한 도전들을 이해하고 도와줄 수 있을 것이라고 생각했기 때문이다.

그렇게 그 어른들 자체도 인성적인 발전을 겪으며 학생들의 '꿈의 전도사'가 되었다.

저자는 이 학교를 통해 학생들의 창의적인 능력을 새로운 방법으로 기를 수 있게 되면 현재 학생들의 진로를 상담하는 시스템도 변화를 가져 올 수 있을 거라고 생각한다. 기본적으로 현재 학교 내 시스템으로는 창의적인 직업군을 선택할 수 있는 옵션들을 추천할 수 없다. 만약 학생들이 창의력을 발전시킨다면 다양한 직업을 스스로 생각해내고 만들어 내지 않을까?

+ 뮤지컬 학교 학생들의 예술의 전당 무대

+ 뮤지컬 배우 민영기와 함께 한 뮤지컬 갈라콘서트

#4
미래 산업, 컨텐츠 개발과 미래예술교육의 관계

- "예술교육 미래를 이끈다" -

'VR 영상을 통한 마스터들과의 협동 공연'

'웹툰 속 영상과 음원을 통한 웹툰 예술 교재'

'청소년들만의 영상 커뮤니티를 이용한 영상 컨텐츠 개발'

미래 산업과 예술 장르가 결합해서 미래 학교를 만들 수 있지 않을까?

영국에는 '길드 홀 크리에이티브 학습'이라는 청소년 공동체와 세계적 수준의 예술 산업 전문가들을 모아 다른 차원의 시각으로 작업을 하고 모든 이들이 예술을 창조 할 수 있다라는 가정에서부터 시작하고 목표를 둔 창조적 학습법이 있다.

기초 교육 프로그램에서부터 고등 교육 그리고 전문 교육에 이르기까지 적성 분야, 관심 분야, 기술, 자신감, 경력 개발과 관련해서 여러 가지 다른 성향을 체크해서 그 사람들이 예술에 참여할 수 있게끔 새로운 경로를 만들고 학생, 청년들이 프로젝트에 참여 할 수 있는 기회를 제공한다. 또한 크리에이티브 기업에서 주는 경력증과 같은 것은 다양한 아티스트를 대상으로 예술 산업에서의 취업을 위한 제작, 공연, 협업 및 강사 지도력을 개발하고자 하는 사람들을 위한 것이다. 우리가 미래 학교를 만들기 전에 이렇게 훈련된 강사들 혹은 훈련을 받을 수 있는 교육 프로그램을 만들어서 진행을 해야 한다고 생각을 한다.

크리에이티브 교육은 다음 사항을 보면 이해하기 쉬울 것이다.

크리에이티브 교육 과정은 3년 과정

창작을 할 수 있는 공간 제공 – 예술 센터

1학년 과정

- 자체 내 학생들이 회사를 설립(기획사)
- 회사를 위한 일원이 되어 사회적 도움을 줄 수 있는 일을 선택
- 관심 분야, 기술, 자신감등을 다양한 인성과 직업 능력
  테스트로 분류

2학년

- 새로운 지식과 기술을 이용(IT산업연계)
- 오프사이트 참여 작업
- 사이트별 성과 및 커미션 작업과 같은 발전된 프로젝트를 제공

3학년

- 개인 그리고 회사의 일원으로서 예술적 공동 작업을 이끌고
  또한 관련 조직의 직장 배치를 통해 혜택을 얻고 특정 직업 지원
  여건 제공

		교육내용
1학년 <실험 및 탐구>	아이덴티티 프로젝트	• 개인의 스토리텔링과 자서전 작업. • 작은 성과를 이끌어내는 회사와 작업 기회. • 사회적 일에 적극적으로 동참.
	협업 성과 프로젝트	• 회사와 일하고 협업 기술을 심화하여 새로운 업무를 고안. • 다양한 게스트 아티스트와 새로운 작업 방식을 공유.
	Outside in	• 참여적이고 사회적으로 관여된 관행에 대한 개념을 소개. • 일련의 강의 및 세미나, 워크숍 및 오프사이트 관찰을 통해 이론과 실습을 모두 이해할 수 있다. • 병원, 학교, 사법 기관과 같은 지역 사회 상황에서 다양한 프로젝트에 참여 진행한다.
	PREP	• 1:1 수업(30시간), 10시간의 1:1 멘토링 세션으로 아이디어 개발. • 프로젝트 관리, 제안서 제출, 학습 및 경험을 문서화, 멀티미디어 포트폴리오 개발.

		교육내용
2학년 <개발 및 발견>	Inside Out	• 소규모 그룹으로 협력 진행. • 전문가의 멘토링을 통해 프로젝트 기획, 고안 및 전달 담당인 두 개의 오프사이트 프로젝트 진행. • 건강관리, 지역사회단체 및 청소년에 대한 사업을 주제로 프로젝트 실행.
	Pop up 포퍼먼스	• 단기 공연 프로젝트로 학생들의 독창적인 작품을 선정하여 다양한 공간, 오프사이트에서 공연. • 특이한 공간에 기술적, 예술적으로 적합한 공연 창조. • 협동적이고 사회적인 실습 기술을 혼합하여 작품을 만든다.
	위원회	• 창작 기업가 정신을 탐구하여 시나리오와 입계와의 접촉을 제공. • 팀과의 협업으로 업계 종사자 또는 조직은 전문적인 커미션에 대한 강의 제공.
	PREP	• 1학년 때의 PREP를 심화 작업. • 예술적 테크닉과 창조적 숙달 훈련. • 기금 모금, 예산, 마케팅 및 계약을 다루는 방법을 습득.

구체적 내용은 다음 표를 참고하기를 바란다.

			교육내용
3학년 <위치 및 직업>	레지던트		• 런던 외곽에 거주하며 프로젝트를 위한 플랫폼 제공. • 멘토 및 공동 참여자로서의 전문 예술가들의 지원을 받아 예술적 협력을 추진.
	최종 프로젝트	배치	기술, 관심사 및 비전에 관련된 조직에서 150시간 함께한다.
		문의	프레젠테이션, 전시회, 서면 또는 디지털과 같은 다양한 형식으로 제시할 수 있는 예술적 실천의 특정 영역을 심도 있게 연구할 수 있는 기회.
		공연	선택한 공동 작업자와 쇼 케이스 페스티벌의 공연으로 인도하는 프로젝트 개발.
	PREP		• 프로그램 집계 기간 동안 그동안 배운 정보들로 산업을 위한 전화카드 제작. • 온라인/ 디지털 리소스 및 경력 계획을 세우고 경력 준비에 중점을 두어 개인적 목소리와 예술적 지전을 파악.

+ 논문 인용 류승희 ; 청소년 자기 주도적 예술교육 방안에 관한 연구

이러한 창조적인 학습 그리고 미래학교를 준비하는 과정은 이 교육 프로그램을 이수한 학생들에게 그들 자신의 내면과 자신의 상황을 더 자세히 바라 볼 수 있고 관찰 할 수 있게 한다.

예술교육 환경 개선과 투자

창의력 부분 전문 지도자 양성 과정

보편적으로 공교육의 예술교육 지도자들은 예술 분야(미술, 음악등)의 전공을 하고 교육을 하고 있다. 뮤지컬과 같이 특수 분야라고 생각 하는 부분은 동아리 활동 지원을 해서 외부 강사를 통해 지도되고 있는 경우가 있다. 그러나 어느 한 분야의 전문성이 보여서 그 교사의 특수성에 맞춰서 교육이 획일화가 되는 경우를 볼 수 있다. 만일 체계적인 지도자 교육 프로그램이 신설되어 교사들이 창의적인 활동을 만들 수 있게하는 지도자 프로그램이 구축된다면 예술교육의 전반적인 것과 크리에이티브 교육 프로그램이 각 학교마다 이루어져서 깊이 있는 지식, 실용 가능한 예술, 창작에 관한 이론과 실습, IT산업과의 연계된 예술 교육 등의 수업을 진행 할 수 있을 것이다. 이 교육들이 청소년들 교육 시스템에 어우러질 수 있다면 당장 엄청난 경제적 투자를 강행하여 VR 시스템, 외국 영상 교육, 산업 기기등이 투입되기 어려운 학교도 충분히 미래 학교로서 경쟁력을 가질 수 있게 만들 수 있다고 본다. 예를 들어 예술 기획분야, 무대 디자인, 웹툰, 음악, IT 산업의 협업 기획등은 새로운 개척의 통로로 나아갈 수 있는 분야로서 하드웨어보다 우리가 흔히 얘기하는 소프트웨어를 개발하는 것, 즉 예산보다는 아이디어의 중점을 두었기 때문에 상대적으로 교육 컨텐츠가 부족한 농·어촌 청소년들에게도 기회를 부여할 수 있다고 저자는 바라보고 있다.

그리고 훗 날 지역사회에서도 예술 리더 분야에서 경력을 쌓고 다양한 교육적 배경과 공동체 예술 환경에서 전문적인 활동도 할 수 있다고 저자는 보고 있다.

저자는 책의 말미에서 이런 얘기를 하고 싶다.

저자 또한 기존에는 대한민국 공교육을 넘어서 대한민국 대학교 과정을 거친 보통의 사람들과 같은 입장이었다. 그러나 엘리트 예술교육이 보편적이지 못하고 많은 사람들에게 도움이 되지 못한다는 편견 그리고 공교육 예술교육의 변화가 미래 디자인을 할 수 있을까 라는 의문을 해소할 수 있을까? 라는 생각을 갖게 되었다. 만약 독자들도 이와 같은 의문점을 가지고 있다면 다시 반대로 질문을 선택해 보자.

현대 사회 그리고 미래 사회에 아니 요즘 유행하는 단어를 선택하자.

– '4차 산업혁명' 과연 우리는 무엇을 준비하고 있는 것인가?

– 현재 IT 산업, 스마트 산업을 이끌고 있는 회사는 오라클, 페이스북, 아마존과 같은 산업 디자인, 창조적인 생각에서부터 나온 창조적 아이템 제조회사, 스마트 시스템을 가지고 고객에게 편의를 제공하는 유통회사 같은 것인데 그 미래 산업을 지배하는 강대국에 맞서서 우리는 얼만큼 선진화된 인재양성 시스템을 가지고 있을까?

– 대한민국 공교육에는 어떠한 인재를 기르고 있는 것일까?

미래 학교, 이제 우리는 새로운 기술과 새로운 아이디어 그리고 새로운 아이템으로 본 공교육안에 새로운 커리큘럼을 제공해서 새로운 인재를 양성해야 할 것이다.

우리는 미래학교를 준비해야 한다.

성장
한다는 것

숙명여자대학교 중어중문학부 **이다예**

장애 인권에 대해 관심을 가지고 교내의 장애학생 동아리, 숙명 엠네스티,

성소수자 동아리 등에서 임원 또는 학회 활동 중이며

특수교육 관련 NGO 그린티처스에서 홍보직무 자원활동 중

국제기구에 들어가 세상을 바꾸고자 하는 꿈을 꾸고 있다.

내가 공부를 좋아하는 이유

"나는 공부가 좋아."라고 말을 하는 데까지 꽤 많은 시간이 걸렸다. 주변 사람들의 시선을 과하게 의식하기도 했고, 으스대는 사람으로 보이고 싶지 않아서 그랬던 것 같다. 초등학생 때부터 어쩌면 얼마 전까지만 해도 공부는 책상 앞에 앉아 머리를 써가며 지식을 기억하고, 그것을 활용하는 것이라고 생각했다. 범위를 더 넓혀보아도 그 이론들이 움직이는 현장을 구경하러 가는 현장체험까지만 공부로 여겼던 것 같다. 이 정도의 인식만을 하던 내가 공부에 대한 생각이 바뀐 이유는 사람에 있다.

입시를 앞두고 '내가 하고 싶은 공부'라는 환상을 목표로 달려왔고, 다행히도 대학에 오고 내가 듣고 싶은 대로 짠 시간표에 따라 수업을 들으며 진짜 공부를 하고있다고 느낄 수 있게 되었다. 가장 처음 대학공부의 즐거움을 느꼈던 수업은 동양철학 수업이었다. 동양의 수많은 사상가들의 이야기를 배우고 수업의 말미에는 학생들의 생각을 자유롭게 이야기하는 시간이 꼭 있었다. 가벼운 질문이었을지도 모르겠다. 교수님께서는 공자가 한 이 말에 대해서 어떻게 생각하는지, 어떤 다름을 느끼는지 질문하셨다. 조금은 떨리고 두려웠지만 내가 보편적이라고 여겨왔던 나의 이야기를 세상에 내놓고, 같은 용기를 내어준 많은 타인의 '다른' 생각을 듣게 되는 색다른 경험이었다. 한 명 한 명의 이야기는 스스로가 생각했을 때 평범하고 흔한 이야기 같겠지만 어느 하나 특별하지 않은 것이 없었고, 그 자체로 단 하나뿐인 특별

함이라는 것을 깨닫게 되었다.

　또 한가지 배운 점은 나와 다른 생각을 하는 상대와 대화를 하는 방법이다. 아직까지 완벽하게 터득했다고 자신하지는 못 하지만 가장 중요한 한 가지를 알게 되었다. '얌전히 듣고 말한다'. 나와 생각이 다르다고 감정적으로 대응하지 않고 차분히 나의 생각을 전달하면 그만일 뿐이고, 내 이야기를 전달하는 방식에 있어서 폭력적인 모습을 보이게 된다면 그 말의 설득력은 더욱 떨어질 것이다. 정말 기초적인 요소이긴 하지만 철학수업을 통해 감정적으로 격앙되지 않고 마치는 토론을 처음 보았기에 학우들에 대한 존경심과 함께 깊은 감명을 받았다. 다른 사람들과 서로의 생각을 나누는 과정에서 나의 이야기와 비교하며 깨달아가는 과정이 학문을 익히는 데에 있어서 굉장히 효과적으로 작용했다. 책에 쓰여진 이야기를 다른 사람과 함께 이야기를 나누며 내가 해왔던 생각을 깨고, 더욱 깊게 만들기 위해 공부를 한다고 느꼈다.

　학문적인 공부에서 조금 더 넓혀 나가 삶 속의 지혜를 얻어가는 것 또한 공부라고 생각한다. 대학에 오고 나서 유독 슬럼프가 많이 왔는데 그 시기에는 무기력의 끝을 달려 내 몸 건강은 물론이고, 방이며 통장이며 주변의 모든 것들에 관심을 끊었다. 문득 어느 날 정신이 들게 된다면 곧바로 청소를 했고, 옛날의 기억들을 찾아보고는 했다. 한껏 쌓아놓은 편지들과 기념품을 뿌듯하게 바라보고 있을 때면 과거 속에 살지 말라는 조언을 듣기도 했지만, 바로 그 방법이 바로 나를 현실로 보내주는 버튼이었다. 나를 멋있게 기억해 주는 사람, 또는 안 좋은 끝을 마주한 사람들과의 추억을 마주하고 있노라면 그때의 나보다 더 좋은 사람이 되고자 자기 자신을 성찰하는 마음이 저절로 생기는 것 같다.

이 마음은 나 혼자서 살아왔다면 절대 가질 수 없는 생각이고 내 인생을 대변하는 경험이다. 나의 성장 속에는 항상 누군가가 함께 해왔으며 어떠한 학문적인 지식보다도 값지다고 생각한다. 다양한 사람들과 직접 부딪히며 지금 당장 득이 되든 실이 되든 따지지 않고, 내 인생에 대해 고민해 보는 과정이 바로 공부라고 느껴졌다. 분명 그 과정 속에서 봄꽃처럼 소중한 기억을 선물받기도 하고, 바라만 보아도 아린 상처를 줘버릴 수도 있다. 너무 뻔하고 당연한 말이지만, 변명의 한 마디일 수 있겠지만, 실수하지 않는 인간이 있겠는가? 항상 나는 나의 모습에 갈증을 느낄 것이다. 내가 인간으로서 한 인생을 살아가며 학문뿐만 아니라 내가 바라는 성취를 이루어 나가는 과정을 공부라고 보았을 때에 그 중심에는 너무나도 명확하게 사람이 있다.

나를 깨기

방대한 양의 책 속에는 내 마음을 울리는 여러 구절이 있고, 인터넷에서 조금만 찾아보아도 정말 다양한 명언들을 찾아볼 수 있다. 그 많은 말은 상황에 따라 다른 영향력을 행사하는데 전에 봤을 땐 재미없던 말이 하필이면 어느 순간에 그 한 마디를 만나

각성하게 된다. 그 말씨들을 만나는 순간과 나의 경험이 맞닿아 나의 인생을 바꾸는데 그 순간들이 자신의 인생을 대표한다고 생각한다. 나는 세상의 진리인 양 당연한 말을 적어놓은 명언들을 그다지 좋아하지 않았다. 심보가 못 난 걸 수도 있고, 화자가 내가 모를 거라고 생각하는 게 싫었던 알량한 자존심 때문일 수도 있다. 이전에 내가 스스로를 당차고 소신 있으며 그만큼의 능력을 꾸준히 가꿔 온 훌륭한 사람이라고 믿어왔기 때문인 걸까? 나를 가르치려는 듯한 상대의 태도가 보이면 가시를 세워 방어기제를 펼치며 내가 생각하는 소중한 나 자신을 지키려 애써왔었던 것이다. 그 순간 내가 모자라다는 것을 창피하게 생각하고 있는지, 모른다고 해도 그것을 인정하지 못하는 사람이 되고 싶은지 스스로에게 질문을 했다. 답은 당연히 아니다. 못난 나의 모습을 받아들이는 것이 건강한 인생을 살아가는 뻑뻑한 첫 번째 단추인 듯하다.

더 큰 세상에서 사람들을 만나다 보면 가끔 그들이 너무나도 대단해 보여서 내가 한없이 작아지는 듯한 기분이 들때가 있었다. 내가 자신 있다고 생각했던 인권 분야에서 깊고 넓게 활동해 온 사람들을 만나니 내 정체성 자체가 흔들리는 것 같았다. 다른 분야의 사람이었다면 '그래, 너와 나는 길이 다르니까' 라고 위안을 삼았을지 모르겠지만 자신이 있던 분야였기에 충격이 꽤 컸다. 충격을 받았다고 멈추기에는 세상을 바꾸고자 하는 나의 열정이 너무나도 진심이었기에 침착하게 고민을 했다. 그 과정에서 나의 부족한 점을 제대로 직시하지 못하면 나라는 사람을 이해할 수 없다는 것을 인지하고 수많은 나의 모자람을 받아들이기 시작했다. 순간이 지나 글로 쓰니 너무 간단하고 명확한 문제이지만 그 과정은 이루 말할 수 없이 고통스러웠다. 말을 잘하는 나의 모습을 보며 전하는 내용의 속 알맹이가 더욱 견고해야겠다는 생각을 했고, 여러 사람과 편하게 이야기를 나누는 나의 모습을 보며 나에게 사랑을 주는 주변 사람들에게 어떠한 태도를 보이는지 반성을 하게 되었다. 내가 믿고 있었던 나의 모습을 깨나가면서 거품 같은 거만함에 창피하기도 했고, 나의 모습을 잃은 것만 같아서 한없이 답답하기도 했다.

지금은 당당하게 얘기할 수 있다. 내가 생각했던 나의 모습들은 충분히 깨지고 만져나갈 수 있다. 나의 모습들을 객관화하여 바라보는 것에 그치지 않고, 내가 가지지 못했다고 생각했던 역량들 또한 가질 수 있다는 것을 알게 되어 성장의 동력이 되었다. 누구에게는 이런 태도가 당연했고, 깨달음이 필요 없는 영역일 수 있다. 그러나 여기서 중요한 건 내가 그들과 비교하지 않기 시작했다는 것이다. 이제는 내가 부족한 점은 인정하고 개발해 나가고, 자신이 있는 점은 항상 돌아보며 굳건히 만든다. 살아오면서 '겸손해야 한다. 겸손해야 한다'고 수천 번을 들었는데 이제서야 마음에서 우러나는 겸손을 마주한 것 같다.

이러한 과정을 나에 대한 도전이라고 부르고 싶다. 내가 못하는 것들을 마주하고 무엇이든 시도해 보는 것을 도전이라 부르고 싶다. 나는 내가 도전을 즐기는 사람이라고 생각했었다. 중학교 수학문제도 풀지 못 했던 내가 일년 반 만에 모의고사 3등급까지 올리고, 포스터 하나 만들어보지 못한 내가 교환학생을 돕는 그룹의 홍보부장이 되어 영상제작까지 하게 된 경험은 내가 도전을 즐기기 때문에 가능했다고 생각해 왔다. 나를 깨는 과정에서 이 또한 내가 잘 꾸며온 이야기였을 뿐이라는 것을 알게 되었다. 시작하기 전의 두려움과 시작하고 나서 인내의 시간 동안 나는 한참을 답답해 하고 고통스러워 했지만 성공으로써 이 모든 것을 잊어버린 것이었다. '해냈다' 라는 성취감의 달콤함이 한참을 간다고 해도 나 자신을 속이는 일이 되면 안 된다. 영어를 자칭 초등학생 수준으로 하는 나는 원어강의 수업을 들어야 하는 또 한번 큰 도전의 벽 앞에 서 있다.

꿈의 설계

내가 꿈을 꾸고 이에 대한 구체적인 계획을 세우는 데에 있어서 8할은 학교에서 개설되는 강연들의 도움을 받았다. 나의 바람은 한결같이 지금의 꿈인 국제기구를 향해있지는 않았다. 고등학교 시절 여군이 장래희망이었던 나는 세계시민교육 강연을 들으며 군대의 존재에 대해 깊은 고민을 해보는 기회를 가질 수 있었고, 더 낮고 넓은 곳의 사람을 지키기 위해 다시 진로를 탐색하게 됐다. 초등학생 때부터 장애학생들이 겪는 불합리함에 의구심을 가지고 있었는데 이때부터 내가 할 수 있는 일을 고민하기 시작했다. 일상생활을 함께 지내는 것부터 시작해서 어떤 프로그램이 효과적일지 고민을 하며 방향을 잡기 시작했고, 아직까지도 최선책을 찾기 위해 고민 중이다.

이어서 나의 열정을 확인해 보기 위해 신청한 대학교 내의 눈꽃 멘토링에서 진로의 방향성을 정하는 것뿐만 아니라 함께 꿈을 찾아가는 친구들을 만날 수 있었다. 꿈을 정한 친구, 그렇지 않은 친구 모두가 서로의 멘토가 되었다. 좋은 사람들을 만날 수 있는 기회를 제공하는 데에는 이와 같은 비교과 프로그램이 단단이 한 몫을 했다. 나와 관심사가 비슷한 친구들이 모여 함께 고민과 정보를 나누는 장소를 제공받는 것은 엄청난 혜택이다. 일대일로 매칭되는 멘토링 과정에서 멘토께서 전공성이 부족하다고 조언을 하셨던 일을 전공과 당사자성에 관해 내가 앞으로 끝없이 마주해야 할 편견임을 인식하여 꿈을 더욱 견고하게 만드는 계기가 되었다.

나의 꿈에 결정적인 영향을 주었던 강연들만 꼽아서 이야기하려 했는데, 지금의 나를 만들고, 나의 세상을 만든 데에는 수많은 사람들의 영향을 받았다. 프로그램의 내용도 중요하지만 함께 참여하는 사람에게 흥미가 있어서 신청한 경우도 있는데 총학생회 선거에서 한 후보들의 선거운동 본부에 들어가게 됐다. 이를 통해 알게 된 친구와 이후의 글로벌 탐방계획도 함께 준비하고 있으며 지금도 굉장히 잘한 선택이라고 생각한다. 프로그램에 참여할 때마다 학교라는 곳에서 학생들에게 영감을 주기

위해 노력하고 있다는 것을 느꼈고, 참여하는 나의 태도가 가장 중요하다는 것 또한 깨닫는다

국제기구에 가겠다고 마음을 먹은 뒤에 정보를 찾는 게 정말 막연했었다. 더 살기 좋은 세상을 만든다는 건 알겠는데 가서 무슨 일을 하는지, 이 수많은 기구들에서 어떤 일을 하고 어떻게 사람을 고용을 하는지 수박 겉핥기 같은 정보들에 한 풀이 꺾여 있었다. 마침 학교에서 진행했던 글로벌역량강화 프로그램은 이에 대한 명쾌한 해답을 주어서 '내가 잘하면 되겠구나.' 라는 생각만 들 정도였다. 가장 도움이 됐던 시간은 개인적으로 이력서 첨삭을 해주셨던 부분이었다. 실제로 국제기구에서 종사하셨던 분이 지도를 해주셨는데 영문이력서는 한국의 이력서와 기본적인 구성부터 강조해야 할 부분까지 다르다는 걸 알게 되었다. 형식도 자유이고 자신의 모습을 최대한 보여주는 게 관건이기 때문에 오히려 영문 이력서를 훨씬 마음을 편하게 작성할 수 있을 거라는 생각이 들었다. 첨삭 이후에 이어진 상담시간에는 조금은 걱정이 되었던 전공 고민에 있어서 잘 하고 있다는 격려를 받으며 국제개발분야로 나아가는 다짐을 하게 되었다. 앞으로 수 많은 선택의 순간을 맞이하겠지만 세상을 조금 더 따뜻하게 바꾸고 싶다는 꿈 하나만큼은 죽어서도 간직할 것이기 때문에 이후에 무슨 일을 하든 상관이 없다. 나의 행보를 믿고 지금처럼 열심히 하다 보면 조금 더 숨통이 트이는 세상에서 살게 될 거라 믿는다.

학교에 바라는 것

학교를 다니며 더욱 배우고 싶었던 부분은 정치였다. 어떻게 신문과 기사를 접하고, 넘쳐나는 정보 속에서 올바른 정보를 구별해 내는지 배우기를 바랐다. 법과 정치시간이 있었지만 현실과는 동떨어진 듯한 이야기였다. 그러나 한 사람의 목소리라도 소중히 여겨지는 민주주의 사회에서 살고 있기 때문에 현재 살고 있는 세상이 어떻게 흘러가는지, 나는 어떤 생각을 하고 살아가는지에 대해 고민해 보는 기회는 반드시 필요하다. 안타깝게도 고교시절을 지나 만 20세가 된 후 갑자기 얻어진 선거권에 대해 고민하는 방법을 알려주는 사람은 아무도 없었다. 정치와 친하게 지내는 데에 필요한 과정을 학창시절에 조금이나마 맛보았더라면 혼자서 정보를 찾느라 헤매고 말 속에 숨겨진 의미를 고찰하는 시간들이 조금은 짧아졌을 것 같다. 물론 알려주지 않아도 잘 찾아나가는 사람도 있지만 그들이 기준이 되어서는 안 된다. 정규 수업이 아니더라도 정치가 어렵다고 느끼는 학생들에게 공부할 기회를 제공하는 몇 주간의 아카데미 같은 활동은 충분히 실현 가능하다고 생각한다.

'걱정을 하지 않아도 되는 것은 권력이다.' 여성인권에 관심을 갖게 되면서 가장 와 닿았던 말이다. 수많은 인권과 관련된 말 중에서 가장 내 마음에 꽂혔던 이유는 여성인권에 대한 이야기뿐만 아니라 다른 소수자들을 탄압하는 권력에 있어서도 적용이 되는 말이기 때문이다. 초등학교를 다닐 때에만 해도 두 반 걸러한 명씩은 있던 장애학생들이 중고등학생 때부터는 학년 당 두세 명 정도로 줄어든다. 대학에 온 지금은 애써 찾아 다니지 않는 이상 우연히 장애인을 만나는 경우는 드물고, 사회에 나가 만나는 경우는 말할 것도 없다. 더욱 적합한 교육을 위해 특수학교를 선택하는 사람도 있지만 장애인과 비장애인이 격리되어 다수가 문제를 의식하지 못 하는 사회에서는 불가피한 선택이기도 하다. 교육에 있어서 기본적인 권리도 찾지 못하는 당사자의 걱정을 얼마나 문제로 의식하고 있는가? 내가 학교에 바라는 것은 딱 하나, 더 많은 사회적 소수자들을 사회에서, 학교에서 만나고 함께 살아가고 있다는 것을 자연스럽게 인식하는 학교가 되기를 바란다.

나는 '미완성품'이다.

- 아직도 끝없이 성장하고 있다. -

이예림

저자의 이야기

학교는 가르쳐주지 않았던 나의 꿈과 관련된 이야기

나는 할 수 있어

평화롭게 수업을 진행 중이던 교실에서 "선생님, 진로 설계는 어떻게 해야 하는 거예요?"라는 질문이 나왔다. 이에 대한 답변으로 선생님은 학생들에게 이렇게 말하셨다. "그거 걱정하지 말고, 내신이나 챙겨. 수시로 대학 가는 것 밖에 정답 없는 거 알지?" 나는 마음속으로 학생들이 원하는 대답은 그게 아닐 텐데, 또 성적으로 압박을 주시는 선생님의 모습을 보고 학교에서는 과연 학생이 품은 씨앗을 어떤 시선으로 바라보고 있는지 의문을 품었다.

학교는 학생의 진로를 설계해주지 않았다. 학생 개개인의 관심분야와 희망직업, 진로 관련 봉사활동과 독서 기록을 생활기록부에 쓰게끔 학생들을 이끌었지만, 그곳에 쓰인 '꿈'이 진짜 그 학생들의 꿈일까. 나는 명쾌하게 '네 맞습니다.' 라는 대답을 할 수 없다. 왜냐하면 내가 이 이야기의 주인공이기 때문이다.

나는 학교를 졸업하는 순간까지도 내 꿈에 대한 확신을 가지지 못했다. '방향성'은 있었다. 하지만, 그 방향을 따라 걸을 수 있도록 도와주는 사람이 없었다. 이런 말을 학교에서 했으면 학교는 나에게 이렇게 말했을 것이다. 엄연히 고3이고, 스스로 일어설 시기인데 왜 너는 다른 이에게 기대길 바라는 거니? 그 말이 아예 틀린 거라고도 할 수 없다.

다만 나는 불안해하고 있는 내 모습을 보고 있는 누군가가 어깨를 두드려주며 넌 잘하고 있어, 조금만 더 힘을 내라고 말해 주었더라면, 지금쯤 나는 꿈이라는 단어를 긍정적으로 생각하고 있지 않을까 라고 이제 와서 생각하고 있을 뿐이다. 꿈을 이루기 위해서는 대학교에 들어가 전문적인 공부를 해야 한다. 대학교에 들어가기 위해서는 입학 성적을 맞추어야 한다. 그렇다면 성적으로 꿈을 결정해야 하는 것인가? 아직도 이런 생각을 하면 머리가 아프다.

막냇동생의 중학교 생활기록부에 '경찰'이라는 꿈이 적혀있었다. 동생과 국어 과외를 하며, 정말 너의 꿈이 경찰이니?라고 물어보니 할 게 없었고, 안정적이니까 경찰이라고 적었다는 대답을 들었다. 나는 그때 동생에게 말실수를 하고 말았다. 경찰 되려면 지금부터 공부 열심히 해야 한다고, 네가 게임하고 놀고 있을 때 경쟁자들은 공부한다고. 내가 정말 듣기 싫어했던 말을 소중한 동생에게 해 버린 것이다. 그 말을 내뱉은 후에 나도 내 태도에 놀랐고, 동생도 현실감을 느끼고 적잖이 당황한 모습이었다.

한참의 정적이 흐른 후 나는 동생에게 내가 듣고 싶었던 말을 해 주어야겠다고 다짐했다. "꿈이라는 단어에 너무 집착하지 마. 목표를 세우는 건 참 좋은 습관이지만 그게 꼭 고정되어야 할 필요는 없어. 꿈이 없다면 억지로 정하지 말고 이렇게 생각해봐. 공부는 너에게 주어질 수많은 기회들을 잡을 수 있는 도구를 만드는 거야. 처음부터 많은 도구를 만들 필요는 없어. 한 단계씩 밟아가면서 미래로 나아가면 돼. 너는 할 수 있어." 이 말을 하고 나서 나는 조용히 동생에게 시간을 주었고, 다음 날 동생은 나에게 계획표를 세워 보여주었다. 자기가 하루에 얼마만큼의 노력을 할 수 있는지 지켜봐 달라고 부탁까지 했다. 이 순간 나는 동생에게 태어나 처음으로 도움이 되었다는 기쁨과 함께, 지나간 내 과거에서 또 하나의 배울 점을 찾았다.

나는 내 불확실한 미래에 답을 줄 수 있는 용기를 비로소 얻었다. 주변에서 말 좀 안 해주면 어떤가. 이제 나는 스스로 일어설 수 있는 말, '나는 할 수 있다.'라는 희망의 메시지를 손에 쥐고 있지 않은가. 입시에 실패를 했지만, 내가 스스로 다시 세상에 나아갈 의지를 가지게 되었으니 두렵지 않다. 성적과 꿈의 상관관계를 일일이 따지지 않을 것이다. 다른 사람을 바라보며 자격지심을 가지는 어리석은 행동 대신, 주변에서 배울 점들을 찾아갈 것이고, 내 꿈의 바다로 여행을 떠나기 위해 여기저기 구멍이 난 배를 열심히 수리할 수 있도록 나만의 도구를 만들어 나갈 것이다.

일기를 쓰다 – 자아성찰

아주 어렸을 때부터 , '나도 언젠가 멋진 어른이 되겠지'라는 꿈을 꾸곤 했다. 이 생각들은 드라마 주인공들을 보며 시작되었다. 주인공은 행복한 미래를 향해 달려가지만, 작가는 결코 그들이 원만하게 목표를 성취할 수 없게 만들어 놓는다. 각종 고난과 역경을 견디고 꿋꿋하게 자신의 할 일을 해 나가는 주인공들을 바라보며 그들 주위에서 반짝반짝 빛이 나는 것을 느꼈다. 그래서 그들의 빛을 나에게 끌어와 나도 그들처럼 반짝이고 싶었다.

지금 나는 손꼽아 기다렸던 어른의 나이, 20살에 도달했다. 20대가 되면 내 눈 앞에 늘 특별하고 설레는 일들이 펼쳐져 있을 줄 알았는데, 사실 10대와 달라진 것은 성인이 되어 할 수 있는 일들이 늘어났다는 것 그뿐이었다. 솔직히 허망하고 쓸쓸하다. 언젠가라는 단어를 마음속에 새기며 지금만을 기다려 왔는데 나의 손 위에 올려져 있는 결과물들은 너무나도 초라했다. 단 번에 입시에 성공한 친구들이 정말 부러웠고, 행복한 캠퍼스 생활을 꿈꾸며 입학 전 하고 싶은 일들을 맘껏 해 나가는 모습에 괜한 열등감을 느꼈다. 올해는 절대 누구에게도 자격지심을 갖지 말자고 스스로 다짐했었는데, 가까운 주위 친구들의 성공 하나하나에 진심으로 박수 쳐주기가 왜 이렇게 힘든지 모르겠다. 내 마음의 짐을 누군가에게 털어놓기도 사실 어렵다. 왜냐하면 나는 더 이상 어린아이처럼 어리광 피우면 안 된다고 스스로 다짐했기 때문이다.

나는 속마음을 털어놓을 수 있는 공간의 필요성을 느꼈고, 고심한 끝에 노트 형식의 다이어리를 하나 샀다. 좀 유치하지만 '루루'라는 이름을 붙여주고 친구에게 나의 고민을 말하는 것처럼 일기에 오늘 내가 겪은 일들, 복잡하고 속상한 내 감정들을 하나씩 써 나갔다. 또 다른 도전을 시작한 나에게 있어 일기는 나를 있는 그대로의 모습으로 받아들여 주고, 무슨 이야기를 풀어 나가도 눈치 볼 필요도 없었다. 커다란 내 마음 주머니 속에서 뒤엉킨 채 굴러다니던 수많은 생각들을 간단한 메시지로 변환시켜 루루에게 전하다 보니 어느새 무거웠던 마음이 점차 정리되었다. 친구들에게 하지 못한 말, 스스로를 일깨우는 다짐, 주변 분들이 나에게 해준 소중한 조언들을 일기 속에 적어 놓으니 '작심삼일' 이 될 때 즈음 스스로를 각성할 수도 있었다. 나의 삶에 대해 숨기지 않고 솔직하게 적어 내려가니 내 안에 있던 부정적인 '나'가 자존심을 내리고 편안한 상태로 잠들었다.

　어렸을 때에는 일기가 그렇게 쓰기 싫어서 일주일 치를 밀려 쓰기도 하고, 남의 일기를 베끼기도 했었다. 사실 지금도 매일 쓰기는 조금 버거운 감이 있지만, 그래도 요즘 고3 때는 할 수 없었던 다이내믹한 일들을 겪고 있기 때문에 너무 신기하고 재밌어서 매일 기록해 두고 있다. 감정풀이로 시작한 일기가 어느새 일상을 공유하는 소중한 친구가 되었다. 나는 이렇게 또 성장했다. 어리광 부리지 않는 대신 내 마음속 친구에게 나의 감정을 말하며 스스로 해결 방법을 찾는 사람으로 자라고 있다. 스스로를 바라보며 요즘 대견하다고 느낄 때도 있다. 감정 컨트롤을 할 수 있게 되었다는 것이 너무나도 신기하다.

스스로의 감정의 무게가 너무나도 무겁게 느껴진다면, 감히 일기 쓰기를 추천한다.

길게 쓸 필요 없다. 매일 있었던 일들을 자세히 기록할 필요도 없다. 마음속에서 꺼내놓고 싶은 한마디로 시작해도 괜찮다. 오늘 힘든 일이 있었으면 '오늘은 너무 힘든 하루였어.'라고 구어체로 큼지막하게 쓴 다음, 나를 향한 위로를 아래에 적으면 된다. '힘들었지만 그래도 열심히 살았어. 오늘은 마음의 무게가 얼굴에 드러났지만, 내일은 한번 더 미소 지어보자.'라고. 오글거리고 귀찮아도 정말 힘들 때, 아무에게도 말하지 못할 만큼 부끄럽고도 속상한 나의 감정을 가지고 있기 힘들 때 일기에게 의지하다 보면 언젠가 스스로의 감정을 보듬어 줄 수 있을 만큼 성장한 나 자신을 볼 수 있을 것이다.

어렸을 적 동경했던 드라마 속 주인공들도 힘든 시련이 다가오면 울었다. 하지만 울더라도 씩씩하게 다시 일어나 걸었다. 나도 이제 시련에 맞서 살아갈 것이다. 아직 겨우 20살이고 인생의 1막이 내린 것이지만, 앞으로의 내가 올라야 할 크고 무서운 산들이 무서워도 도망치거나 누군가에게 안겨 울지 않을 것이다. 씩씩하게 견뎌 낼 것이다. 이게 내가 생각한 어른의 모습이다. 내가 미래로 나아가며 성장통을 겪고 있는 모습을 보는 많은 사람들이 '저 친구에게는 반짝반짝 빛이 나네'라고 말해줬으면 좋겠다.

아니 나는 지금도 스스로가 빛나고 있다고 생각 한다. 더 빛나기 위해 루루와 함께 노력할 것이다.

'콤플렉스' 이겨낼 수 있을까?

때는 2006년 2월, 나는 전교생 중에서 키가 가장 작은 학생으로 초등학교에 입학했다. 초등학교 생활을 하며 가장 많이 들었던 말은 "너는 왜 이렇게 키가 작니?" 였다. 나는 내 키가 정말 부끄럽지 않았다. 키가 작은 건 죄가 아니었고, 주변 어른들은 작지만 똘똘했던 나를 정말 예뻐해주셨기 때문에 부끄럽지도 않았다. 하지만 주변 친구들이 굳이 키 크는 방법을 알려주고, 심심한 위로의 말들을 던지며 지나치게 큰 관심을 준 덕분에 나는 일찍이 사람에 대한 경계심을 가졌고, 감정의 벽을 치며 친구를 가려 사귀는 소극적인 아이로 변해가고 있었다. 나이에 비해 지나치게 성숙했기 때문일까 혹은 아이들에게 더 이상 놀림을 받고 싶지 않아서 일까, 초등학교 고학년이 되고는 또래들보다 어른들과 이야기하기를 더 좋아했고, 친구들과 어울리는 방법을 잊어 가기까지 했다.

학교생활에 적응을 잘 하지 못한 채 매일 힘들어하는 나를 보고 어느 날 엄마께서 이런 말씀을 해주셨다. "네가 가진 많은 장점들을 가지고 우리 함께 키에 대한 생각을 덮어버리자. 주위의 시선을 당당하게 이겨내 보는 건 어때?" 그 말을 듣고 잘못한 것이 없는데 무작정 피하고 숨기만 했던 나 자신이 창피했다. 그리고 '콤플렉스'라는 단어에 맞서 싸워야겠다고 다짐했다.

다짐한 다음날 아침, 어김없이 나를 놀리려고 다가오는 친구들에게 뻘쭘하지만 먼저 인사를 건네 보았다. 안녕 또는 좋은 아침이야 라고 말을 건네니 이전에 소심해하던 내 모습을 알던 친구들이 당황한 모습을 보였다. 하지만 이렇게 당황한 것도 잠시, 다시 '오늘도 키가 그대로네'와 같은 말들을 건네며 키득거리기 시작했다. 나는 마음이 상했지만 그렇다고 해서 맞서 싸우는 것을 포기하지 않았다. 그다음은 그 친구들에게 인사 대신 칭찬을 건네 보았다. 확실히 전보다 당황하는 반응이 커졌고, 심지어 얼굴이 빨개져 그냥 가 버리는 친구도 있었다. 내가 두려워하는 모습을 보이지 않으니까 괴롭힘의 강도도 줄었다.

이 기세를 몰아 공부에도 박차를 가했다. 원래는 그렇게 공부를 열심히 하지 않았었는데, 누군가가 나를 무시 못하게 하려면 그보다 더 똑똑해지면 될 것 같다는 생각이 들었기 때문이다. 매일 놀림을 받아 기죽어있던 내가 당당한 태도로 바뀌어 가니 반 친구들도 서서히 나에게 말을 걸었다. 함께 조별과제를 하자고 다가와준 친구들 덕분에, 나는 포기하지 않고 노력할 수 있었다. 물론 한 번에 이런 극적인 변화가 일어나지는 않았다. 여전히 끈질기게 괴롭히는 친구도 있었는데, 나는 너무 화가 나고 속상했지만, 나쁜 말 대신 '아까 과학시간에 배운 내용 기억나?'라고 물으며 퇴치했다. 지금 그 때를 떠올리면 유치하지만 나름 센스 있는 대처였다고 생각한다.

예전에는 교실에 앉아있기만 해도 누군가 나를 쳐다보는 시선이 느껴지면 '나에 대해 무슨 생각을 하는 거지?', 친구들끼리 웃고 있으면 '내 키를 보고 웃는 건가?' 라는 부정적인 생각들을 마음속으로 품으며 꼬리에 꼬리를 물면서 암울한 상상을 펼치곤 했다. 하지만 그건 그냥 내 생각일 뿐, 이런 생각들을 하면서 나는 나 자신을 구렁텅이로 몰아넣고 있었던 것이다. 나중에 친구들과 이야기를 나누며 알게 된 사실인데, 사실 놀리는 몇몇 애들을 제외한 나머지 친구들은 나를 비웃은 적이 없다는 것이다. 오히려 친해지고 싶었는데 내가 너무 경계할까 봐 말을 못 걸었다라고도 말해 주었다.

이런 것들을 알게 되면서 그동안 세상을 너무나 비판적으로 바라봤던 나 자신을 혼내었다. 마음의 문을 닫고 그 공간 속 작은 구멍으로 세상을 바라볼 때에는 나를 괴롭히는 아이들만 보고 힘들어했지만, 문을 열고 커다란 세상으로 나와보니 너무나도 많은 사람들이 나를 사랑해주고 아껴주고 있다는 것을 깨달았다. 콤플렉스를 극복하는 방법은 생각보다 어렵지 않았다. 심호흡 한번 하고 마음 속 깊은 곳에 자리 잡은 생각의 굴레를 벗어던지니 더 넓은 세상 속으로 나올 수 있었다. 나는 나를 응원해주는 사람들 속에서 소극적이고 부정적인 나에서 적극적이고 긍정적인 나로 성장했다.

세상에는 참 많은 사람들이 자신의 외형을 콤플렉스라고 여기는 경우가 많다. 스트레스 받는 것이 당연하다. 자꾸 내가 콤플렉스라고 여기는 부분들에 사람들의 시선이 닿으면 참 불쾌하고 속상한 감정이 들 것이다. 하지만, 이 콤플렉스를 자신의 전부라고 생각하지 않았으면 한다. 어렵고 힘들겠지만, 콤플렉스=나의 모습이라는 고정관념에서 벗어나 조금 더 넓은 세상을 향해 발을 뻗어갔으면 좋겠다. 이 넓은 세상은 나의 일부분만 가지고 나를 판단하지 않는다. 내가 가진 모든 것들을 바라보며 나를 사랑해주고 아껴주고 있다는 사실을 알았으면 한다. '콤플렉스는 이겨낼 수 있다.' 이것이 나의 결론이다. 이 글을 읽는 독자들도 남들의 시선을 의식하지 말고, 더 당당하고 나를 사랑할 줄 아는 사람이 되기를 기도한다.

처음보단 나은
끝보단 못한

서유리

초등학생 시절 나는 대부분의 과목에 한 자릿수의 성적을 받았었고 숙제를 하기보단 맞고 때우는 것이 훨씬 편했다. 하지만 한문만큼은 한글보다 먼저 배우고자 하여 초등학교에 입학하기도 전에 국가자격증과 상을 받았었다. (이마저도 6급 이후로는 흥미를 잃었지만……) 혹은 평등에 대한 막연한 환상에 사로잡혀 미성년은 인간이 아닌 동물이라던 선생님의 발언에 대한 복수심만으로 공부하여 역사과목만은 90점 이상을 유지하였었다. 즉 할 수는 있었지만 흥미 없는 일은 그 어떤 것도 하지 않던 그런 학생이었다.

이런 내가 가장 흥미 있었던 건 꿈을 찾는 일이었다. '대교 어린이 TV합창단'에 다니면서 학교보다 공연장과 연습실에서 훨씬 많은 시간을 보냈고 덕분에 일반적인 초등학생들보다 꿈에 대한 갈망이 더 빨랐던 것 같다. 초등학교의 일기와 활동자료 만 봐도 매일 하루에 한 번 이상 발견되는 단어가 있다. 노력! 노력하면 안 될 게 없다 생각하던 순수함이 글자 하나하나에 뚝뚝 묻어난다. 지금에 와서 더 어린 나를 돌아볼 땐 마냥 안쓰럽다.

합창단에 입단할 때도 처음 솔로 파트를 노래할 때도 무용을 처음 시작할 때도 심지어는 리틀 엔젤스에 입단할 때까지도 큰 어려움이 없어서 그게 노력의 결과라고 지레짐작했었다. 중학교 입시에 떨어지기 전까지는…….

중학교는 나에게 가장 많은 것을 배우고 경험한 시기이다. 처음엔 인문계에 다녔는데 그때만큼 친구들과 어울려 놀고 진로

걱정을 안 했던 시절이 없다. 이때 다리를 다쳐 무용을 1달 가량 쉬었고 처음으로 살쪘다는 소리를 들었다. 하지만 친구들이 옆에 있어 주었기 때문에 입시를 다시 준비할 수 있었다. 아마 경쟁이 아닌 정말 오롯이 우정 하나 때문에 웃을 수 있던 마지막 학교생활이었던 것 같다. 모든 것이 우정 하나만으로 행복했던 그런 때였다. 하지만 그렇게 바랐던 예중에 붙었을 때 처음으로 꿈이 아닌 다른 것에 흔들렸다. 예중에 입학한 후 모든 것이 낯설었다. 내가 처음 경험한 예술학교는 예술보다 위계질서를 가르쳐주었다. 부당한 전통을 앞세워 군기 잡는 선배들과 인문계와는 달리 바로 옆에 경쟁자가 있다는 사실이 너무도 적응하기 어려웠다. 심지어 같은 반에 앉아있는 애들이 나보다 한 살 어리다 생각되니 모든 일에 어른스러워야겠다는 책임감에 사로잡혔다. (1년 차이 가지고 호들갑 떤다고 생각될 수도 있는데 그림을 그려보자면 이제 막 초등학생을 벗어난 아이들과 중2가 한 교실에 앉아있는 모양이다.) 그때부터 매사에 긍정적이었던 성격이 조금씩 현실적이고 예민해지기 시작하였다.

완벽함을 따르려 할수록 바르지 못한 선이 그려졌다. 내 중학생 시절을 회상하자면 부상과 투병을 빼놓을 수가 없다. 정말 징크스라 불릴 만큼 3년 내내 부상을 달고 살았고 제일 중요한 3학년 때는 입원하는 바람에 한 작품 자체를 이끌어야 하는 역할에서 물러서야 했다. 정말 공연 3일 전까지도 퇴원하려고 기를 썼는데 팸플릿에 내 이름이 없는 걸 확인하고야 울면서 내려놓을 수 있었다. 나중에 알았는데 빠진 역할을 남은 애들이 채우느라 많이 애를 썼다고 한다. 아픈 것도 죄가 되는구나 생각했었다. 워낙 아픈 걸 드러내고 싶어 하지 않아서 말하진 않았는데 선생님 눈에는 너무 잘 드러났었나 보다. 연습을 할 때마다 내 눈치를 많이 살폈다고 한다. 아픈 것을 숨기려 할수록 더욱 드러난다는 걸 고등학교 들어가서야 조금씩 알 수 있었다.

물론 비뚤어진 선을 그리는 게 나쁘지만은 않았다. 중학생의 신분으로 3년 동안 국립국악원이라는 큰 무대에 설 수 있었고 특수성을 고려한 최고의 맞춤 수업을 들을 수 있었다. 위에서도 말했듯이 나는 인문과목에 전혀 관심이 없는데 학력이 나의 예술 생활에 도움이 될 수 있다는 걸 공부를 하면서 알 수 있었다. 선생님들께서는 외워야 하는 단어를 매 단원마다 뽑아주셨고 수학 같은 경우 한 명 한 명에게 붙어 모르는 부분이 없을 때까지 모두를 붙잡아 주셨다. 또 예술적인 특기를 살릴 수 있는 교내 대회를 많이 열어 잊지 못할 추억들을 많이 만들어 주셨다. 특히 가장 감사한 일은 책임지고 고등학교에 보내주셨던 선생님! 아마 그분이 아니었다면 전통은 제대로 해본 적 없는 반쪽짜리 한국무용을 지금 가지도 이어왔을지도 모른다.

덕분에 고등학교에 와서 창작과 전통을 고루 배울 기회가 생겼다.

예고에 올라오면서 소수인원이던 예중을 벗어나 더 많은 동기를 만나게 되었다. 모든 전공이 섞여있던 예중과 달리 예고는 전공별로 반이 편성되어 있었다. 이곳에서 만난 무용과는 3년 동안 함께 생활하게 되는데 벌써 2년의 과정을 마치게 되었다. 우리는 남은 1년을 또 함께 보낼 것이고 지난 2년보다 훨씬 힘든 시간을 그리고 더 많은 추억을 남길 것이다.

　　평창 올림픽 준비를 하면서 처음에는 입시의 걸림돌이라 여겨졌다. 확실히 입시 준비에 차질이 생겼고 우리는 모두 체력적, 정신적으로 타격을 입었다. 근데 전체 리허설을 하면서 뻔하고 완벽하지 않은 리허설에 나는 가슴 벅참을 느꼈다. 역사 속의 한 장면을 채운다는 느낌에 은근히 설렘으로 다가왔다. 사람들이 88 올림픽 '굴렁쇠 소년'을 기억하듯이 겨우 2분 정도 되는 장구 춤을 기억해줬으면 한다. 분명히 긴 합숙 기간에 지치고 지붕도 없는 무대 위에서 얇은 의상 하나만 걸치고 추위에 벌벌 떨 것이 눈에 훤하다. 그다음엔 설도 맞이하지 못하고 입시 준비로 대회 준비로 눈코 뜰 새 없이 바쁠 것이지만 그냥 오늘의 설렘을 잊지 말고 졸업 이후에도, 사회에 나가서도 추억하며 이날을 즐길 것이다.

　　중학교 보단 후회가 없을 거고 대학보단 많은 후회를 남길지 모를 고등학생. 분명한 건 성장을 멈추지 않은 것. 노력이 전부라는 생각에서 시작하여 결과가 전부가 아님을 이해할 수 있는 수준까지 도달했다는 점에서 스스로에게 나름의 박수갈채를 보내고 싶다. 짝짝짝

　　2018년은 나를 찬란한 20살로 만들어 주었다. 아직도 같은 반

애들과 다를 게 없는데 법적으로 성인이 됐다는 사실에 얼떨떨하다. 평소에는 친구로서 인정하지 못하고 언니 노릇을 하겠다고 덤벼들었는데 지금은 이대로 고등학생이고 싶다. 그래서 1년이 더 남았음에 감사하다. 이제야 시작하는 입시에 온 힘을 다할 기회가 남았고 아직까진 성장할 수 있는 시간이 남았음에 또 한 번 감사드린다. 하나님이 나에게 주신 1년이라는 기회를 잘 활용해 나가는 게 올해의 목표점이다. 성인이면서 학생으로 살 수 있는 기회를, 중학교 때부터 스스로에게 씌워왔던 프레임을 벗어던지고 '최상'만을 바라보던 시선에서 현재를 살아가는 방법을 이제야 찾아가려 한다. 남은 입시에 최선을 다하고 후회가 아닌 다시 나아가는 삶을 살아가길 원한다. 나아가지 않으면 물러나게 된다는 생각의 변화는 멈추지 않으면 물러나지는 않음을 일깨워주었다.

제목을 <처음보다 나은 끝보다 못한>이라 정한 이유는 초등학교 6학년 일기에 "나는 항상 처음보다는 잘하고 끝보다는 못하나 보다"라는 문장을 그대로 차용한 것이다. 그때의 나는 미래의 나에게 지금 못 이룬 꿈을 위해 계속해서 달려달라고 부탁하고 있다. 결론적으로 말하자면 미래를 이길 과거가 없다는 게 그때 나의 판단이었다.

아주 긍정적이고 낙천적이었던 어린 시절에도 분명히 그늘은 존재한다. 오히려 무시하고 숨겨왔던 그늘이 지금보다 더 많을지도 모른다. 바쁜 부모님 덕에 합창단 생활을 할 때 대부분 다른 부모님의 차를 얻어 타야 했고 그때마다 나는 주눅 들어있었다. 부모님들이 눈칫밥을 주는 것도 아닌데 괜히 힘들어했다. 그래도 무대서는 게 좋아 버티며 무대에서 웃었다. 노래할 때는 정말 잘 웃었는데 오히려 무용수로서의 나는 잘 웃지 않는다. 취미가 아닌 전공의 무게는 생각보다 더 무거웠고 금전적인 문제들이 더 이상 즐기는 선에서 멈출 수 없게 만들었다. 다행히 많은 후원자분들이 나를 도와주셨지만 달마다 써야 하는 편지와 계획서 그리고 언제나 눈에 보이는 결과를 만드는 건 어렵고 날 지치게 했다. 당연하다. 남의 돈으로 꿈을 키워가는 입장에서 너무도 마땅히 해야 하는 일이지만 힘든 것도 사실이었다. 나의 불쌍함으로 꿈을 사들이는 것 같아 역겨웠다. 여기까지만 보면 무용수 이전의 더 어린 나의 승이다. 그러나 반전은 나의 지망 대학이 무너지면서 시작된다.

안무가를 꿈꾸는 나로서 한예종 창작과는 꿈의 학교였다. 우리나라에서 유일하게 안무가를 육성하는 과였고 한예종이라는 이름만으로도 충분히 벅차올랐다. 그래서 전임 선생님을 조르고 또 졸라 드디어 창작과 준비반이 꾸려지게 되었는데 생각만큼 몸이 따르지 못했다.

일단 우리에게 조건이 달려 있었다. 모두를 데려가지 않는다는 것, 충분한 자격이 된다 판단되는 사람만 데려간다는 것 이게 우리에게 주어진 한계였다. 그래도 마냥 설렜다.

　일단 기본이 너무나 새로웠다. 새로운 건 설레면서도 두려운 일이다. 처음 접하는 몸동작에 당황스럽기도 하고, 못하면 떨어지겠다는 생각에 두려워 어떻게든 동작을 외워 최대한 지적받을 부분 없게 만들기 위해 노력했다. (나중에 한 번 더 언급하겠지만 이게 내가 범한 가장 큰 오류이다!) 그리고 문제의 즉흥 수업, 사실 말만 들으면 즉흥적으로 안무를 만드는 순발력, 창의력 싸움인 것 같지만 내 생각과는 다르게 주어진 시간 안에 얼마나 훌륭하고 색다른 무용수인지 보여 주는 게 관건이었다. 교수님이 원하시는 건 교수님의 안무를 해석해낼 무용수이지, 벌써부터 자신의 생각을 내보이는 안무자가 아니었고 나는 이 사실을 전혀 몰랐다. 선생님께서는 예시를 보여주시면 편하시기는 하겠지만 그게 정답인양 따라 하게 될까 봐 직접 보여주시지 않았다. 그래서 정말 머리가 터지게 생각을 했는데 내 생각의 방향 자체가 엇나가 버렸다. 그렇게 나는 2번의 기회를 방향을 찾는 데에만 써야 했다. 어렵게 방향을 찾아가기 시작했을 때 처음보다 많이 늘었다는 선생님의 칭찬 아닌 칭찬에 진심으로 기뻐하였고 마지막 날 테스트 때 미련 없이 준비한 대로 다 보여드릴 수 있었다. 그리고 미련 없이 낙방했다. 이유는 '부담스러워서' 였다. 실력을 말하기 이전에 선생님께서는 나를 감당하기 힘들어하신 것이다. 근거 없는 노력이 선생님께는 부담으로 다가왔음이 너무도 슬펐다.

　물론 지금와서는 추억의 일부분이다. 그렇게 원했던 학교였고 최선을 다했음에도 이전보다 미래에 있는 나에겐 더 이상 슬픈 이야기가 아니다.

낙방 이후 나는 모든 학교에 가능성을 열고 바라보았고 각 학교의 장점들이 보이기 시작했다. 어떤 학교를 가도 내가 계속 무용을 배울 수 있음을 깨닫고 자유를 느꼈다. 이제야 내 춤이 보이기 시작했다. 그리고 수업이 재밌어졌다. 특히 부전공을 하면서 지적받기 위해 수업을 하는 것이지 절대 칭찬 들으려고 돈 들이는 게 아님을 깨달았다. 생각해보면 수학 공부를 해도 틀린 문제를 풀지 시험기간에 절대 덧셈, 뺄셈 이런 걸 공부하지 않는데 지금까지 구구단 맞은걸 칭찬하지 않았다고 풀이 죽어 있었다니 얼마나 바보 같은 짓인가? 정말 단 1cm만 시선을 옮겼을 뿐인데 어느새 방향은 더 먼 곳을 가리키고 있었다.

Q & A

1. 자신의 꿈과 미래를 위해 생각했던 많은 것들

작은 키 때문에 사실 무용단에서 주목받기는 힘들다는 걸 너무 잘 알고 있다. 그렇기에 개인 무용단에 관심을 가지게 되었고 세계의 작은 공연장에서 가장 가까운 호흡으로 관객들에게 나를 경험하게 하는걸 꿈꾸었다. 그 첫 단추의 키워드는 '결혼'이다. 모두가 아름답게 공감할만한 게 무엇일까를 생각하다 키워드를 떠올리게 되었다. 그리고 점점 우리 생활에서 잊혀가는 전통혼례와 지금의 결혼방식의 대립으로 우리의 전통 또한 보여줄 수 있는 흔치 않은 소중한 주제라고 생각된다. 할 수만 있다면 내 실제 결혼식에서 실현되었으면 한다.

2. 언젠가 어른이 되면 하고 싶은 일들

여러 가지가 있지만 굳이 하나를 꼽자면 '워킹홀리데이'이다. 외국에 나가서 현지 사람들과 대화하고 스스로 돈을 벌어 생활한다는 게 매우 매력적이라고 생각한다.

3. 나의 꿈을 이루기 위해서 학교에서 배웠던 것,
배우고 싶었던 것

인문과목이 주는 풍부함.

사실 그렇게 하기 싫어하던 공부를 시작했던 이유는 단지 성적이 좋아야 원하는 대학을 갈 수 있기 때문이었고 무시당하기 싫어서였다. 근데 공부를 하면 할수록 평범하고 자연스러웠던 현상들이 당연하지 않고 신비로운 소재로 보이기 시작했다. 만약 무용선생님들께서 공연 하나를 보더라도 국어처럼 하나하나 분석해서 설명하고 토론하는 수업이 있었다면 춤을 출 때 더 풍요로운 해석이 가능할 것 같다.

4. 학교는 가르쳐주지 않았던 나의 꿈과 관련된 이야기

예중, 예고를 다니면서 춤에 대한 지식은 꾸준하게 배우고 있다. 아쉬운 게 있다면 춤과 예술계 예의를 가르치는데 비해 몸을 관리하는 법은 누가 나서서 가르쳐주지 않았다. 열심히 하는 건 가르치면서 부상에 대응하는 법은 스스로 알아가는 거라며 방치하고 부상에 쉬쉬하는 모습들이 아쉬웠다. 그리고 세상의 변화에 맞게 미디어를 사용하는 방법을 조금 더 배웠으면 한다. 간단한 음악 편집이나 영상편집 더 나아가서는 조명 다루는 법까지 배우면 무대를 조금 더 잘 이해하지 않을까?

5. 언젠가 다가올 자신의 미래에 대한 생각과
    학교에서 배웠으면 하는 것들

첫째로 꿈에 대한 얘기는 아니지만 우리의 현 교육에는 원시적인 지혜들이 부족한 것 같다. 예를 들어 범죄예방, 불평등, 성교육 등 이중 제일 미흡한 부분은 성교육이라 생각한다.

나는 '오로'라는 단어를 들었을 때의 충격을 잊을 수 없다. 나에게 임신이란 그저 축복이고 10달 동안 고통스럽다 정도로만 알고 있었지 출산 이후의 고통은 생각하지 못했었다. 그리고 이 단어를 학교가 아닌 SNS에서 알게 되었다는 점 또한 학교가 얼마나 원시적인 교육에 허술한지 보여준다.

둘째로 불평등에 대해선 할 말이 많지만 성 불평등의 예로 '82년생 김지영'이란 책을 추천한다.

또 여러가지 불평등에 대한 대처법도 중요하다는 걸 이번 평창 개막식을 준비하면서 배웠다. 학생이라는 이유만으로 열정 페이 논란에 올랐었는데 단 한 명의 청원서로 인해 가격과

가치가 변하는 걸 경험하면서 나는 왜 그렇게 할 수 없었을까
생각했었다.

내 앞에 있는 거울을 보고
나에 대해 알아가자

유찬민

지난 11년 동안, 나는 공교육과 대안교육을 경험하였다. 내가 받아온 교육은 그저 평범한 학생이었던 초등학교 4학년 겨울방학까지와 조금은 색다른 교육을 받기 시작한 초등학교 5학년, 이렇게 두 개로 나눌 수 있다.

초등학교 4학년까지의 나는 그저 대한민국의 평범한 초등학생이었다. 서울에 있는 전교생 700명인 큰 학교에서 교육을 받았고, 남들과 똑같이 수학 학원과 영어학원을 다녔었다. 이때의 나는 학원을 다니고 공부를 하는 것은 남들이 다 하니깐, 나 또한 당연히 해야 하는 것 이라고 생각하였다. 그리고 초등학교 4학년 겨울방학 때 아버지 회사 이전으로 춘천으로 이사를 가면서 전학을 가게 되었다.

우리 가족이 선택한 학교는 강원도에서 행복더하기 학교로 선정되었고, 전교생 200명 남짓의 시골에 있는 아주 작은 학교였다. 이곳에서의 생활은 서울에서 느낀 분위기와는 매우 달랐다. 서울에서는 한 반에 있는 아이들의 수가 이곳에서는 한 학년의 숫자와 맞먹었다. 따라서 선생님이 한 사람 한 사람을 좀 더 관심을 가질 수 있는 좋은 환경이었다. 또한 시골학교의 특수한 환경을 이용해 학교 뒤에 있는 '금병산' 등반, 모내기, 텃밭 가꾸기 등 다양한 경험들을 하였다. 이렇게 다양한 경험을 하면서 실제로 자연과 함께 어울리며, 자연 친화력을 배울 수 있었던 것 같다.

중학교에 진학하며 친구관계가 지속적으로 안 좋았던 점과 몸이 안 좋아진 것 등 나에게 많은 힘든 시기가 있었다. 그러한 경험으로 통해 나는 단순히 공부만 하는 학교생활과 경쟁교육에 대한 반감이 생겼고, 그 결과 나는 (사실상 도피처로) 미인가 대안학교인 '춘천 전인학교'로 가게 되었다. 이 선택은 지금까지 내가 살아오면서 했던 선택 중에 가장 잘했던 선택 같다.

나는 이곳에서 너무나도 많은 것들을 배울 수 있었다. 20명이었던 우리 학년에 담임선생님은 두 분이셔서 학생들을 10명당 1명씩 케어가 가능했고, 학생들이 주도로 프로젝트를 기획, 실행, 보고를 하면서 나의 내면에 숨겨져 있던 능력들을 발견할 수 있었다. 또한, 프로젝트 일정을 기획하면서 느꼈던 흥미와 일정을 계획할 때에 나의 능력을 발견하게 되면서 여행기획가 라는 꿈을 찾기도 하였다. 이곳에서는 우선 나를 알고, 나의 개성에 맞춰 하고 싶은 것들을 해 나가도록 배웠다. 따라서, 어떠한 일을 할 때에 기획성과 다른 학교와 다르게 쉽게 도전 할 수 있는 도전정신을 키울 수 있었던 것 같다.

전인학교 3년을 다닌 후 나는 일반학교에 대한 여전한 두려움을 지니고 있었고, 전인학교에서의 3년간의 시간동안 내가 얼마나 가능성이 있고 성장을 했는지 알 수 있었기 때문에 비슷한 성격을 지닌 인가형 대안학교 '전인고등학교'로 진학하였다.

이 학교는 인가를 받았기 때문에 특성화 대안학교의 색채보다는 일반학교에 가까웠다. 그리고 대한민국의 특성상 대학을 추구하는 사회이기 때문에 보통의 인문계고등학교처럼 대학 진학을 우선으로 생각하는 경향이 컸다. 따라서 의무적인 야간자율학습을 진행 한다. 물론 지리산 종주, 진로탐방 프로젝트, 제주 자전기행 등 다양한 활동을 하지만, 솔직히 나는 이 활동을 하면서 전인학교에서 진행했던 프로젝트처럼 나 자신을 발전시키려고 진행하는 것 보다는 대학진학에 필요한 생활기록부에 기재하기 위해서 활동을 한다는 느낌을 많이 받았었다.

11년 동안 총 4개의 학교에서 교육을 받아오면서 나 자신만의 교육관이 생성되었던 것 같다. 내가 제일 발전 했던 곳은 미인가 대안학교를 다녔었던 중학교 시절이다. 따라서 나는 나를 알아보게 할 수 있는 교육을 하는 것이 학교에서 가르치는 것 중에 가장 중요하다고 생각한다. 왜냐하면 이제 고등학교 3학년을 올라가는 내 친구들 중에도 꿈이 없는 아이들이 많기 때문이다. 즉 꿈이 없지만 단순히 공부만 하는 아이들이 많다는 것이다. 나는 이것들이 잘못 되었다고 생각한다. 따라서 '단순히 공부만 하는 환경을 만드는 것 보다는 학생들이 하고 싶은 것을 먼저 찾을 수 있게 하는 것이 더 중요하지 않을까?' 라는 생각을 자주 한다.

나의 꿈은 앞에서 간단하게 말했듯이 '여행기획가'이다. 나는 아주 감사하게도 학교생활 중 나의 꿈을 찾을 수 있었다. 중학교 시절에 나는 지리산 종주 일정을 짜는 것을 시작으로 자연친화 프로젝트, 제주 자전기행 그리고 18박 20일 유럽 자유 배낭여행 일정을 기획했다. 이렇게 일정을 기획하다 보니깐 흥미가 생기게 되었고, 내가 기획한 일정을 경험한 사람들이 나의 일정 기획 하는 능력을 알아줘서 나는 자연스럽게 일정 기획 이라는 일을 하는 것이 좋아졌다. 그렇게 이 꿈을 갖고 고등학교에 진학하였다. 고등학교에서 나는 나의 진로를 위해서 국제교류캠프, 국가 간 청소년 교류 인도 파견, 한국 청소년 통역단 활동과 해외 동화책을 번역하는 번역단활동을 진행하였고, 이러한 활동들을 통해 어학능력과 대인관계능력을 키웠다. 또한 나의 진로를 위해 현재 SMAT(서비스 경영)자격증 취득 공부와 진로에 관한 도서를 읽는 등 다양하게 나의 꿈을 향해 한 걸음씩 나아가고 있다.

학교 프로그램으로 진로탐방 프로젝트를 통해 학기 중 3일의 시간 동안 각자의 진로 관련된 활동 및 대학을 찾아가 보는 시간을 주었다. 하지만 실질적으로 나의 진로를 위해서 학교가 가르쳐 준 것은 없는 것 같다. 학교가 가르쳤다기보다 내가 혼자서 활동을 찾고, 나의 진로에 대해서 스스로 배운 것이 더 많고 더 풍부했다. 그러나 대학교 진학까지 나의 꿈을 위한 발판이라고 한다면 각종 대학교의 입시설명회, 학생부 종합전형 강의 등 진학에 대해서는 꽤 다양한 정보를 얻을 수 있었다. 하지만 그곳에서는 내가 배우고 싶은 '관광학'이 아니라 더 좋은 대학교에 있는 다른 학과를 가라고 조언을 해주기도 하였다. 이런 것이 싫었던 나는 현재 나 스스로 진학에 대한 정보를 찾고 준비하고 있다.

내년의 나는 초/중/고 12년을 마치고 어른이 된다. 물론 아직 고등학교 3학년이라는 큰 관문이 남아있지만, 올해 1년만 잘 버티면 고등학교 때 내가 하지 못했던 대외활동, 아르바이트 등 다양한 활동들을 할 수 있는 나이가 된다. 우선 나는 어른이 되었을 때가 아닌, 대학생이 되었을 때 하고 싶은 것이 많다. 나는 고등학교부터 한국 청소년통역단과 번역단 활동, 다양한 국가와의 국제교류 캠프 참가, 국가 간 청소년 교류활동 인도 파견단으로 참가 등 나의 꿈과 관련되고, 내가 원하는 대외활동들을 많이 참가하고 진행하였다. 하지만 고등학생의 신분으로는 내가 원하는 대외활동들이 제한이 되었다. 예를 들어 여행 잡지 서포터즈, 국제교류와 관련된 활동과 같은 것들을 할 수 없었다. 따라서 나는 대학교에 진학하면 내가 원하는 대외활동들을 찾아서 진행하고 싶은 마음이 크다.

또한 장기적으로 봤을 때 내가 학교생활을 했을 때의 느꼈던 것과 내가 경험한 교육에 대해서 학부모들과 학생들에게 전해주고 싶다. 물론 지금도 관련된 활동을 하고 있는 중이기는 하다. 나의 모교인 '춘천 전인학교'에서 지향하는 것들을 예전 전인학교 선생님들이 당일치기 프로그램, 2박 3일 캠프들을 만들어 진행하는 '알아서 척척' 프로그램의 보조 교사로 참여하고 있다.

보통 초등학교 2학년부터 5학년 까지 참여하는 프로그램에서 아이들은 학교 친구들이 아닌 이 프로그램에서 만나는 친구들과 함께 홍청놀이, 집 만세 놀이 등 다양한 놀이들을 통해 친해지게 되면서 서로가 서로에게 솔직함을 표현하게 된다. 서로에게 솔직함을 표현하는 것, 이런 경험들이 아이들에게 가장 중요하다고 생각한다. 왜냐하면 현재 우리 사회에서는 서로가 서로에게 솔직함을 표현하기 보다는 감정을 숨기는 것이 일상이기 때문이다. 따라서 우리는 솔직함을 나타내는 것은 분노를 표출하는 행동 이외에는 어색해 한다. 그렇기 때문에 서로에게 오해를 불러 일으키기 쉽다고 생각해서 이러한 감정표현을 자연스럽게 하는 것이 나중에 아이들한테 큰 도움이 될 것이라고 생각한다.

나는 이렇게 아이들한테 중요하다고 생각하는 것들을 이런 캠프나 작은 강연을 통해서, 혹은 일일 교사를 통해서 알려주고 가르쳐 주고 싶다. 나는 학교생활에 대해서 누구에게도 들은 적이 없이 나 혼자 스스로 해 나아가고 있다. 하지만 만약 내가 누군가에게 정보들을 들었으면 지금 현재 아무런 도움 없이 지내는 학교생활 보다는 훨씬 더 쉬웠을 것이며 더 잘 해 나아가고 있을 것 같다. 따라서 나는 내가 경험한 점들과 느낀 점들을 전달하고 다른 사람들에게 이러한 도움을 주는 어른이 되고 싶다. 나도 아직 경험이 적기 때문에 다른 사람들에게 조언을 해줄 수 있는 경험들을 많이 쌓아가고, 더 효과적으로 알려주기 위해서 교육 분야를 배우고 싶은 마음도 크다. 이렇게 내 목표를 위해 한 걸음 다가가면서 누군가의 멘토, 누군가의 조언자인 어른이 되고 싶다.

내가 공부하는 이유는 무엇일까? 내가 생각했을땐 단지 내가 원하는 대학, 원하는 학과에서 내가 좋아하는 것들을 배우고 싶어서 공부를 하는 것이지 다른 아이들처럼 좋은 대학을 진학하려고 공부를 하는 것이 아니다. 나는 원하는 대학교에 진학하여 내가 원하는 꿈에 한발 더 다가서기 위해 학교 공부와 좋아하는 활동들을 병행하고 있다. 그렇다고 성적이 뒤처지는 것은 아니다. 나는 공부라는 것은 '동기'라는 원동력이 있어야지만 할 수 있는 것이라고 생각한다. 좋은 대학에 진학하는 것, 그것 역시 당연히 동기 중 하나가 될 수 있다. 하지만 좋은 대학을 가서 무엇을 할 것인가? 라는 질문에 답을 할 수 있는 사람은 몇 안 될 것이다. 따라서 이 질문에 답을 할 수 있는 사람이 진정한 동기를 가지고 있는 것이라고 생각한다. 그래서 사람들이 왜 공부해야 하는지와 앞으로의 목표에 대해 생각을 먼저 해봤으면 좋겠다. 또한 고등학교뿐만 아니라 중학교부터 진로교육이 활성화 되어야 한다고 생각한다. 나의 입장에서는 고등학교 때 진로를 정하는 것은 약간 늦다고 생각하고, 진로에 대한 생각을 할 수 있는 시간이 제한적이라고 생각한다. 따라서 중학교에서 진로교육을 강화시켜 공부를 하는 이유에 대해 깊이 생각하고 그 이유를 발견하는 과정이 가장 중요한 것이 아닐까 라는 생각이 든다.

앞으로 어른이 되는 것뿐만 아니라 다가오는 나의 미래에 관해서 대해 솔직히 말한다면 나 자신도 예측할 수 없는 미래에 대해서 불안하다. 하지만 나는 그 예측할 수 없는 불안한 미래를 긍정적으로 생각하여 현재 내가 내 꿈을 위해 활동하고, 해 나아가고 있는 일들이 나에게 도움이 되며 그것들 모두 옳은 것이라고 생각하며 살아가고 있다. 예를 들면 보통 나를 아는 사람들과 선생님들은 나한테 그만 돌아다니고 공부를 하라고 흔히 이야기한다. 하지만 나는 책상 위에서 하는 공부만이 공부의 전부가 아니라고 생각한다. 이렇게 내가 한 활동을 통해 나는 좋은 친구들을 사귀고, 나에게 도움이 되는 사람들을 만나게 되었다. 반대로 내가 좋은 사람이 되어주기도 하였다. 이러한 활동을 통해 나는 사람과 사람을 대하는 면에서 내성적이었던 내가 외향적이게 바뀌게 되었다. 이렇게 '내가 부족한 부분을 채워 나가기 위해서 노력하는 것이 오히려 더 많이 배우는 것이 아닐까?' 라고 생각한다.

나는 먼 미래에 한국 관광 발전을 위한 일을 하고 싶다. 따라서 학교에서 수업시간에 진행했던 것이지만, 내가 살고 있는 도시인 춘천에 대하여 '춘천 관광산업의 발전 방안 연구'라는 주제를 가지고 소논문을 작성하였다. 소논문 작성을 위해 관광의 기본적 의미를 찾아보았으며, 비슷한 주제를 가지고 작성한 선행논문 분석, 춘천 관광 만족도를 알아보기 위해 설문조사 진행, 앞으로 춘천 관광에 있어서 가장 중요하게 될 '의암호 삼각 관광 벨트'를 사업계획서를 통한 사업 조사 등을 통해서 관광객이 많아지기 위해 교통 인프라처럼 기본적으로 갖춰져야 하는 것들을 알 수 있었던 시간을 가졌다. 이렇게 내가 나중에 하고 싶은 것들을 위해서 이런 식으로 작게나마 나의 능력을 발전시키고 싶다. 그리고 한국을 찾는 관광객들이 많아지기 위해서는 나는 한국에 대한 인식을 좋게 만드는 것이 중요하다고 생각한다. 그래서 나는 외국인들을 만나면서 나는 한국을 대표하는 사람이라고 생각을 하고 대하는 경향이 크다. 그리고 더욱 다양한 외국인들을 만나려고 통역단 활동과 국제교류 캠프를 열심히 하려고 노력하고 있다. 이러한 사소한 노력들이면 언젠간 내가 원하는 일을 할 수 있지 않을까 싶다.

학교에게 미래를

초판 1쇄 인쇄 | 2018년 3월 6일
초판 1쇄 발행 | 2018년 3월 10일

지은이 | 김정수 이순옥 정호영 권순태 이다예 이예림 서유리 유찬민 공저
펴낸곳 | 스토리플래너
출판등록 | 제396-2010-000108호
이메일 | newcitykim@gmail.com
트위터 | @storyplanner

ⓒ 김정수 외. 2018
ISBN 978-89-966237-7-9(03370)

· 책값은 뒤표지에 있습니다.
· 잘못된 책은 바꾸어 드립니다.